· 数智化转型系列丛书 ·

新零售之旅

数智化转型与行业实践

张建锋 肖利华 肖剑 ◎ 著

电子工业出版社
Publishing House of Electronics Industry
北京·BEIJING

内 容 简 介

本书重点探讨数智时代新零售的发展路径与趋势。从数智技术对零售和社会发展的影响出发，探讨数智化时代下零售行业线上线下、全渠道发展及数智化转型的路径，基于"十一要素"和"五部曲"数智化转型方法论，对零售产业链全环节重塑，基于新的价值驱动的网络协同，形成数智时代零售行业振兴的新动力。同时，围绕阿里巴巴在零售行业的数智化实践和探索，践行行业利用"五部曲"实现数智化转型和飞跃的思想。

本书适合泛零售领域的行业管理者和关注新零售及数字科技的从业者，也适合科技和财经方面的从业者参考。

图书在版编目（CIP）数据

新零售之旅：数智化转型与行业实践 / 张建锋，肖利华，肖剑著 . —北京：电子工业出版社，2022.3

ISBN 978-7-121-43168-5

Ⅰ . ①新… Ⅱ . ①张… ②肖… ③肖… Ⅲ . ①零售商业 – 商业模式 – 研究 Ⅳ . ① F713.32

中国版本图书馆 CIP 数据核字（2022）第 047109 号

责任编辑：李淑丽
印　　刷：天津图文方嘉印刷有限公司
装　　订：天津图文方嘉印刷有限公司
出版发行：电子工业出版社
　　　　　北京市海淀区万寿路 173 信箱　　　邮编 100036
开　　本：880×1230　1/32　印张：14.125　字数：380 千字
版　　次：2022 年 3 月第 1 版
印　　次：2022 年 3 月第 1 次印刷
印　　数：3000 册　　定价：139.00 元

凡所购买电子工业出版社图书有缺损问题，请向购买书店调换。若书店售缺，请与本社发行部联系，联系及邮购电话：（010）88254888，88258888。

质量投诉请发邮件至 zlts@phei.com.cn，盗版侵权举报请发邮件至 dbqq@phei.com.cn。

本书咨询联系方式：（010）51260888-819，faq@phei.com.cn。

　　数智化转型的最终目标是，助力企业超越传统，实现可持续发展和高质量发展。《新零售之旅：数智化转型与行业实践》一书不但从背景与机遇、方案与路径等角度对数智化及新零售进行了理论分析，还用多个案例对企业通过数智化转型走向新零售的具体思考和措施进行了详细阐述。用一句话来概括，全链路数智化是以消费者为核心的大数据驱动的全链路、全流程、全要素、全触点、全网、全渠道、全生命周期的资源高效精准匹配与机构价值体系重构。

张平文

北京大学副校长，中国科学院院士，

发展中国家科学院院士

　　商业来源于生活，依托于生态。随着消费需求的多元剧变，结合数智化前沿技术的发展，零售行业正在重构新生态，零售企业也在寻找新方向和新动力。数智化转型对零售企业来说，既是新机遇，更是新挑战。《新零售之旅：数智化转型与行业实践》一书的出版恰逢其时。大量的案例可以让零售企业能够更好地理解数智化转型，也能更好地降低转型风险，让企业做出最有利的转型选择。

赵红

中国科学院大学中丹学院院长，

中国科学院大学教育基金会副理事长，教授，博士生导师中国人均GDP已经连续两年迈过一万美元大关，未来的新零售中产阶级会越来越多，且更加年轻化，顺应这一趋势，个性化、时尚化、定制化一定是未来的消费主流，而要实现这些商业特性，必然要通过C2B2C（顾客对企业再对顾客）和C2M（顾客对工厂）模式。因此，洞察消费者需求、柔性定制、个性化定制、实现C2M是未来新零售最大的变革。

田新民

上海交通大学安泰经济与管理学院副院长，

上海交通大学行业研究院副院长、博士生导师

就像设计集成电路芯片需要将各种不同功能的模块按照要求进行精心组合、优化一样，企业的数智化转型也是一个复杂的过程，不仅仅需要工具和平台，也不仅仅是业务和技术的连接，还包括战略思维、组织变革、人员意识、激励制度等的联动。集成电路芯片设计需要不断地迭代优化，数智化转型过程也需要不断地突破与迭代，这背后体现的是，企业明确转型方向后的战略定力和持续投入，同时还需要组织和人才的保障。这本书中有很多企业转型案例都鲜活地证明了这两点，值得从事行业数智化转型研究的人员阅读。

魏少军

清华大学教授，

中国半导体行业协会集成电路设计分会理事长，

中国电子学会会士（CIE Fellow），

国际电气和电子工程师学会会士（IEEE Fellow），

国际欧亚科学院院士

　　数智经济时代，我们的衣食住行、吃喝玩乐都在快速发生深刻的改变！新零售、新消费、新商业需要新动力和新引擎！本书是阿里巴巴"新零售"试验田的"新成果"汇编，我们可以看到众多头部品牌企业都选择了新零售的数智化变革，尽管方式不一样，融合过程路径也不尽相同，但最终都迈向了更高的台阶，获得了较好的效果。随着数智科技不断进步，商业模式、业务模式的推陈出新是非常正常的现象，企业家需要与时俱进，不断创新探索适合自己发展的新模式。"他山之石可以攻玉"，肖利华博士等撰写的《新零售之旅：数智化转型与行业实践》一书将会是非常好的"活字典""活地图"。

李纪珍

清华大学经济管理学院教授、副院长

　　随着新冠肺炎疫情蔓延带来的深度影响，我们正进入一个更加复杂的世界。未来新经济体的主力是那些运用前沿技术和思想，从需求端到供给端全面转型升级的公司，这既包括那些不再"传统"的品牌，也包括成长于"流量红利时代"的线上品牌。企业家能力的最后较量，其实是驾驭转型和变革能力的较量，如何利用数智化成功打造企业的核心竞争力？本书诸多的案例可以作为重要参考。

霍国庆

中国科学院大学公共政策与管理学院教授、博士生导师，

中关村全景科技成果转化创新联盟理事长，

中国发展战略学研究会副理事长、秘书长

　　融合、共生、进化是自然生态发展的本能，零售行业也是一样的，商业消费的生态演进必将带来全新的消费时代。在数智化技术发展的大背景下，基于新零售重构商业消费的文明、孕育新的生态和物

种，构建未来商业的想象是我们共同的愿望，本书中的一系列企业探索实践过程绘出了我们通往彼岸的路径。行业其实正在进化的过程中，大浪淘沙，不进则退，新零售给全行业带来了创新和颠覆。

范玉顺

清华大学长聘教授，国家CIMS工程技术研究中心副主任

企业在进行数智化转型时，战略意识、组织形态、人员、机制、文化等也要随着一起转变，尤其是需要最高管理决策层的支持。通常，企业转型成功的背后都有"一把手"强有力的转型支持，这是数智化转型战略定力的保障，也是转型度过磨合期的润滑剂。本书有理论框架、方法路径、实践案例，是企业面临数智化升级转型的必备图书，值得推荐。

魏炜

北京大学汇丰商学院教授

随着新零售的演进和迭代，未来线下销售会崛起，大多数零售商会通过数智化转型以全新的方式获得流量。线上和线下其实只是对企业而言，对消费者而言，只有品牌概念，未来其实就是消费者的全渠道体验。但真正能做到这一点的企业并不多，看过本书就会知道，变革重构需要打破常规、改变惯性，这必定会带来"阵痛"，能否坚持并跨越它们才是企业变革成败的关键！推荐研究数智化转型的相关人员阅读本书。

高峻峻

上海大学悉尼工商学院教授、博导，

上海欧睿供应链管理有限公司创始人、CEO

阿里巴巴是"新零售"的提出者和践行者。根据全球经验，当人均GDP迈过一万美元大关时，新零售将出现质的改变，其背后是社会生产和消费的同频共振、多浪叠加。本书通过大量难得的案例，讲透了很多重要问题，在消费者洞察、个性化定制、柔性供应链等方面具有很强的前瞻性。透过这些案例，我们可以看到利用数智化手段不仅可以大幅提高企业运营效率，降低营销成本，而且还能创造新的客户价值，为上游产业创新提供最佳商业环境。

王小毅
浙江大学管理学院数字化战略教授、博士生导师

数智化转型是以数智化技术驱动企业商业模式重构和核心竞争力重塑，持续提升消费者体验、商业运营效率和效益的过程；是对战略、业务、组织、技术和运营的全链路、全要素、全场景、全触点、全网、全渠道、全生命周期的解构、重构和持续优化。

新时代的零售企业要想走得更远，就需要更好地理解数智化转型理论和实现路径，降低转型风险，提升转型价值。本书的最大亮点是它提供了一条已得到大量企业实践验证的全链路数智化转型路径，这可以帮助组织快速融入数智时代，实现持续增长。强烈推荐肖利华博士等撰写的《新零售之旅：数智化转型与行业实践》，让我们一起学习践行，拥抱伟大的数智经济时代！

宋福根
东华大学管理学院二级教授、博士生导师

当今时代，最大的不变是变化。行业不仅面临外部挑战，内部的效率优化和能力延展也是永恒的话题，利用数智化手段大幅提高企业经营效率，降低运营成本是相对最合理的路径之一。本书的众多案例带给我们启发，基于平台和数据打通的企业，基于消费侧和供给侧双轮驱动的企业，都能给业务新增长带来无穷的想象力。本书也是当下正在准备或正在实施数智化转型的政府、企业和事业单位的管理者，以及从事数智化转型、数字经济研究人员的必备读物。

胡春江

浙江清华长三角研究院智库中心研究员、国内合作部副部长

消费习惯在改变，科技在快速迭代升级，竞争环境也在快速变化。在新的时代和新的环境中，百货行业需要主动学会利用数智化技术洞察消费者，抓住消费升级契机，适配消费者需求变化，并且利用数据智能来改善、优化传统的管理方式和低效的经营模式，使自己在新的零售战场中真正获得主动权。传统零售业的商业形态已经受到时代的冲击和影响，新的商业形态正在逐步形成，变革与升级成为行业的主旋律。通过数智化的方式重构"人、货、场"，实现高效精准匹配，需求牵引供给，供给创造需求，持续提升消费者体验，提高商业运营效率，本书值得各行业人学习和研究。

范君

中国百货商业协会会长

中国经济已经进入高质量发展阶段，传统产业尤其是零售产业如何进行新旧动能切换，如何运用数智化技术赋能，本书给出了清晰完整的解答。同时，本书还对阿里巴巴数智化转型"五部曲"的实现路

径和实践经验进行了阐述，大量翔实的案例对众多进行数智化转型的企业来说，具有参考价值。

周海江

中国民间商会副会长，中国企业联合会、中国企业家协会第九届理事会副会长，红豆集团有限公司党委书记、董事局主席、CEO，

全国工商联宣传教育委员会主任

在数智时代，如何穿透日趋复杂的市场环境迷雾，把握事物本质，把握未来发展趋势，积蓄新的势能，是当下企业所面临的重要时代命题。本书实践案例涉及餐饮、乳业、食品、商超、服装、电子、日化、家居等八大业态，对众多进行数智化转型的零售企业来说，极具参考价值，强烈推荐！

陈亚波

中国奥莱会会长

中国五金制品行业涌现出老板电器、九阳电器等知名厨电及家居五金用品的品牌，他们在"新零售"时代，孵化出全新的物种，打造了全新的模式，开启了全新的探索，赢得了消费者的喜爱与推崇，并缩减了营销成本，快速提升了销售效率，很高兴看到他们的案例入选《新零售之旅：数智化转型与行业实践》一书。

展望未来，零售行业没有终点，现在和未来依然会不断孵化出新品类，希望更多的五金品牌能够在数智化转型、在新零售领域中迸发出活力。

张东立

中国五金制品协会理事长

传统零售业的商业形态已经受到时代的冲击和影响，新的商业形态正在逐步形成，变革与升级成为行业的主旋律。拥抱新零售，实现数智化转型，在"数智为王"的新时代，数智驱动已经成为企业增长"第二曲线"的必然选择，通过本书，企业能更好地理解数智化转型，降低转型风险，提升核心增长动力。

高景远

零售世界传媒创始人、中国合作贸易企业协会副会长兼秘书长

《新零售之旅：数智化转型与行业实践》一书围绕消费者的衣食住行、吃喝玩乐等场景提供了诸多实践案例，这些耳熟能详的企业的数智化变革历程历历在目，让我们深切感受到标杆品牌成为行业灯塔的重要原因。本书既有深厚的理论基础，又有丰富的行业实战经验，全方位、多维度地展现了不同企业的数智化转型战略、业务重塑和技术赋能的探索与实践，值得各个行业的转型企业人员学习和借鉴。

韩颖姣

香港交易所高级副总裁

本书不仅深入挖掘了数智化对商业环境、技术发展、业务流程、管理变革的影响，还理论性地提出了如何打造数智化企业的方法论，以及不同企业在不同阶段对平台和工具的最优选择。本书还通过大量的实践案例呈现新零售转型的风景。无论是对已经开展数智化转型的企业，还是对即将开展的企业，本书都能起到很好的借鉴作用。

井军

中国金币集团有限公司党委副书记、总经理

沉淀6年，阿里巴巴新零售的深邃思想和最佳实践首度全面公开，在这部读者翘首以盼的年度巨作中，作者第一次系统地阐述了对新零售和商业数智化转型的全方位思考，第一次深刻剖析了新零售的理论体系和创新框架，第一次全面地为企业家提供了战略、业务、技术、运营和组织变革等方面的指南。

颜艳春

盛景嘉成基金合伙人，山丘联康董事长，

《产业互联网时代》《第三次零售革命》作者

市场环境变了，行业格局变了，营销环境变了，消费者变了，在这个高频变化的时代，在线化、数智化已经成为中国各行各业的必然趋势，也是企业竞争力的象征。我特别认同肖利华博士提出的数智化=数字化+智慧化（包括商业智能BI+人工智能AI+数据智能DI+心智智能MI）。面向未来，品牌营销的需求也在日益增长，在线可分发、数据可回流、效果可评估、投放可精准是数智化营销的必选项。这也是本书中"五部曲""十一要素"方法论，以及相关实践案例中关于品牌数智化的实践和探索，值得大家反复阅读。

江南春

分众传媒创始人、董事局主席、首席执行官

"居然之家"一直在积极探索打通从消费者、设计师、终端导购、经销商到各品牌商、工厂、物流、装修等各个环节，以更好地提升消费者体验，提升端到端的全产业链运营效率、效益及竞争力。我们和肖利华博士等一直在积极探索家居建材装修行业新零售数智化转型升级，合作过程非常愉快，让我们受益匪浅。现在，肖博士将其帮助很多企业进行新零售数智化的实践总结为《新零售之旅：数智化转型与行业实践》一书，相信一定可以帮助到更多想进行新零售数智化转型升级的企业，特强烈推荐！

汪林朋

北京居然之家投资控股集团有限公司董事长，

北京湖北企业商会会长

在这个全新的时代，消费不再只是过去的追求物美价廉，而更多地聚焦在品质、社交、便捷、定制、个性化等方面，新与旧的交替更迭、消费升级和主权意识、科技进步和融汇交叉把我们推向了"新零售"时代。本书用大量的实操案例展现了数智化转型不同的路径和模式，将会给你带来不一样的数智化旅程。

钱金波

红蜻蜓品牌创始人、董事长

数智化转型是零售行业发展的必然趋势，新冠肺炎疫情加快了这一进程。随着云计算、大数据、人工智能、物联网等技术的加速创新，行业的转型与变革已然成为企业应对复杂环境变化的必然选择和内在需求。本书将零售行业数智化转型的驱动因素与机制、转型方法论、实现路径及行业实践案例进行了深入阐述，内容全面，可操作性强。本书理论与实践知行合一，值得推荐。

王兵

索菲亚家居集团总裁

在数字时代，各行各业都面临数智化转型升级的新机遇，未来零售行业将不再简单地分为线上与线下，而是以消费者体验为核心的全渠道运营。本书重点围绕消费者生活场景的20多个案例进行阐述，内容全面，可参考性强。

本书为零售业的数智化转型提供了丰富的理论指导和案例经验，是一本读有所获的好书。

徐宇

赫基集团创始人、集团董事局主席兼首席执行官

商业环境、消费场景、技术能力都在发生变化，旧的传统模式很难再适用，新的规则和业态频繁更迭，另外疫情的助推、产业的变革、创新的涌动，都让零售领域拥有无限可能性。

其中最关键的是要顺应时代的趋势，只有抓住数智化转型的技术红利，拥抱变革，提高企业的运行效率，降低企业的运营成本，规避企业的经营风险，才能真正构建更大的格局。本书用大量丰富的案例给出了数智时代下行业对转型的探索和验证，推荐研究行业数智化转型的人员阅读。

张宇晨

周黑鸭国际控股有限公司执行董事兼CEO

在这个纷繁复杂、快速变化的世界中，谁才是未来新经济体的主力？我觉得应该是那些拥有数字化认知，不拘泥于传统经验，从销售端、供应链直到生产制造源头全面转型升级的公司，未来的世界不再区分线上和线下，而是一体化融合全渠道。企业最核心的竞争，其实是心智认知、变革行动和战略定力的竞争，如何基于数智化方式成功绘制企业的增长蓝图？本书是一本迈向未来的索引。

郑春颖

伽蓝（集团）股份有限公司董事长兼总裁

这是肖利华博士为企业数智化转型发展奉献的又一力作。好孩子集团在7年前提出"BOOM"（品牌＋线上＋线下＋会员）战略，希望打造新零售模式。一路走来，遇到了诸多严峻的挑战，至今仍在摸索当中。细读本书，感觉在顿悟之中受到了成功的激励，既对数智化新零售的理论有了更系统的认识，又从丰富的实践案例中得到启发。这是一本"零售人"难得的必读书。

宋郑还

好孩子集团创始人、董事局主席

数智化转型，就像"小两口"过日子，必须要确立一个"当家的"角色，并将"当家的"意志作为最高意志，并聚拢整合所有资源要素推动实现这一意志，这是数智化转型战略定力的保障，也是转型度过"磨合期"的润滑剂。本书有理论框架、方法路径、实践案例，是企业面对数智化升级转型的必备图书，值得推荐。

王振滔

奥康投资控股董事长

全球化、个性化和数智化已经成为当下的"三大主流"，在这样的形势下，"所有生意都可以重新做一遍"才有了基础和可能。由于数智化将"三大主流"做了最好的整合和展望，因此数智化转型一定是思维方式、运营模式、操作方法、技术工具深度结合后的"核聚变"。本书不仅有新零售转型的理论探讨，还有大量结合实际的案例分析和经验分享，对于还在零售大环境中探索的企业来说，是一本参考性极强的专业工具书。

谢宏

贝因美创始人、首席科学家、董事长兼CEO，成功生养教体系创立者

如果你是零售行业的从业者，或者是其配套行业的从业者，那么本书是不容错过的。感受和了解"新零售"的本质与实践方案，是你面向未来发展、择业、创业，提升自身的重要方式。

本书打开了我们的视野，所有对科技、消费、未来有好奇心的人，所有对智能世界有探索精神的人，所有希望获得时代红利的人，都值得来上这么一场"新零售"之旅。

孙来春

林清轩创始人

经历过挑战和洗礼，才能迎来未来10年的机遇。市场上很多企业被淘汰的原因，不是技术短板，不是市场竞争，而是落后的思想、行动的惯性、经验的束缚，是部分企业家不愿意创新、不愿意学习，不愿意借鉴。中国经济已经进入转型期，行业和企业也是如此，只有经历过转型期的"阵痛"，才能走向未来。本书为泛零售行业的数智化转型提供了丰富的理论指导和案例经验，是企业家们必读的一本好书。

高飞

山西懒熊火锅超市管理有限公司董事长

数智化转型是为了助力企业超越传统，实现良性的可持续发展。全链路数智化是以消费者为核心，以大数据为纽带驱动的端到端全链路资源高效精准匹配。《新零售之旅：数智化转型与行业实践》既有深厚的理论基础，又有丰富的行业实战经验，并进一步把实践进行归纳提炼，值得业内人士仔细研读。

江荣波

SKECHERS中国区总经理

　　未来已来！数据智能和网络协同螺旋式上升演变成为必然。如何在战略实施、商业逻辑、业务模式、资源整合、业务生态、组织文化和管理机制上利用数智化手段全面升级，如何用数据驱动组织转型提效，是目前企业面临的问题。本书既有相关理论基础，又融合了阿里巴巴和众多企业数智化转型的落地实践，对各行各业拥抱数智化浪潮都有很好的参考价值，值得有志于企业"再造"的企业家和高管们一读。

黄丽陆

正和岛创始合伙人、副董事长

这是一个最好的时代，以云计算、大数据、人工智能、物联网为代表的新一代信息技术发展日新月异，并不断交叉迭代、融合应用到经济社会的各个领域，推动各行各业转型升级，快速向数字化、智能化迈进。

这也是一个"最坏"的时代，新冠肺炎疫情持续蔓延，常态化防控对全行业，尤其是消费零售行业带来巨大影响和冲击，进而带来一系列的连锁反应，影响我们的生活和工作。处在复杂的历史节点上，我们更需要通过数智化转型，推动企业生产方式、商业模式、管理模式，以及创新模式的调整变革，强化产业链和供应链，以数据为核心要素推动产业经济高质量发展。

零售行业与国民消费强相关，过去利用互联网和信息技术促进消费带来的效果十分明显，由此我们成为全球最大的消费互联网国家，需求端不断发展。但随着"人口红利"的消退、"消费者主权"意识的不断觉醒，以及对消费行为和习惯的巨大改变，供给端出现了资源匹配不对等和低效率的问题，消费互联网倒逼产业互联网加快转型，这也是新零售需要发展深化的时代命题。

阿里巴巴是新零售的提出者，也是零售行业数智化转型的实践者。过往多年，阿里云和众多行业客户在数智化转型方面做了众多有益的探索，提炼归纳出了面向未来、立足成长的数智化转型方法和路径。通过对数智化转型战略、业务、平台、技术等关键能力的构建，大量企业获得了比之前更强的韧劲和核心竞争力。

在传统概念中，从业者习惯将新零售理解成"线上线下O2O结合的零售、数据驱动的零售、智慧的零售"。但事实上，它还是一种战略思维、一种转型方法、一种平台工具、一种新型业态，在实施过程中，还需要充分考虑到企业自身的基础情况，没有最完美的模板，只有最合适的路径。新零售的实践该选哪条路、该用哪种工具、该怎么部署，大多数进入者都有过摸索期，而其中头部品牌迈出的创新步伐和实践努力值得借鉴和学习。

《新零售之旅：数智化转型与行业实践》这本书面世非常及时，为读者系统阐述了零售领域的变革挑战，以及数智化转型的理论内涵和实践经验，在数智化转型"五部曲"的方法论下梳理了零售行业8个子领域共20余家头部品牌企业转型的实践路径，并呈现了不同企业数智化转型的经验成果。对本书的阅读过程，是将抽象的理念方法论具象化的过程。这是一本理论与实践结合的实操之书，值得细细研读，它将为你揭开零售行业不断演进的数智化转型的神秘面纱。

刘九如

电子工业出版社总编辑兼华信研究院院长

新零售并不是新鲜话题，自从阿里巴巴提出"新零售"并亲自实践以来，新零售已经走过了六个年头，线上线下融合，通过技术创新和业务模式的创新，打通会员体系、物流体系、供应链体系、生产制造体系、服务体验体系，已经成为这个数智时代新零售的主要特征。

本书的核心内容来自作者及其团队多年沉浸、服务于泛零售企业等方面的经验总结和提炼。特别是书中对商业零售生态转型的提炼，既有传统线下商业和线上结合的案例，又有线上企业和线下结合的案例，不管是线上还是线下，都紧密围绕"消费端""渠道端""品牌端""生产端"组成的商业消费生态圈展开。在书中，我们不仅可以看到对消费者的衣食住行等都有所触及的大量零售企业是如何根据自身的实际情况和发展痛点，去拥抱数智化工具和平台，去创新实践并取得阶段性胜利的，也能感受到在时代变迁的大背景下行业的变化趋势。这些都使得本书既有方法论的理论高度，又具备宽阔的视野，而在具体行业实践操作的阐述上又让读者有亲临现场的感觉。

2020年的新冠肺炎疫情改写了行业的发展走势，倒逼餐饮业在内的很多行业加快现代化发展进程。在疫情防控常态化背景下，餐饮企业的新零售转型已成为企业生存发展之道。但目前是新零售发展进入深水区的关键时刻，很多企业在转型方面也面临着较大困难，相信本书中不同企业在新零售共同演化背景下做出的不同路径选择，会对同行企业家有所触动，也会让他们从中找到自己能借鉴的对象。本书值得推荐给泛零售行业的企业中高层管理者、业务与技术人员，以及高校师生和对新零售数智化变革感兴趣的读者。

韩明

中国饭店协会资深会长

2016年，阿里巴巴提出"新零售"时，很多人认为互联网带来的只是虚拟的商业世界，线下则是传统渠道和传统商业。六年后的今天，一个高度共识已经形成，在这个共同的商业世界中，企业服务的是共同的用户。今天的商业已不需要讨论线上线下，只有是否数字化之分。

新零售是以消费者体验为中心的数据驱动的泛零售形态，其成功与否，关键在于围绕"人、货、场"商业元素的重构能不能真正带来效率。此外，新零售的核心不仅是要完成企业内部组织之间的重构、职能之间的重构，更重要的是完成企业组织之间的重构，完成整个商业业态的重构。

这一切变化的背后，是数字技术与行业的深度融合，也是云计算作为底层基础设施、作为新型计算体系架构的平台承载。随着云网端技术的进一步融合，云计算将会成为所有信息技术创新的平台，未来无论对于企业还是个人，计算将进一步向云上迁移。此刻的云计算，已超越传统IT服务范畴，跃迁成为一种将IT、新的数字化与智能化要素统筹于一体的新架构体系。

与新零售不断演进一样，新型计算体系架构也在不断演进。推动其演进的动力，不仅来自技术本身的发展，更来自行业和客户需求的不断提升。阿里云在过去十几年中为各行各业上万个政企组织提供过数智化转型服务，我们越来越深刻地感受到：在高速变化的今天，企业的生产、经营、管理都需要变得更高效敏捷，而支撑这些核心业务的技术系统也需要具备弹性扩展、快速响应、高度共享特性的数字技术架构进行全方位、多维度的支撑。

让肖利华博士牵头撰写这本书的初衷，正是希望将这些年阿里云主导参与并积累的数智化转型理论、方法论和大量实践经验进行体系化的梳理与沉淀，并与零售行业不同领域、不同发展阶段的企业一起分享和探讨。由于共同的努力与实践，我们有理由相信基于数智化的新零售，未来会变得更好，我们也愿意与更多的数智化转型同路人一起，开创未来的商业新世界。

张建锋（行癫）
阿里云智能总裁、阿里巴巴达摩院院长

带上"数智化"背包，我们去看中国大地的"新零售"风景

零售是一个伟大且魅力无穷的行业，尤其是在中国这片产业热土上。

中国拥有庞大的14亿人口，其中包括4亿多中等收入人口。每个人都需要衣食住行，也就每时每刻都需要与零售行业产生千丝万缕的联系。在全球产业变革时代，中国是全球最具发展潜力的零售市场。

据国家统计局数据显示，2020年全年中国社会消费品零售总额达到了391 981亿元。随着中国人均GDP与可支配收入的持续增长，内循环为主，外循环为辅的经济新格局不断得到完善，中国的零售产业将会变得越来越重要，市场规模将持续增长。

以上述条件作为土壤，中国大地上生长出一道引领全球零售变革的风景："新零售"。

这个广为人知的概念不仅牵动着零售行业体系中的从业者，更通过供需两端连接着生产与消费两大核心社会要素。在生产侧，"新零售"推动着"人、货、场"的深度重构，继而改变着各种零售商品的生产方式、加工方式、运输方式与流通方式，这一点可以将社会经济中的绝大多数行业纳入其影响中；而在消费侧，"新零售"提升各种零售场景、零售服务的效率与体验感，每一位消费者都能在"新零售"中获益。身处中国经济变局和零售产业的新增长价值周期，想来你一定对"新零售"充满了兴趣。

但是，你是不是感觉听了太多关于新零售的概念讨论和宏观设想，依旧不知道怎么完成自己的新零售实践？

确实，听了大道理无数，也不见得能过得好人生，因为往往知易行难，做不到知行合一。听过无数美景，也不如自己去大河山川间走走看看。"新零售"涉及各行各业，包罗万象，岂能是简单几句话，几个道理就论断清楚的？

与其无尽地辩论、空想关于"新零售"的未来，我们不如出发，去看看"新零售"的"进行时"，去看看那些成功的，具有代表性的行业和企业，究竟是怎么一步步完成自身新零售实践的。

当你拿起这本书，翻到这一页的时候，你就已经获得了一场旅行的门票。

"读万卷书+行万里路+识人无数+名师指路+自己感悟+行动铺路"，遇见更好的自己，让世界更美好！

现在，让我们带上数字化、智能化的背包，一起去实践中，去故事里，来一场发现零售产业变革中所有细节与秘密的新零售之旅。

为什么要进行这场旅行？

先来讲个故事。从前有个人去寺院里拜菩萨，向菩萨雕像倒了无数苦水，埋怨完亲戚埋怨朋友，指责完同事指责同学，并且还怪罪菩萨为什么不下凡显灵帮帮自己。

等他终于说完，扭过头看到一个跟菩萨雕像长得一模一样的人也来跪拜。

他诧异地问："你就是菩萨吗？"

那个人回答说："是。"

他感觉更加奇怪了，连忙问道："那你为什么还来参拜呢？"

那个人回答说："求人不如求己。"

在了解和实践"新零售"的时候，有人买了许多成功学课程，有人到处找咨询公司、行业大佬咨询请教，有人将若干种大道理奉为圭臬。然而一旦让他们自己实际操作一番新零售变革，为自己的企业、工厂、店铺推动一次数智化转型，他们就又茫然无措，不知道从何做起了。"纸上得来终觉浅，绝知此事要躬行！"

求人不如求己。新零售几乎涉及所有人，与其滔滔不绝地讨论价值、前景和理论，不如把最真实的"新零售"实践呈现出来，将一手的"新零售"价值展现出来。告诉大家身处其中的人遇到了哪些麻烦和挑战，又是如何步步为营，搭建有效的合作关系，构建成熟的方法论体系，最终浴火涅槃，走向新生的。

想要了解和做好"新零售"，不需要听别人的说教，你可以自己去看看他们到底是怎么做的。你的判断和理解，最终就是你关于"新零售"与数智化变革的答案。所以在这本书中，我们想要抛弃以往的著述方式，而是货真价实地选取了二十余家行业领军企业，去采编和记录他们的新零售实践，并把他们的所思所想完整呈现出来。我们一起进行这场旅行的原因，就是在时代面前我们都相信这个最简单的道理：求人不如求己。

同时，阿里巴巴也在企业中反复实践，2014年从银泰开始躬身入局，亲自操刀实战，农村淘宝、苏宁、口碑、三江购物、盒马、百联、联华超市、新华都、居然之家、大润发、饿了么、红星等，天猫新零售赋能众多商家，一路摸爬滚打交了很多学费，复盘提炼总结了诸多经验和打法，直到2019年才开始正式成立阿里云新零售事业部，对外进行商家全链路数智化转型实践赋能。几年下来，已经有各行各业数百家比较有影响力的成功实践案例。

"因为相信，所以看见"，简单的道理容易理解，但真正做到的却永远是少数！纵观历史上发生的大浪潮和大变革，人类大约有5类选择：第1类，"因为相信，所以看见"，这部分占不到1%，绝大部分人想象不到也没有参与进来，因为早期的困难和挑战特别多且条件不成熟，很容易"牺牲"，但能活下来的，其成就的事业通常都特别伟大；第2类，嗅觉特别灵敏，先知先觉，成为先行者，能获取到时代的红利，这部分占13%左右；第3类，相对前卫，紧跟先锋，风险与得到的比例是相反的，失败的概率相对较小，能得到的时代红利也较少，这部分占36%左右；第4类，跟随大流，之前一直犹豫、观望，看到整个社会一半以上的人都在行动了，不得不加入，这部分占36%左右；第5类，顽固保守派，害怕改变，拒绝改变，"然后就没有然后了"！正如孙中山先生当年所言："世界潮流，浩浩荡荡，顺之则昌，逆之则亡"。第5类很快就被历史潮流所淹没。

现在，各行业数智化因为行业发展阶段、资源禀赋、之前信息化系统建设程度、互联网科技渗透率、消费者互联化参与程度都不一样，进展有比较大的差异。大部分企业选择营销数智化、零售数智化等能快速看到增量和效果的路径作为数智化转型的切入口，部分领先的企业已经基于消费者大数据洞察持续做产品创新，大幅缩短产品创新周期，大幅提升产品创新成功率，少数领先企业已经初步把消费互联网和产业互联网打通，柔性快反供应链已经初见成效。

商场如战场，商业竞争也如达尔文所言，生存下来的不是那些最聪明的、最凶猛的，而是那些最能适应环境的。适者生存，未来的世界变化越来越快，所有企业都必须是数智化的企业。不转型不升级的企业一定会被淘汰，早上线早受益，早转型早受益。

这是一个科技与商业双轮驱动的时代！

这是一个消费互联网与产业互联网双轮驱动的时代！

这是一个网络协同与数据智能双轮驱动的时代！

数智化转型是一个时代的必答题，不是可选题。

"取势+明道+优术+合众+践行"，才能活在当下赢得未来！

跟着数智化的先锋和先行者，跟着实践者的步伐，可以少走很多弯路，少交很多学费，少掉到很多"坑"里。一个人可以走得很快，一群人可以走得更远！

其实，走出去，你会发现你并不孤单，数智化转型迁徙的大道上，你并不是在独行，各行各业不同规模的企业都在不同道路上不断地探索创新。

谁应该来参加这场旅行？

当然，如果你是零售行业的从业者，或者配套行业的从业者，那么这场"新零售"之旅是不容错过的。无论你是上市公司的董事长、企业高管CXO（CEO、CFO、CIO、CTO等），还是街头小店的经营者、商超的导购员，"新零售"的潮水汹涌而来，每一个关于零售的业态都将被容纳其中。感受和了解"新零售"的本质与实践方案，是你面向未来发展、择业、创业，提升自身与企业竞争力的不二法门。

同时需要指出的是，不仅只是零售产业相关人员才有必要进行这次旅行。如果你是政策制定者，零售业态与产业数智化发展涉及经济民生的方方面面，了解产业的"新零售"实践就是洞察趋势先机，明晰发展路径。如果你是技术从业者，"新零售"的"基本盘"是零售行业在数字化、智能化过程中驱动新增长。这些零售企业是技术探索的先驱，是数智化升级的领军者，他们的数智化故事对每一位技术从业者都有意义。如果你是企业管理者，本书中讨论的行业在国民经济中占据重要地位，其中公司都是国民品牌与国际领军者，"新零售"需要从企业战略和文化层面到组织架构、用人管理、业务执行等方方面面进行落地与推进，其中的价值可以惠及每一家企业，值得管理者深入了解和反复琢磨。

让我们把视野打开，会发现所有对科技、消费、未来有好奇心的人，所有对智能世界有探索精神的人，所有希望获得"时代红利"的人，都值得来一场"新零售"之旅，其中有太多奇妙的价值等待被发现。这次"新零售"旅行后，你所获得的也许就是自己未来发展的一把钥匙。

你消费吗？你享受到了数字经济的便利吗？你希望与时代一起成长吗？那么即使你不是零售行业从业者，也可以从这本书中得到一些答案。

这场旅行，你需要提前准备哪些装备？

各种各样的旅行都需要对应的"装备"。风景之旅需要一台性能良好的相机，人文之旅需要知识储备与典故积累，探险之旅需要运动装备与野外生存装备。对于这场"新零售"之旅，你确实也需要准备一些对事物的认知。

从行为因果上看，"新零售"的主体行动是零售企业推动的数智化转型。那么，我们首先需要明确一下什么是"数智化"，它能够为企业和行业带来什么。

移动互联网的普及，让中国快速完成了10亿人级别的数字化、在线化。消费者的数字化、在线化倒逼政企行业加速数字化转型，并在云计算、大数据、人工智能等推动下进一步"智能化"。中国改革开放40多年走过了西方发达国家二三百年的历史，是一个压缩式、并行式的发展过程，数字化、智能化也是一个压缩式、并行式发展的过程，合起来就是"数智化"。

数智化=数字化+智能化

数：全链路、全要素、全场景、全触点、全网、全渠道、全生命周期持续的数字化、在线化。

智：

BI：商业智能，经验和规则，得心存敬畏，尊重商业客观规律。

AI：人工智能，算法，多用新方式、新方法。

DI：数据智能，知识图谱，机器学习，深度学习，迎接未来。

MI：心智智能，心智占领，为什么选择你而不选择别人。

我们认为企业数智化转型是以数智化技术驱动企业商业模式重构和核心竞争力重塑，持续提升消费者体验、商业运营效率和效益的过程。

数智化绝不是简单的IT系统建设，不是建新时代的"九袋长老"（接口+接口，补丁+补丁），不是建到处都是红绿灯的拥堵路，而是建新型高效的数智高速公路。

数智化转型是指对战略、业务、组织、技术和运营的全链路、全要素、全场景、全触点、全网、全渠道、全生命周期的解构、重构和持续优化。数智化转型不只是建几个系统，而是"战略+业务+组织+技术+运营"的持续数智化重构、迭代和优化。

"化"是一个过程，数字化、智能化都是一个有起点没有终点的持续过程，只有全链路、全场景、全要素、全生命周期的数字化持续进行，智能化（包括传统的专家经验和规则、机器学习、深度学习、心理智能等各种智能）的比例越来越高，"数智化"才能更精确地表达整个转型过程。我们在《数智驱动新增长》一书中提出"数智化"这一概念之后，迅速引起社会共识，被越来越多的组织接受和认可，并把"数智化转型"作为未来5～10年最重要的战略。

首先，数智化也是一个观念和思维的问题，要推动实现数智化转型，必须有变革思维、系统思维、数据思维、平台思维。其次，数智化转型是一个顶层设计的问题，必须是一把手工程，系统推动。数据是人工智能的核心要素，数据思维要求我们基于数据去分析、决策与执行，这也是数智化转型的关键。

知识就是力量？知识不是力量。知识只是潜能，只有用来改变自我、改变世界才是力量。学而不用，如入宝室而不取！学以致用、用以致学、知行合一才有力量！

势能必须要转化为前进和上升的动能才更有价值，遇见更好的自己，认识和改造世界，让世界更美好！

现在，带上数智化的手提箱，更精准、更立体地开启我们的"新零售"实践之旅吧！

旅行路线图是怎样的？

按照惯例，每一场旅行出发之前导游都要先跟大家说一下旅行路线与行程安排。咱们这场"新零售"之旅也不例外。

让我们把各个不同领域、不同企业的"新零售"变革想象成一个个"景点"，把整本书的阅读体验想象成一次完整的旅行过程。首先，我们需要在旅行开启时做一些准备工作。在进入具体的"新零售"实践案例之前，本书首先与大家共同探讨一些问题。比如，关于

"新零售"的问题意识、机遇洞察、历史回顾、方法论准备等。做好这些思考，完成相关准备工作后，我们将深入不同零售行业代表性企业的"新零售实践"，共同开始奇妙的旅程。

具体而言，本书在逻辑上分为三个部分。

在第一部分"眺望篇：为什么要进行一场'新零售'之旅"中，我们要讨论新零售的原因与肇始。其中主要包含两个方面：一是新零售的发展意义和趋势；二是新零售发展的推动力和利好因素，即"为什么要发展新零售"。二者结合，构成了"新零售"之旅中关于why的两个核心问题，即"为什么要做新零售"与"为什么能发展新零售"。

在第二部分"行动篇：从数智化升级出发，寻路新零售"当中，我们将主要讨论新零售发展的行动方案与方法论。在其中的"寻路"一章中，我们回顾新零售发展的历史基点，包括零售厂商的转型难题、新零售的出现与发展历史，继而基于此前内容梳理出新零售的业态逻辑与基本定义。在"出发"一章中，我们开始基于历史讨论新零售的未来。这里将重点讨论数智化新增长如何影响"新零售"实践，数智化新增长"五部曲""十一要素"对于新零售的意义，以此作为后续案例讨论的方法论和行动路径。这一部分我们希望能够解决how的问题，即怎样做"新零售"，如何提供一个切实可行的"新零售"方案。

接下来的第三部分为旅程篇，我们将正式深入行业，探索"新零售"的实践与发展。在选取行业时，本书将围绕老百姓最基本的零售需求——衣、食、住、行等生活服务体验，进入零售业最热门、最具代表性的子行业与细分业态。同时，也展开呈现这些行业中出现的具有高度代表性，并且在"新零售"实践中取得长足进步和成功的企业。他们的故事才是这次旅行的绚丽景点。

基于以上考量，我们将首先来到"民以食为天"的餐饮连锁领域，看看餐饮连锁企业的数智化转型与探索。接下来是乳业，这个涉及民众健康的领域也是我们考察的重点，那里也有丰富的数智化故事。在食品饮料领域，我们要去最当红的国内外企业中寻觅"新零售"，可以看看商超连锁企业是如何持续推动"新零售"探索的。"爱美之心人皆有之"，服装服饰领域也是"新零售"的重点发展区域，在这一站我们必须进行更长的停留。在消费电子领域，我们一起来看小电器领军企业的数智化转型与实践。另外，美妆日化行业当然也有着丰富的探索故事。最后，我们去家居行业，看看家装、家具等领域有哪些有意义的"新零售"故事。这一路走来，我们将看到二十余个最具代表性的"新零售"案例，品味他们的数字故事，了解他们的智能战略，读懂他们的路径选择。

我们将看到怎样的风景？

叔本华在《作为意志和表象的世界》中说："如果事态总是随命运的安排，也即按照无穷的原因锁链而出现，我们的作为也将总是按照我们的悟知性格而发生的。就像不能预知事态的出现一样，我们对于发生的事也没有先验的经验。" 我们无法改变过去，可是我们能够改变未来吗？

在构筑和推动自身的行业、企业、职位与"新零售"发生关联，获取增长空间时，我们总是将失败和困难归因于缺乏经验，没有办法预知事态的出现和变化。历史总是在循环往复，如果想要跳出失败的怪圈，获取新增长的动力，就需要我们从更多人和企业的故事中掌握价值。将他人的经验作为我们的经验，将他人的困境作为我们的警诫，将他人的成功当作我们的老师。

这就是这本书、这次"新零售"之旅中希望能够让大家看到的风景。我们不止是提供一个个案例的讲述和剖析，还希望以"新零售"之旅为契机，让大家看到这些企业在数字时代背景下的一切行为动机与行为逻辑：他们如何洞察必然性，如何克服困难，如何超越自我。

为此，本书调研了中国各零售领域中代表性的企业，并且融合了这些企业一线"新零售"负责人、战略部门高管，以及企业领导者的经验，希望能够勾勒出完整、严谨的新零售发展空间。

其中，有我们熟悉的国民品牌，有全球家喻户晓的跨国企业，他们所处的行业包含了零售产业中最主要的领域，围绕在消费者周围的各个生活场景中。他们的数智化转型，涉及最核心的问题与最立体的行动。尤其值得注意的是，本书在采编过程中刻意强调时效性。2020年的新冠肺炎疫情影响了每一家零售企业。在真实的案例中，我们也将看到这些企业如何应对疫情的影响，对"后疫情时代"又有哪些思考。

我们将看到的风景中，有这些企业的困难、挑战，有他们面对这个时代的真实感受。

有他们的认知和思考，关于如何认识"新零售"，如何探索数智化未来。

有他们的答案和经验，我们会看到他们究竟做对了什么，才能获得这样的成绩。

有他们最真实的故事，其中酸甜苦辣俱全——这场"新零售"之旅，如人饮水，冷暖自知。

好了，现在让我们出发，开始"新零售"的世界旅行，去寻找你与数智世界之间的答案吧！

肖利华

阿里巴巴集团副总裁、阿里云研究院院长

目录
CONTENTS

第2篇　行动篇：从数智化升级出发，寻路新零售

第3篇　旅程篇：行业数智化转型升级及实践探索

眺望篇：为什么要进行一场『新零售』之旅

第1篇

向东方再继续走三日，终于到达一座大山的顶巅，此山高耸入云，完全可以使人相信它的山峰是世界最高的地方。

——《马可·波罗游记》

第1章
风云："新零售"所处的时代经纬

科斯塔斯·阿克塞洛斯在《未来思想导论》中认为，从马克思主义出发，技术的发展必将深刻影响人类的历史。技术会渗透到生产生活的各个方面，而我们从工业革命发展的历程中，也能深刻体悟到技术对人类文明进程的影响。

回顾工业革命历史，从蒸汽机为标志的第一次工业革命开始，机器提供了更加便捷的动力，代替了手工劳作；到19世纪70年代，电气化揭开第二次工业革命的序幕，以内燃机为代表的第二次工业革命奠定了现代社会生产力的发展形态；到以计算机为主的第三次工业革命——信息化革命，人类的生活生产方式和思维模式受到了深刻影响；到20世纪后期，数智化带来了新的工业革命历程，在以云计算、AI技术、新能源、生物技术等为核心的发展任务中，生产与生活都正在向智能化的更高境界发展，如图1-1所示。

第一次工业革命 1760年—1840年	第二次工业革命 1840年—1970年	第三次工业革命 1970年—2020年	第四次工业革命 2020年—现在
机械化	规模化	信息化	智能化
代表技术 蒸汽机	内燃机、电力	计算机、通信、信息技术	数字科技
典型产业 纺织、印刷、造纸	石油、电力、钢铁	计算机、通信企业	数字产业、数字融合产业
基础设施 铁路、运河	电网、机场	互联网、信息高速公路	云计算、通信网络
经济形态 农业社会转向工业社会	重工业及超大型企业	以互联网为首的三级产业蓬勃发展	产业数字转型推动数字经济
治理架构 工厂制度	垄断组织	企业管理模式、产业组织方式	需要促进创新、开放共治的制度

图1-1　技术创新推动体系化社会变革

在这样一个人类必须不断构建技术形态并不断迭代演进的时代，技术进步将深刻参与到社会生活与经济空间的各个领域，推动大量产业完成由"旧"到"新"的变化。在经济与价值的流动空间中，"新零售"这个我们耳熟能详的词汇，既是数智化这一趋势下的必然结果，也是推动商业生态持续发展的必要手段。

全球新冠肺炎疫情（下简称疫情）暴发以来，零售与数字化技术的结合成为保障民众生活、确保社会稳定的核心要素。让大家足不出户就能获取商品，享受服务，这背后既有"人、货、场"在数字化、智能化趋势下的复杂流动，也有电子商务、供应链数字化、线上线下一体化等多种"新零售"力量的协同构筑。

因此，新零售并不仅仅关乎零售品牌和零售商家，更在社会共同发展的构建趋势中关乎时代的方方面面。每一家企业的新零售实践，都既从时代的趋势中来，又推动时代向正确的方向而去。

例如，疫情暴发后，林清轩花了16年时间在全国开出的300多家店铺，不到16天时间，闭店歇业了近一半，2020年春节期间林清轩业绩暴跌90%，资金只够维持两个月。林清轩的创始人孙来春，写下了给员工鼓舞士气的《至暗时刻的一封信》，传达了对员工的关怀与鼓励，也号召线下门店努力利用线上营销自救。既然员工、产品都在，品牌就顺势全面转向线上协同线下一体化作战，如图1-2所示。

图1-2 林清轩在疫情期间的自救

早在2018年，林清轩就已经和阿里巴巴进行了数字化合作。消费者只需用淘宝扫码绑定一个专属导购，就可以实现线上线下秒级连接。对于导购来说，销售不再分线下和线上，一切以服务好顾客为准。导购的利益得到保障，顾客的体验得到加强。截至2020年，林清轩用这种方式积累超过260万名粉丝，"转化"高达160万人，林清轩利用这些资产，开始全员联系老顾客。具体做法包括：

- 利用天猫智慧门店、手淘、钉钉组合的智能导购模式，实现三方互动。导购可以实时查看交易数据，及时调整销售策略，用线上方式触达用户，促进用户下单。

- 疫情导致线下"拉新"失效后，林清轩迅速部署线上，动员导购在家通过微信、微博等社交平台维护与老用户的关系，并与新用户建立联系。

- 导购利用"钉钉+手淘"和"小程序商城"等手段，激发用户购买欲望，直接通过电商入口促成线上交易；品牌端与用户端实现无障碍沟通，促进用户转化和品牌推广。

- 通过KOL（关键意见领袖，Key Opinion Leader）直播卖货，进而扩展到全体一线员工全员直播，迅速扩大营销覆盖面和获客面积。

最终，在武汉"封城、闭店"的背景下，林清轩的业绩反倒迎来增长，而且2020年2月1日的销售额比去年同期增长234.2%，震惊了业界。创始人孙来春总结出，林清轩自救阶段性成功=品牌力+数字化+信心。就这样林清轩依靠全面数字化的线上运营和强大的品牌力，依托新零售探索出一条品牌自救之路，这对品牌而言是一次关系到生存的创新测试，对零售业来说是一条全新的发展路径。

因此，在我们开始一场关于新零售的旅行前，首先要远眺一下我们的目的地：为什么新零售是一个必须长期发展的目标？它的发展动力与所处背景是怎样的？想要真正了解新零售实践，就像了解任何一个领域的专业知识一样，需要经历从宏观到微观，从抽象到具体，从写意画到工笔画逐步渗透的过程。我们的新零售之旅，也从时代的背景开始说起，看看为什么新零售被认为是社会发展与经济拐点背景下的必选项。

可以这么说，所有新零售实践，都来自不同行业、不同领域中的躬耕实践者对一种无声却宏大趋势的共同认可。抓住这种趋势，你或许也可以更高效、准确地开启一场属于自己的新零售之旅。

1.1 作为社会必选项的零售升级

企业与国家的经济互动总是会嵌入到社会结构之中。经济升级与社会发展息息相关，相互影响并且相互制约。因此，想要理解新零售出发的必要性，必须回到社会发展的时代大背景中。

在当前社会经济环境中，全球新冠肺炎疫情带来了深远且不可逆的影响。各国的产业升级需求不断加剧，技术升级推动稳态经济的离散与重构。我们开始越来越多地听到关于"百年未有之大变局"的讨论与设想，这背后就是社会经济的变革趋势正在愈发明显。经济周期进入新常态的肇始阶段，经济发展正在迎来一系列新拐点。在迎接新常态的经济变革大背景下，各行业既不能独善其身，也不可能置身事外。同时，经济变革的正向推动力量也来自并依赖着各个行业进行准确的生产力关系升级。零售行业的升级与发展，"新零售"从概念诞生到广泛落地，都与这样的社会经济大背景息息相关。

1.1.1 经济发展优化的入口

社会经济在发生变化，同时我们也要预判其将如何发生变化。我们可以明确的事实是，在全球社会经济变革的大背景下，中国经济在十余年间强势崛起，连续多年保持整体高速增长，并且产业惊奇指数、消费信心指数持续增长。

如图1-3所示，2020年仅"双11"天猫商城的交易额，超过1978年中国全年GDP的两倍，这是时代变迁下的发展缩影。即使经历了全球疫情的波折，中国经济整体向好，社会信心持续增长的态势也没有改变。为了适应中国经济高质量发展的新趋势与新结构，全球经济格局与国际关系发生了一系列变化和调整。而与外部调整同时出现的是中国经济内部的复工复产和持续产业升级，这也是"内外双循环、内循环为主"的底气所在。

2400亿元

1978年中国全年GDP

4982亿元

2020年天猫"双11"交易额

图1-3　时代变迁下的发展缩影

在目前阶段，中国产业有机遇，中国消费者有信心，即使面临多重压力，中国经济的崛起趋势也将持续发展。但也需要一系列新的产业形态来适配生产者与消费者的连接关系，提升供需之间的流通效率，在经济整体向好的趋势下推动产业结构升级，优化生产关系，增强产业韧性，而零售行业的发展正是这样一种关键的价值天平。

在泛化的消费服务领域当中，零售行业直面社会市场中广泛存在的消费升级需求与产业提质增效需求，是生产资料进入消费市场的最后一道门。只有这道门充分打开，生产与消费环境的流通效率才能最大化。在广泛的社会经济发展中，零售行业处在消费品流通的最末端，它的效率与健康程度影响甚至决定着整个经济供需体系的健康程度。

在零售行业与社会经济广泛、立体且复杂的连接中，一般来说零售业都充当着风向标与指示物的角色。消费、供应链、流通的变化，都将直接投射到零售业态的诸多表现中。比如说消费出现了旺盛需求，零售业者必然会快速填补相关需求；供应链一旦出现某个环节的卡顿，零售价格自然也会水涨船高；流通环节一旦加快，零售业的模式也将随之升级，比如限时达、生鲜电商的模式，就有赖于流通环节的升级。

从消费对经济的拉动作用来看，根据国家统计局公开数据，2020年中国最终消费支出占GDP比重达到54.3%。这个数字与发达国家相比还有一定差距，大多数发达国家消费支出占GDP的比例都在60%~80%，如美国经济总量中大约70%都是消费支出。而零售数据是消费支出中最有代表性的一部分，其占了美国所有消费支出的四成，零售数据更是判断美国经济动能的一个关键数据。从增长趋势来看，中国和美国整体都沿着长期向上的大趋势稳步前进。如图1-4所示，国家公开统计数据显示，中国在过去二十年中发生了翻天覆地的变化，中国社会消费品零售总额增长了1108%，美国零售总额增长了117%。

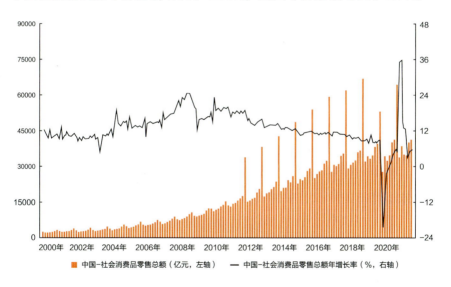

图1-4　中国社会消费品零售总额发展趋势及疫情影响程度

零售既受到社会经济各个因素变革的影响，成为社会经济的风向标，同时它独特的业态模式也在经济圈层中起到"牵一发而动全身"

的作用。想要优化供需关系，通过末端市场优化升级提升产业链信心，或者有力准确地完成宏观调控，种种社会经济的优化发展方案都需要从零售业入口。以零售业为杠杆撬动供需各方的升级优化，也是零售业必须走向全渠道、高效率、高触达、高数字化水平的核心原因之一。

1.1.2　疫情对零售的发展佐证与升级

在疫情的疾风骤雨发生后，我们会发现哪个国家或地区的零售业具有高度的数字化、在线化水准，以及强大的供应链韧性，它们就往往可以率先摆脱疫情按下的经济"暂停键"，并且实现以零售业为中心，有序组织抗疫防疫，高速开展复工复产的"社会经济反击战"。

如果说，全球疫情的高烈度、长持续，加速了全球经济拐点的到来，那么从具体的产业视角来看，这场变故也客观上证明了零售业升级发展，拥抱全渠道数字化的必要性与必然性。有赖于充沛的社会化电商经验，以及全渠道零售数字化供应链，中国成功在疫情发生初期有效采取积极的防疫措施，保障了社会民生有序推进；同时，在疫情进入相持阶段、疫苗开始广泛投入使用后，中国也实现了积极调动零售行业的产能与市场需求，加速释放经济活力，提升社会商品的流通效率，使中国经济快速成为可信赖的产能供应地与消费市场。在全球疫情依旧严重的阶段，中国成为引领全球经济稳步恢复、持续增长的主要引擎。在这个过程中，零售业的在线化、数字化和智能化水平，成为对抗不可抗力的关键因素。

疫情防控期间曾经流传着一张图："谁在领导企业数字化转型？"，如图1-5所示。答案几乎清一色的是"COVID-19"。严格来讲，疫情确实在一定程度上倒逼运营、营销、支付、沟通等方式在线完成，也让消费者愿意付出更多的时间去接触新的工作、新的娱乐、新的购买方式、新的学习方式。这是危机下零售行业面临的数字化机遇。

图1-5　疫情倒逼企业加快数字化转型

在可以预判的社会经济发展趋势中，零售行业的产业优化水平和数字化覆盖能力，在"后疫情时代"与新常态中扮演关键角色。在"后疫情时代"，传统行业将会显示出更加迫切地拥抱新经济、新技术的热情，数字化、智能化将成为企业抗击不可抗力，提升产业韧性的关键抓手。同时，国际贸易将会持续受到挑战和影响，本土零售行业的数字化、智能化能力将成为全球经贸网络重组中的主要支撑；在经济"新常态"中，政府将在经济发展和全球贸易中扮演愈发重要的角色，而零售产业的数字化水平和数据分析能力，将成为政府关注、决策、统筹经济的重要杠杆。

这样看来，零售行业的数字化发展与社会经济的拐点时代高频共振。社会环境、国际经贸的变革需求必将先反映在零售行业本身，即增强产业的技术演化动力和供需模式升级需求。与此同时，零售行业升级对社会经济的贡献也将不断扩大，零售业的数字化、精准化和智能化不仅将影响消费空间，还将成为国际关系与社会发展中的关键变量。

在这个过程中，"新零售"带来的不再仅仅是简单的厂商、商家、品牌效益，还将影响社会发展的复杂联动与结构化变革，为区域经济带来持续的增长潜力。

目前，有关"新零售"已经形成了广泛共识：新零售是数字经济发展的引擎，助推实体经济产业转型升级，实现实体经济高质量发展。

新零售，已经不是零售商家的可选项，而是社会发展的必选项。

1.2　时代大变局中的"零售者之思"

从社会经济的宏观角度出发，我们可以审视新零售发展的时代背景与客观需求。而如果换个角度，来到零售产业内部和厂商的"第一人称"视角，我们会发现新零售的发展同时拥有强烈的主观能动性。零售产业从业者选择由"旧"入"新"，既是因为面临着近在咫尺的产业挑战与市场瓶颈，也是因为在从互联网消费到移动电商发展的过程中，漫长的产业发展经历培养了主动寻觅变革机遇的商业智慧和产业洞察。

纵观零售行业的发展史，没有哪一年的历程像2020年年初那样，众多变化让从业者措手不及。在疫情的影响之下，直播、社区营销、数智化改造逐渐成为所有零售企业在2020年发展的"标配"，而线下门店的价值，也依旧被从业者看重。从用户体验和供应链的角度看，实体店仍有存在的必要性，但店铺成本、供应链成本、商品采购成本、管理压力、市场需求等也在倒逼实体店进行数字化转型。

"零售者"拥抱新零售的抉择，既是挑战与痛点下的大势所趋，也是数字经济深化发展的必然走向。在本书的后续部分，会陆续呈现不同行业、不同产业的零售从业者，是如何思考时代变局，顺应趋势开展自己的"新零售之旅"的。在此之前，我们有必要整体审视一下零售从业者在经济拐点时代的普遍选择。他们的意愿和坚持，是时代发展新零售最重要，也是最具决定性的答案。

1.2.1 "零售者"拥抱新零售的必然

我们看到，零售行业的外部挑战正在不断加大。自改革开放以来，中国快速成为"世界制造工厂"，并且在人口红利中实现了零售产业链的连续腾飞。而高速的产业发展及巨大的产业价值，也给零售从业者未来的道路带来了巨大压力。

如今，零售厂商、商家和品牌普遍面临着转换价值模型、革新商业体系的挑战与压力。逐渐减弱的制造业成本优势与消费人口优势，给中国零售业带来了一系列外部压强的变化。比如，在全球化经济的变革中，零售制造业的区位正在逐渐向东南亚等地区转移。零售制造和供应链的成本优势正在逐步减弱，而电商体系与物流体系的综合成本正在逐渐加大，过去十年，巨大零售增长的在线模式开始触达新的瓶颈。这让红利的获得者——广大零售从业者必须开始思考如何转移与消解压力，将自身产业空间从流量红利萎缩、综合利润被摊薄、人力优势与消费人口优势可能不再出现等一系列外部问题中扭转过来。

如图1-6中的国家统计局数据所示，伴随着人均GDP的持续增长，零售消费也在同频扩大。最近几年，中国社会消费品零售总额已经达到40万亿元，复合增长率超过了30%。然而，对比大部分传统零售上市公司的业绩状况却让人产生困惑："这种红利我们都分不到，消费者去哪里了？"

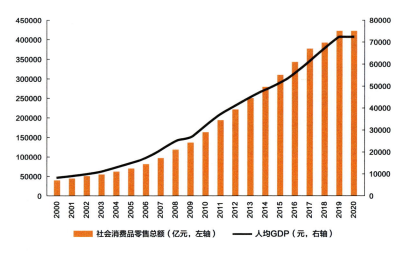

图1-6　中国社会消费品零售总额与人均GDP的关系

在这种情况下，不同的零售从业者会有各自不同的问题与思考，这也造成零售业革新的多元性与复杂性。新零售并不是创业新物种或互联网大公司的专利，而是与各个零售产业链、零售区位企业具体问题具体思考充分结合后的普遍产物。

比如说，消费品品牌在今天面临着综合"获客"成本高、线上线下渠道争利、各个消费触点不协同的问题。互联网模式与电商思维推动了零售业触达消费者能力的极大提升，但这种能力在"野蛮"生长后已经触达瓶颈，需要精耕细作和协同发展，这时必须对整体产业模式进行一系列技术升级和战略提升。

而线下卖场、商超、连锁品牌，则面临着入驻品牌纷纷重视线上、疫情导致线下经济可能陷入持续低迷等问题。因此，大量线下卖场如今纷纷寻求线上线下一体化的发展空间，但在这种空间中，如何将本地消费者、入驻品牌、综合服务等元素整合起来，是一个非常棘手的问题。

此外, 零售供应链厂商在今天也有自己的问题。如图1-7所示, 在整体产业进入易变性(Volatility)、不确定性(Uncertainty)、复杂性(Complexity)和模糊性(Ambiguity)的乌卡(VUCA)时代后, 零售行业的生产力转移与成本增加, 这让供应链纷纷陷入零和博弈的价格竞争当中。如何发挥独特的区位优势, 增强自身的产业话语权与影响力, 升级产业服务能力是供应链的一道必答题。同时, 随着消费者对原材料、供应品质、产品溯源需求的不断提升, 供应链也要走向品牌化, 变成消费者可感知、可触达的产业空间, 这又带来了一系列客观变革。

Volatility
易变性
客户需求波动剧烈, 订单不确定性大大增加

Uncertainty
不确定性
应对全球化和频繁变化的产业环境

Complexity
复杂性
生产成本、交易成本、流通成本控制拷问供应链管理综合能力

Ambiguity
模糊性
劳动力供给趋紧, 制造业人才缺失

图1-7 乌卡时代的特性

1.2.2 "零售者"触觉敏感站上跳板

在这些广泛存在的外部挑战与升级压力之外, 零售从业者从来都被认为具有"春江水暖鸭先知"的能力。他们是最擅长捕捉变化、解读趋势的产业人群。在经历了从线下到线上线下一体, 从传统供销模式到卖场模式、电商模式、O2O模式, 从经验为先到数据分析的商业能力等一系列零售行业变革后, 零售从业者往往具备更主动拥抱变化, 获取先机的产业动机与战略能力。我们经常可以看到, 零售厂商希望主动打通企业前端、中台、后端的全链路数据, 主动拥抱生产、供应、消费、商品管理的全流程升级, 更加重视企业的技术创新与战

略能力提升。中国的零售行业从业者，在某种意义上具有比其他国家和地区、其他行业的人更敏锐、更主动、更积极的变革心态和变革动力。即使在离天花板还有一定距离的情况下，零售从业者往往也希望自己成为主动打破天花板的人，"以我为主"去探索更广阔的星辰大海。

在疫情常态化及纷繁复杂的环境下，品牌商和零售商需要一个简明的转型思考框架，包括树立理性数智营销的观念。"越萧条，越营销"，萧条是坚韧者的机会，数智营销则是"突围"的利器。

今天，各类数字化、智能化技术的协同成熟，与零售紧密相关的支付、物流、企业管理等基础设施极大完善，构成了零售从业者向前跃迁式发展的巨大机遇与动力，也成为零售产业走向深度数智化，拥抱全新商业逻辑与企业红利的时代跳板。

多种数字技术协同，线上线下融合发展，以消费者为核心，建立全面洞察、全局营销的新零售模式，是绝大多数零售从业者共同的产业期许与发展认知。

新零售实践之旅，其实也是零售从业者的先锋歌与集结号。他们感知到的方向，已经走出的脚步，也是时代的风之所往。

1.3　数字中国图景中的新零售景观

在社会经济变革下，零售行业的革新是客观必答题；从零售从业者的内驱动力中，新零售的数智化发展之路是形成高度行业认可的一道主观能动题。但在分析新零售与时代的关系时，还有一个要素的支撑，那就是中国政府的宏观政策引导，包括政府对于数据的价值判断和定位。2020年"数据"已经作为新生产要素写入政府工作报告。在中国政府探寻以数字技术、智能技术赋能千行百业，壮大产业发展的科技强国之路上，零售既不能掉队，还需要为数字中国探寻全新的发展之路。

1.3.1 政策的高度重视

2021年3月12日，《中华人民共和国国民经济和社会发展第十四个五年规划和2035年远景目标纲要》（以下简称为《规划纲要》）正式对外公布，其中第五篇以"加快数字化发展 建设数字中国"为题，着重讨论了数字化、智能化技术与中国经济产业结构的融合发展。

《规划纲要》提出，"迎接数字时代，激活数据要素潜能，推进网络强国建设，加快建设数字经济、数字社会、数字政府，以数字化转型整体驱动生产方式、生活方式和治理方式变革。"

在建设"数字中国"的目标与纲领下，我们可以重新认识数字技术与数字经济的重要性。面向未来的种种不确定性，数字技术的高速发展与普及是不可逆趋势。而数字经济必然在技术的加持下持续进入加速期，下一个五年乃至十年，谁引领了数字经济，谁就将掌握新一轮发展的主动权。

如何让中国经济把握住这一重大机遇，切实实现引领数字经济发展的时代目标呢？《规划纲要》提出"充分发挥海量数据和丰富应用场景优势，促进数字技术与实体经济深度融合，赋能传统产业转型升级，催生新产业新业态新模式，壮大经济发展新引擎。"

我们可以看到，零售行业不仅非常符合数字中国的建设方案与发展模型，更能够为壮大经济发展新引擎提供不可替代的价值。而从互联网的腾飞到今天，零售行业可谓是一块充分吸取互联网、数字化技术的"行业海绵"。线上模式的红利、移动终端的边界、各种数字化系统与解决方案的赋能，都被充分凝结到零售行业的各个场景当中。在今天的中国，你基本可以用移动终端、移动支付在所有的城市、所有零售场景完成购买。数字技术已经与零售产业中的海量数据和丰富应用场景充分结合，具有持续融合向更新型产业业态升级的可能。

在众多产业中，零售业的升级灵活度最高、对数字经济贡献最直接且技术吸收效率最大、数据维度最充沛多元。结合长期深耕互联网及推动线上线下结合等行业特点，在探索数字中国未来之路的进程中，我们或许可以形成这样一个共识：数字中国建设，应以零售为"先锋"。

1.3.2　新零售的数字化探寻

数字中国的建设本质，是将数字技术构筑为产业升级转型的主要驱动力。这一发展目标需要考虑各个产业的数字化基础程度、与数字化融合的空间，以及产业发展的实际经验与行业人才储备。各个产业应该保持协同探索与相继发展同时存在，数字化基础好、效果好的产业优先发展，形成示范的数字化升级模式。

在这一产业逻辑下，新零售代表着零售行业的数字化探寻之路。其特点是行业共识广泛、产业逻辑清晰、消费者体验深刻，非常适合将自身产业的数字化升级建设凝结成经验与共识，再输送到更广泛的数字中国建设空间中。而这也是本书希望探讨各行业新零售实践中真实发展情况和升级模式的原因之一。

从另一个角度看，数字化与实体产业融合，需要处理复杂的运营、生产、市场单元协同，以及数据、算力、算法和管理运维问题。在数字化、智能化技术走入产业的同时，也应该将不同企业有效的产业结合方式提炼形成方法论与战略经验，继而让更多的从业者在更广阔的数字化落地空间中避免试错，降低风险。

帕科·昂德希尔在1997年出版了著名的《顾客为什么购买》一书。他在书中设想了未来的零售，认为那应该是一种"现实世界与移动技术、网络之间的连接，从而形成一个商店与网络世界结成的整体"。后来这一设想果然成为现实，构成了一个时代最繁荣的商业景象。今天，数字技术正在与零售产业融合，构筑全新的整体。新的变化又将让零售业何去何从呢？

至少，可以断言，零售业与数字化、智能化的深度结合，诞生的绝不仅仅是新零售的价值空间，更是数字中国中一个十分重要的时代信标。

以此为基础踏上新零售实践的探索之旅，我们会知道此时正待寻找的，是一种远超过零售本身的价值与情怀。

第2章
机遇：新零售的跃迁动力

"跃迁"是量子力学中不同状态量子的转换过程。由于两个状态的能量不同，跃迁时伴随有大量的能量放出或吸收。在商业世界，很多业态和商业模型与量子跃迁的形态相似，都伴随着革新成长，完成不同状态之间的跳跃。而这种变化剧烈、影响广泛的商业生长，可以被称之为"产业跃迁"。

2016年，阿里巴巴提出新零售时，业界普遍还将其与几个新零售案例紧密结合。而时间到了2021年，新零售已经成为各个零售行业以及行业中主要企业都在说、都在做的事情。毫无疑问，新零售已经开始并且正在持续完成产业跃迁。但就像量子跃迁必须吸收大量的能量一样，新零售的跃迁也需要大量动力作为基础。

在时代的更迭下，商业和经济的形态一直在变化中，而细究新零售商业背后的跃迁动力，则是多重且复杂的。推动新零售变革的原因有很多，影响最直接的当属其所处的社会环境、技术趋势及商业市场的变化，本章从各种环境的变化开始介绍有利于新零售的那些机遇。

2.1 趋势利好：新零售的生长土壤

新零售在几年时间内完成了从一株幼苗到参天大树的成长，而就像所有行业、公司、商业模式的成功都离不开社会与时代的土壤一样，新零售也深深根植在独特的时代背景中，并且从时代趋势中持续汲取生长营养。让我们看看哪些时代背景与经济社会趋势，构成了新零售的生长土壤。

2.1.1 社会环境的变化

在农业时代，土地是最关键的生产要素，温饱需求满足之后才能诞生文明；在工业经济时代，石油是能源，可以推动技术与经济的飞速发展；在数字经济时代，数据是燃料，可以驱动科技与智慧经济实现新的增长。从农业文明到工业文明，再到数字文明，每一个文明的发展都建立在上一个文明的基础之上，同时也都会升级迭代新的生产要素，社会环境的大变化，也给新模态零售的成长和发展提供了肥沃的土壤。

我们先看一下行业本身，零售业在改革开放前后发生了天翻地覆的变化。过去，在计划经济时代，一切购物行为受到生产力的限制，人们凭各类票证购买基础的生活物资，比如生活必需品中的粮油布匹等需要使用专属的票据购买。改革开放以后，国民经济水平得到了极大提升，生活物资也越来越丰富。在可支配收入的持续增长下，中等收入群体迅速扩大，这些新增长的人群成为消费主力，零售业获得了快速增长，尤其是1992年允许外资零售企业进入中国以后，零售业的进步更加迅速。而后以连锁超市为主的连锁经营模式展示了巨大的生命力。20世纪90年代前半期，中国百货业迎来黄金发展期，而从1997年开始，中国百货业进入全面萎缩阶段，主导地位被动摇。此后，随着21世纪网络时代的来临，电商开始全面展现平行空间的增长红利。

如图2-1所示，随着互联网技术的持续发展，电商时代打破了零售行业的物理空间和时间的限制，网络购物变得越来越便捷，消费者不再受距离和时间的限制，线上商品的种类、透明度及物流的发展，让参与网络购物的人越来越多。而电商市场也在不断发展演进，最明显的变化就是消费下沉。从2020年的数据来看，三线以下城市整体网购占比越来越高，这些背后都是消费者行为的变化。在数字经济时代，消费背后的理念也在发生深刻的变化，消费者不仅仅是为需求买单，更是为产品背后的个人主张买单。而对商家来说，彰显个性化主张的创意和品牌成为打开市场增量的新宠。

（1）消费升级：
- 近8亿 用户在"双11"期间来到会场
- 26%增速 按照同周期、同口径比较增长了1032亿元，是三年来最高的增速
- 23.21亿单 天猫"双11"物流订单量

（2）品牌升级：
- 474个品牌 天猫"双11"期间成交额破1亿元，30个品牌破10亿元，28个新品牌成交过亿
- 25万个品牌和500万个商家
- 31766个海外品牌
- 47.3%天猫"双11"进口消费同比增长

（3）产业带升级：
- 105个"亿元产业带"
- 210万个线下小店参与
- 1406个县城，41万款农产品

图2-1　天猫"双11"展现消费升级和产业升级

传统零售商、品牌商、商超百货、购物中心、家居家具、餐饮连锁都逐渐拥抱线上，越来越多的品牌商变得越来越像零售商，品牌商和零售商之间的边界变得越来越模糊，线上渠道让品牌商可以直接成为零售商的一部分，这样线上与线下的协同也变得更加重要起来。

与此同时，零售行业的形态也开始越来越泛化。根据1998年国家国内贸易局发布的《零售业态分类规范意见（试行）》，零售业的主要业态有百货店、超市、大型综合超市、便利店、仓储式商场、专业店、专卖店、购物中心等。而2004年《零售业态分类》新标准将其进行了扩展，明确划分为17种业态：食杂店、便利店、折扣店、超市、大型超市、仓储会员店、百货店、专业店、专卖店、家居建材店、购物中心、厂家直销中心、电视购物、邮购、网上商店、自动售货亭、电话购物。一方面是零售业态的扩展，另一方面是新零售的发展不应局限于特定的零售业态，其商业逻辑可以被推广到生活服务业全景。

如图2-2所示，如果我们以历史视角来审视零售行业的时代变迁，则其大致可以分为四个阶段。

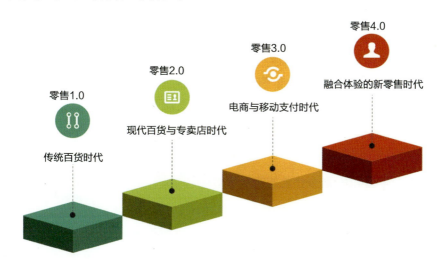

零售4.0
融合体验的新零售时代

零售3.0
电商与移动支付时代

零售2.0
现代百货与专卖店时代

零售1.0
传统百货时代

图2-2 中国零售时代的四个发展阶段

1. 零售1.0：传统百货时代

新中国成立后，全国范围内开始组建百货商店，尤其是在1978年改革开放后，百货商店开始大规模兴起，一直到20世纪90年代之前，我国的零售业主要是以国有大型百货店为主体的单一业态。

2. 零售2.0：现代百货与专卖店时代

20世纪80年代中期，"超级市场"零售业态被引入中国。1992年允许外资零售企业进入中国后，我国形成了百货店、超市、便利店、专卖店多种业态并存的市场格局。值得注意的是，外资零售巨头将会员制同步引入中国，但受限于中国消费者购物习惯，仓储会员制并未在中国得到快速发展。但会员制模式却在经过本土化改造后迅速推广，成为客户关系管理的重要手段。

3. 零售3.0：电商与移动支付时代

2003年淘宝成立，中国进入电子商务时代，2011年支付宝获得第一张支付牌照。随着网络购物行业的发展，以及用户使用习惯从PC到手机的迁移，国内网购迎来了迅猛发展的"黄金年代"，2010年至2016年间，国内网购市场平均年复合增长率（CAGR）约为47%。2016年我国非银行类支付机构累计发生网络支付业务1639.02亿笔，暴增99.53%；支付金额的增长率更是超过了100%，达到99.27万亿元。中国快速进入数字消费时代。

4. 零售4.0：融合体验的新零售时代

2016年10月，马云率先提出了"新零售"概念，2017年盒马开业，新零售时代拉开序幕，在国家消费升级及数据驱动的宏观背景下，线上和线下的协同场景越来越多，体验式购买、全渠道履约已经成为除产品之外的重要服务。

中国零售行业的发展史，其实也是中国消费发展历程的浓缩，从经营"货"向经营"人"转变、从"人找货"到"货找人"时代的变化，其实都是零售行业、用户需求与数字时代深度融合发展的体现。

其背后离不开中国宏观经济长期的增长与社会环境经历的巨大变化，而这些新的需求与变化成为新零售诞生的沃土。新零售以数据作为驱动力带来的不仅是效率的转变，更是以人为核心，改变了人与货的关系，从根本上提升了用户的体验。新零售以人为本的理念满足了消费者对购物体验的诉求，满足了消费者对个性化和高品质的诉求，消费者被赋予前所未有的选择权及控制权。

2.1.2　国际形势的助推

国家之间的竞争从未停止过，政治、科技、军事、经济、文化等方面都是国家之间较量的关键因素，而经济是最能直接衡量国家发达与否的重要指标。中国抓住经济全球化的历史机遇，在2001年加入世界贸易组织（World Trade Organization，WTO），利用WTO多边贸易体制框架，与世界各国发展经贸关系，经济社会发展取得了巨大成就。从1978年到2008年，中国经济年均增长9.8%（人均GDP年均增长率超过8.6%）。2010年，中国外贸进出口总额比1978年增长144倍。1978年外汇储备仅有1.67亿美元，据国家外汇管理局数据，截至2020年末，我国外汇储备规模为32 165亿美元。

近年来，国际形势的风云变局使得经济增长的"三驾马车"——投资、进出口、消费都受到了不同程度的影响，内需成为拉动中国经济的主要"助推器"，对冲了外需减弱的影响。我国拥有十四亿人口和超大规模的内需市场，消费潜力巨大。2020年受疫情影响，社会消费品零售总额仍达39.2万亿元，最终消费占GDP比重达到54.3%。消费仍然是经济稳定运行的"压舱石"。而线上消费和健康消费显著增加，新的消费产品、消费模式不断涌现，消费增长的势头依然明显。国外的情形则不容乐观，受疫情在全球蔓延的影响，大多数国家正常的生产生活秩序被破坏，经济生产陷入停滞，中国制造开始从满足国内需求到为海外服务，成为新的"制造大本营"，为全球的疫情防控和世界经济稳定贡献力量。海关总署的数据也显示，2020年我国贸易顺差3.7万亿元，同比增长27.4%。

从企业角度来看，阿里巴巴国际站是阿里巴巴集团旗下的跨境B2B电商平台，以阿里巴巴"一达通"为代表的跨境供应链，涵盖全球支付结算金融、数字化关务财税、数智化物流三大服务体系。平台卖家来自全球140多个国家和地区，买家覆盖200多个国家和地区。仅2020年上半财年（4～9月），阿里巴巴国际站实收交易额同比增长110%，新卖家数同比增长54%，活跃买家数同比增长84%。而根据国际站2020年10月的数据，2020年第三季度，北美数字化零售在零售总额中的占有率从16%上涨至33%，渗透率增量超过过去10年。

从国际经贸摩擦到疫情严重冲击了全球产业链，但中国外贸不降反增，在这样的多重背景下外部需求叠加内部需求旺盛，使得我国加快构建以国内大循环为主体、国内国际双循环相互促进的新发展格局。

2.1.3 全球疫情的影响

2020年，对于全人类来说是不平凡的一年，整个社会的生产陷入困难，人们都在政府的防疫政策要求下减少外出。在新冠肺炎疫情的冲击之下，我们的生活方式受到了极大影响。从疫情到复工复产，最大的改变是全社会数字化的进程加快。在疫情的"无接触诉求"催化下，远程教育、远程办公，甚至远程医疗等得到了极大地推广，而我们的消费活动，也被疫情改变了发展模式。

对于从事生产和制造的企业来说，经营上发生了巨大的改变，线下门店在疫情防控期间的关闭，以及复工复产后线下门店消费水平的低迷，都倒逼企业进行数字化改革。在尽量少接触的诉求下，很多企业开始线上直播，有的企业甚至开始全员直播，货物的经营卖场不仅仅是线下的实体店和商超，场域也进行了新的变革，同时在虚拟现实技术与增强现实技术的加持下商品展示变得丰富起来。"人、货、场"在数字化、智能化趋势下流动起来，供应链数字化、线上线下一体化等多种"新零售"力量开始构建。无论是企业内部的协同模式，还是经营上场域的变化等，都让新零售模态在这个全面数字化的"温床"上快速发芽生长。2020年年底，美国Twilio咨询公司对2500家公司进行了分析和研究，结果显示97%的公司因为疫情加快了数字化转型，平均而言提前了6年。

社会环境的变化带来消费模式的改变，而国际形势无论是在贸易摩擦下还是在疫情影响中，都给新零售带来了内生动力和新的变革土壤，社会环境与市场都鼓励扩大消费和支持零售行业。而无接触的诉求让新零售从"人、货、场"三要素中汲取了快速生长的养分，得到更进一步的发展。例如，按照麦肯锡的测算，"宅经济"正在创造新的消费需求。疫情防控期间，线上消费每增加1个单位，其中61%替代原有需求，39%是新增需求。从生产、经营到消费方式的变化都在牵引新零售在挑战和机遇中获得跃迁的动力。

2.2　技术利好：新零售的崛起养分

在数字经济蓬勃发展的时代背景下，我们的生产与生活方式都在发生着剧烈而又深刻的改变。数字产业化、产业数字化不断加剧，数字经济和实体经济进一步深度融合。大数据、云计算、AI、物联网、5G、区块链等热点先进技术不断发展并成熟，作为技术基础底座的数字经济正在飞速进入各行各业，助力传统行业转型升级。

让我们通过数据来感受一下数字经济的腾飞趋势，如图2-3所示，据中国信通院统计数据显示，2020年我国数字经济规模达到39.2万亿元，同比增长9.7%，大幅高于GDP的增速。数字化程度每提高10%，人均GDP可增长0.5%至0.62%。2020年数字经济规模占GDP的比重已经达到38.6%，较2019年的占比提升了2.4个百分点，数字经济对经济的贡献度在持续上升，成为经济增长的重要引擎，推动着产业发展不断升级。

图2-3 我国数字经济规模与GDP变化

数字化转型的关键在于技术的工具化使用，通过大数据、云计算、AI、物联网、5G等技术与零售主体、商业模式的"化学反应"，以用户为中心，以服务为导向，敏捷高效的新零售经营方式得以加速推进。

2.2.1 基于算力重构和数据分析的人货匹配

数据是数字经济时代的底层燃料，我们都有明显的感受：今天，数据生成和流动的速度之快在过去很难想象，由此造成数据的量级越来越大。根据IDC的预测，全球数据量每18个月左右翻一番，在2025年将达到175ZB。

回到零售业态中的数据，企业在这个时代背景下沉淀的零售信息也越来越多，包括一些会员的消费偏好类数据，如购买周期、频率、消费轨迹等数据，也包含一些企业内部的物资、商品流转和库存等信息。

随着数据量级的激增及对实时性的要求，空间和算力有限的本地数据中心越来越难以满足需求，尤其是在每年的"双11""618"等大促期间对算力的弹性扩展需求，更是让基于传统IT架构模式搭建的数据中心捉襟见肘。这些都需要借助技术架构更先进的云计算来解决，云计算有海量存储空间和更高算力，相对成本更低，扩展性也更强，被越来越多的零售企业选择使用。

此外，我们发现传统的零售企业不仅无法有效收集全渠道数据，而且对于收集起来的数据也不能很好地利用，而运用数据中台等平台性工具可以针对线上线下消费人群的各类数据，经过贴标签、分类、分级等步骤得到会员用户的精准画像。这对企业会员来说，可以驱动后续的个性化推送、精准营销、体验优化等营销行为；对于消费者来说，能够获得类似于"千人千面"的匹配物品信息，因为出现在消费者视野中的货品都是会员喜好的和有需求的，"想你所想，精准触达"，如图2-4所示。

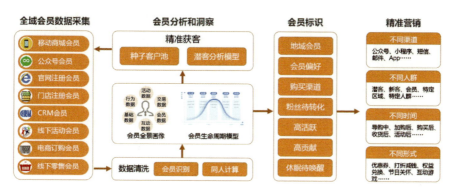

图2-4　统一会员体系支撑全域消费者运营

当然，在通过数据的反馈掌握用户的潜在需求后，也能实现将用户需求反向导入产品设计和产品优化中。比如，九阳电器通过对趋势数据的分析，对比周期数据发现，小户型家具新品销售额增长超过115%，一体式家电新品销售额增长417%，由此开发了"一人食"系列小家电，其目标用户为单身人员、小家庭、学生等人群。结合消费数据打造的个性化新品在首发当日售罄并一直持续热卖，同时带来了大量的忠实粉丝。

2.2.2　基于网络协同和数据智能的供需平衡

信息时代让一切都能联网和在线。从需求端、生产端到供应链，无论是线下还是线上的经营，企业都在往数字化运营方向发展，最终走向全渠道营销和产业链生态的融合。无论是以自动化、数据化和智能技术为主建设的无人工厂，还是物联网与边缘计算的使用，都让货品的设计、生产、流转、库存、营销等过程发生了质变。

比如，在货物的生产阶段，在以自动化和AI技术为大脑进行决策的无人工厂中，生产线可以几乎实现全流程自动化生产，从上料、加工到转运、组装、质检等环节实现无人化运转，同时基于营销数据还可以实现销量预测，由此带动生产端排班计划和供应链采购计划的调整，并形成供需平衡。此外，基于消费者需求的变化，还可以实现小批量按需快速生产，柔性化和个性化定制成为现实。生产端的小单快返可以快速协同营销端试探市场对新品的反应程度，减少传统货品滞销和库存积压的可能性，如图2-5所示。

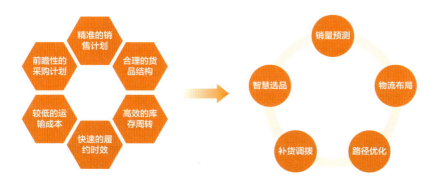

图2-5 数据+智能算法驱动供应链效率优化

此外，基于物联网技术在生产中可以实现工业生产线设备之间的数据监控，从而在生产线设备运行和维护方面更加及时。而通过将工业互联网平台与营销侧的数据打通，可以发现并及时调整货品销售、库存与采购、生产计划，并且通过数据洞察到市场和消费者的选品趋势，让新品变为爆品成为可能。

在以往的零售业态中，商品是可以摸得到的实物，电商的兴起让商品虚拟化，消费者可以通过图片、视频、文字等形式全方位来了解商品信息。不只商品本身，甚至商品的生产、制造、供应链、物流等环节信息也能被看到，尤其是对商品品质有极强要求的品类。另外，借助AI、物联网、大数据等技术升级，基于数据卖场企业可以做到智能补货、缺货预警；物流方面，通过算法可以实现路径匹配最优、就近发货，从而提升消费者体验；渠道方面，通过将数据打通可以实现线上线下一体化、货品履约及用户体验无缝融合。

而结合区块链技术，可以溯源产品从原料到成品的全流程数据，我们能够查看货物在整个生产、流通、零售环节的数据。一旦发现问题，就可以纵向追溯供应链的各个节点，从而提高货物的安全性和运营效率，让消费者可以使用全链路安全的产品。

2.2.3　基于智慧门店和数智体验的万场升级

新零售中的"场"，不仅仅是我们之前认为的商超、门店或者网点，更是我们与零售商产生的所有场景的集合。举例来说，淘宝的直播也是典型的新场景，在疫情的影响下淘宝直播迅速火爆起来，直播电商行业进入井喷期。截至2020年3月，电商直播用户规模为2.65亿，占网民整体的29.3%。阿里巴巴2021财年三季度财报信息显示，截至2020年12月31日，12个月淘宝直播带来的GMV超过4000亿元。

不夸张地说，我们已经进入到"万物都可直播"的时代，而支撑这场直播盛宴的新基础设施就是云计算、大数据、AI、5G等技术。云计算、AI技术通过对数据和算法的整合，推荐给你的直播是你近日感兴趣或者搜索过的内容，AR虚拟现实技术则升级了直播间物品的展示效果，添加了货品模型，增加了直播内容的多样性。例如，对于女性消费者来说，在一些美妆类的淘宝旗舰店中可以体验AR技术虚拟试妆、嘴唇一键上妆等，不用再到实体店涂抹上色，线上试色挑选口红成为现实。而在线下的一些智慧门店中，得益于AI、AR、移动支付等技术的使用，消费者的数字体验升级正变得越来越丰富。AR魔镜让试衣的过程更加方便快捷，移动支付帮助消费者摆脱了时间和空间的束缚，线上支付、刷脸支付减少了排队等候的时间，让消费者随时随地畅享购物的乐趣。

如图2-6所示，改造的智慧门店利用数字技术实现了对进店人流和客流的统计、动线（流动路线）和热区的分析，系统知道哪些货品更吸引客户，能够帮助门店优化店内货品的摆放和展示设计。结合收银系统的数据，也能测算每天的进店率和购买转化率，并且在后台可以实时监控每一家实体店铺的销售运营情况，及时发现问题，调整部分门店的销售/促销策略。

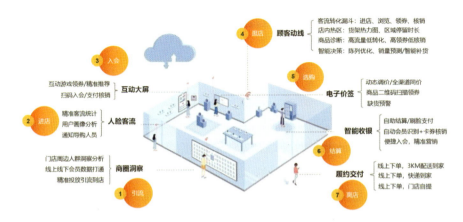

图2-6 以门店数字化作为抓手，高效连接消费者

在以消费者为中心的零售生态体系中，技术的发展与应用使得市场参与者能够借助更加多元和高效的技术手段洞察、触达消费者，并基于智能技术实现不同场景的数字体验，同时也使得这些企业能够更加有效地优化运营和管理，及时准确地满足消费者需求。在技术的"沐浴"下，无论是商品的质量还是消费者体验都有了质的飞跃，科技对零售行业的赋能将进一步加速，这些技术的应用成为新零售发展的核心动力，技术创新与实际应用逐渐形成正向循环。

2.3 商业利好：新零售的发展阳光

时代在变化，人口结构也在随之不断变化，零售必须诞生更多元的购物场景、更丰富的零售渠道才能匹配不同年龄层、社交圈的消费需求。"60后""70后"线下购物比例较高，"80后""95前"则主要倾向于电商平台消费，而"95后""00后"则更喜欢追随自己喜欢的网红主播或者KOL（Key Opinion Leader，关键意见领袖），购买他们推荐的商品。不同年龄层消费者的消费场景、经济水平、功能追求均不相同，企业必须根据消费者的需求变化将商品进行重新定位、包装、设计、定价和营销。

如图2-7所示，从2021年6月CNNIC发布的数据来看，中国主力用户群体的互联网化已经完成，其行为模式已经全面在线化，在中国9.86亿名手机网民中，"90后网络原住民"规模达到3.62亿人。这些手机重度使用者平均单日上网时长达到7.5小时，这些人群也即将成为中国主力消费群体。消费者在变，如果企业不尽快改变经营模式形式数字化思维，就难以迎合时代的变化，长远来看必然会被市场淘汰。

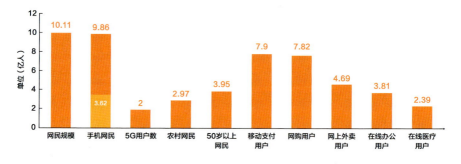

图2-7 我国互联网用户规模和分布情况

2.3.1 "她经济"与"Z世代"的涌现

女性消费一直被视为零售业的主要驱动力量。随着现代女性拥有更多的工作机会和收入，消费自主权增加。在消费体验升级的趋势下，"她经济"也成为商业中不可忽视的一道风景线。为了获取这部分人群，商家"挖空心思"去迎合崛起的女性需求，各大电商平台和线下商超在3月8日集体造就"女神节""女王购物节"等来迎合女性消费者。2020年中国女性消费市场规模已经达到4.8万亿元。在电商领域，女性更是表现出绝对的购买力，垂直电商70%至80%的用户为女性。在化妆品、食品、育儿用品、服饰、珠宝首饰、医疗保健品等品类中，绝大多数消费也都由女性主导。

女性消费者有较高的自我意识，对商品和服务比较敏感且要求较高，而男性对品牌的情感诉求较高。天猫发布的"她力量"报告显示，天猫新品牌易感人群中70%是女性；头部新品牌中，80%聚焦的是女性消费需求。女性用户愿意用更多的时间刷抖音、微博、小红书等内容平台，愿意接受新鲜事物，进行"悦己消费"。2020年手机淘宝直播大数据显示，直播带货这种新产物尤其受到女性的欢迎，55%的女性用户贡献了68.8%的支付率，显著高于淘宝平台全体用户。由图2-8也可以看到，女性手机购物的用户规模和在线购物时长都在大幅增加。女性的消费实力将成为资本想要抓住的行业增长"风口"。除了"她经济"的女性力量不容忽视外，"Z世代"的年轻人也给新消费注入了一些新鲜血液。

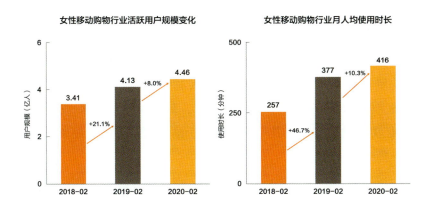

图2-8　女性手机购物的用户规模和在线时长变化

"Z世代"是指1995年到2009年间出生的一代人，这类人群很多时间都沉浸在PC、手机、平板等科技产品中，如图2-9所示，不管是线上消费意愿还是线上消费能力，这个群体均超过了全网平均值。"Z

世代"不崇拜奢侈品牌，更加注重消费的实质感受，他们喜欢极简主义，更希望在品牌中获得一些沉浸式体验，随时随地能够接受新生事物。以动漫、游戏为代表的"泛二次元"文化在这个群体中很流行，"潮玩"泡泡玛特的IPO和高市值（最高超1000亿元）也是"Z世代"人群"捧"出来的。

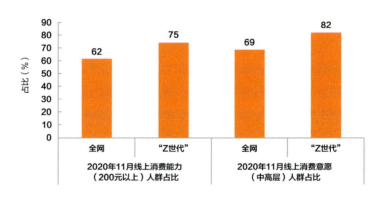

图2-9　"Z世代"与全网消费能力和消费意愿的比较

"Z世代"是商业和资本追逐的对象，如图2-10所示，猎聘大数据研究院发布的《2020年"90后"职场人洞察报告》显示，"90后"成为消费主体。据《福布斯》杂志的统计，截至2020年全球"Z世代"拥有440亿美元的消费力，其正在取代"千禧一代"，成为最令商家垂涎的零售群体。

无论是对于"她经济"中的女性消费中坚力量，还是对于未来接棒的"Z世代"消费主力，新零售天生具有的私人订制、个性化、优质体验、对趋势变化的精准把控等特征与他们的需求完美契合，在这种商业利好中新零售宛如在快车道上疾驰。

图2-10 "90后"成为消费主力，更青睐全渠道消费方式

2.3.2 消费主权的崛起

改革开放后，中国在40多年时间里很快实现了温饱消费，并向品质消费、个性消费、体验消费快速演进。从商品统购统销到个性化消费品走入寻常百姓家，再到国际品牌受到人们的热捧，中国人的消费随着经济的增长和限制的放开不断升级。

如图2-11所示，回顾中国消费的历史进程，二十世纪七十年代消费被生产所限制，物质匮乏，自行车、手表、缝纫机成为标准"三大件"，供应商以国营标准化生产为主。到了二十世纪八九十年代，生产经营逐渐发展起来，粮油布票逐渐消失，但仍然无法满足消费者需求，电视、冰箱、洗衣机、音响等家用电器供不应求。1987年，肯德基开始进入中国，当时的鸡块每份售价2.5元，尽管当时人们的月工资平均只有几十元，但仍需要排队才能买到，而五年之后的1992年，麦当劳中国第一家门店在开业第一天接待了蜂拥而至的4万人，这些都是消费被长期压抑的"峰头水流"。

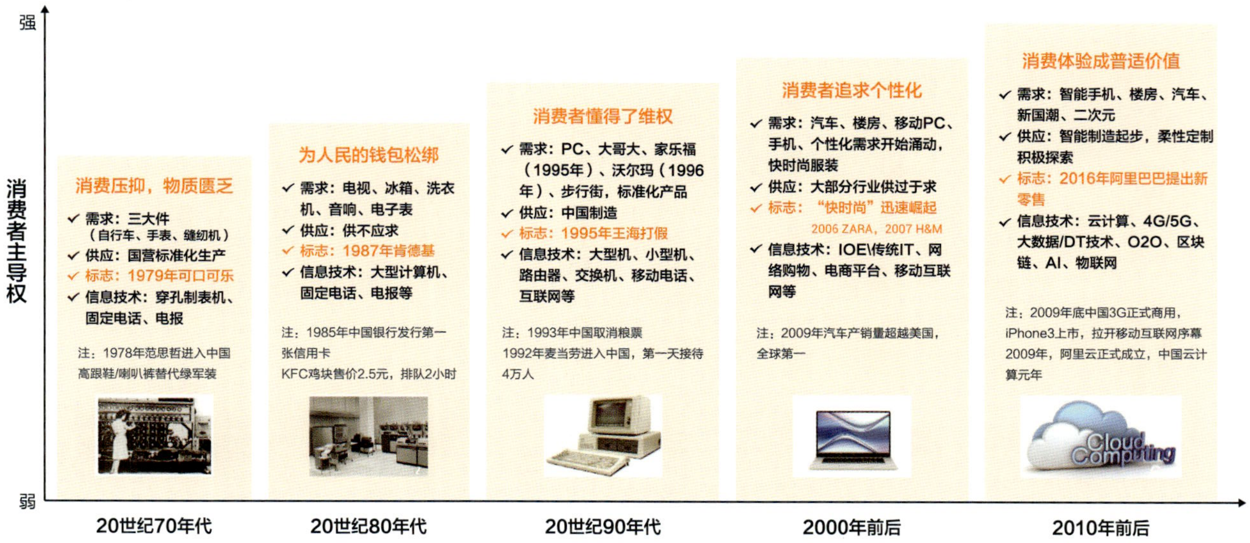
强
消费者主导权
弱
消费压抑，物质匮乏
✓ 需求：三大件（自行车、手表、缝纫机）
✓ 供应：国营标准化生产
✓ 标志：1979年可口可乐
✓ 信息技术：穿孔制表机、固定电话、电报
注：1978年范思哲进入中国
高跟鞋/喇叭裤替代绿军装
为人民的钱包松绑
✓ 需求：电视、冰箱、洗衣机、音响、电子表
✓ 供应：供不应求
✓ 标志：1987年肯德基
✓ 信息技术：大型计算机、固定电话、电报等
注：1985年中国银行发行第一张信用卡
KFC鸡块售价2.5元，排队2小时
消费者懂得了维权
✓ 需求：PC、大哥大、家乐福（1995年）、沃尔玛（1996年）、步行街，标准化产品
✓ 供应：中国制造
✓ 标志：1995年王海打假
✓ 信息技术：大型机、小型机、路由器、交换机、移动电话、互联网等
注：1993年中国取消粮票
1992年麦当劳进入中国，第一天接待4万人
消费者追求个性化
✓ 需求：汽车、楼房、移动PC、手机、个性化需求开始涌动，快时尚服装
✓ 供应：大部分行业供过于求
✓ 标志："快时尚"迅速崛起
2006 ZARA，2007 H&M
✓ 信息技术：IOE\传统IT、网络购物、电商平台、移动互联网等
注：2009年汽车产销量超越美国，全球第一
消费体验成普适价值
✓ 需求：智能手机、楼房、汽车、新国潮、二次元
✓ 供应：智能制造起步，柔性定制积极探索
✓ 标志：2016年阿里巴巴提出新零售
✓ 信息技术：云计算、4G/5G、大数据/DT技术、O2O、区块链、AI、物联网
注：2009年底中国3G正式商用，iPhone3上市，拉开移动互联网序幕
2009年，阿里云正式成立，中国云计算元年
Cloud Computing
20世纪70年代
20世纪80年代
20世纪90年代
2000年前后
2010年前后

图2-11　消费者主权崛起是推动行业数智化转型的核心动力

伴随着二十世纪九十年代中国制造的崛起，一些忽略品牌产权的造假现象也开始蔓延，王海打假带来的社会效应和关注度恰恰彰显了中国消费者开始懂得了维权，消费者主权意识开始觉醒。

千禧年后，供需关系发生了巨变，大部分行业供过于求，消费者的消费模式和理念也随之发生改变，开始为需求背后的个人主张和个性化买单。

与此同时，不同年代消费和商业背后的支撑技术也在发生巨变，互联网技术开始发展壮大，移动互联网、线上电商有了雏形，零售行业也开始了数字化转型。个性化、体验化是消费者的新诉求，新消费时代来临，消费者不甘于被动接受，开始主动表达与创造诉求。

到2010年前后，消费体验已经成为大众普世价值。而商家也开始为这种变化调整，洞察与响应用户的需求，在产品的品质及背后的需求方面花心思打磨，产品与品牌变得更加精致化。个性化主张的创意产品能够吸引用户并收揽大量消费者，成为打开市场与提高增量的市场新宠。

在消费主权的崛起中，我们看到了不断进阶的诉求与变化，零售行业的数字化转型、新零售以人为本与革新体验的主张，从某方面来说也是迎合了这种消费心理的变化，反过来这也是新零售能够扎根生长的沃土。

2.3.3　国潮文化的兴起

近几年，在消费领域一个独特又明显的商业趋势是国人对国货的积极拥抱。国货之光中国李宁在巴黎时装周上发布的1990年代的运动套装，掀起一股复古国货潮流，体操服和汉字等元素加持的2019春夏系列，受到了年轻人的疯狂追捧。化妆品类百雀羚在2017年开始与故宫开启跨界合作，开创性地将现代元素与中国传统文化结合，打造"百雀羚×钟华"彩妆礼盒，融入故宫文化带来的灵感，散发出东方草本的古典美。而在国风内容方面，网红李子柒可谓是最具有代表性的人物，田园牧歌式的视频吸引了一大批粉丝，享誉海内外。在国外视频网站YouTube上，李子柒是中文频道粉丝最多的视频博主。2021年2月，其1410万的粉丝量刷新了"YouTube中文频道最多订阅量"吉尼斯世界纪录，大多数视频播放量超过500万人次。她将中国文化、中国故事润物细无声地传播到了海外，也成为外国人认识中国文化的重要窗口。

2021上半年，"国潮"热度继续提升。在国潮产品背后，"90后"和"00后"已经成为国潮市场的消费主力，远超其他年龄段的消费者，成为国潮市场第一大消费群体。日益走俏的国货背后，折射的是年轻一代对文化IP、国潮消费品的认可，也是中国品牌和中国制造的品质升级。年轻一代的国家自信、国货情怀不断提升，不仅满足了国人的情感诉求，也有助于推动国潮真正转化为长期的品牌价值。

溯源"她经济""Z世代""国潮热"等驱动新零售的底层原因，我们引入《数智增长新驱动》的作者阿里云研究院院长肖利华博士提及的$C2B2C^n$公式，以便更好地理解。这个公式的内涵是一切以消费者C为中心，2B端倒逼企业做好用户运营、新品创新、研发、智能制造、渠道管理、销售、品牌建设、配送等服务，然后在2C精准推广、服务全网、全渠道更多的消费者，其中n次方就是用"数据+算力+算法"反复迭代，反复对整个端到端全产业链路、全流程、全场景、全触点、全网、全渠道、全域、全生命周期进行优化，如图2-12所示。

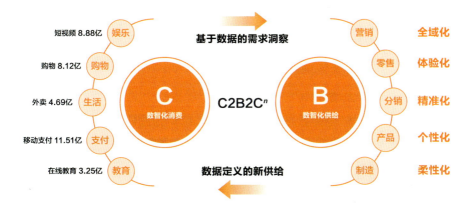

图2-12 C2B2C的*n*次方，消费互联网、产业互联网形成双飞轮

以"她经济""Z世代""国潮热"等消费群体为核心，消费互联网端需要实现消费者可洞察、可分析、可触达、可消费；产业互联网端需要基础设施云化、IoT化、中台化、移动化、智能化，实现需求牵引供给，供给创造需求。新零售端的消费互联网与供给侧的产业互联网之间如同双飞轮互相啮合，相互促进形成飞轮效应，驱动新零售快速增长。

在国潮品牌兴起、消费体验迭代、女性经济崛起等一系列商业因素变革的大背景下，商业环境和消费模式的变化促使新商业的生长"土壤"变得更肥沃，也为新零售带来"阳光"。而在万物互联的未来，万"场"升级，新零售以人为核心，消费端与市场端既包括新零售端的消费互联网也包括供给侧的产业互联网，两者在AI、大数据、云计算等先进技术的驱动下，带给新零售生产、经营、物流等形态新变化，催生出新的商业模态，而急需变革的零售企业在新趋势的驱使下逐渐拥抱新零售，形成核心竞争力，重塑商业市场格局，为国民经济创造新的动能。

行动篇：从数智化升级出发，寻路新零售

第2篇

生命是一种联结成网的东西，是分布式的存在，它是在时空中延展的单一有机体。

——凯文·凯利《失控》

第3章
寻路：新零售的成长之旅

人类历史上的每一次伟大交流与变革，往往都少不了零售从业者的身影；而每一次生产力解放，往往都会直接推动一场零售业态的变革。

回溯到千年以前，踏上丝绸之路，连接东西方文明的那些身影，是售出香料与金银器，带回丝绸与瓷器的粟特商人；开创大航海时代，推动人类文明走向全球化的那些帆船，大多由茶叶、布匹、粮食商人掌舵。市场、银行、工业化体系、全球贸易网络，这些人类文明的瑰宝，追根溯源往往都是为了服务零售商人。

今天的中国，互联网经济与数字化技术推动了经济腾飞。而生产力的快速发展也通过一系列方式作用于零售行业。短短几十年，中国零售行业完成了从计划经济业态到市场经济业态，从传统店铺经济到连锁经济与多级渠道，从线下商铺经济到电子商务经济的一系列蜕变。这些变化推动了中国经济的发展，同时中国经济的巨大潜力也带给零售业新的责任和机会。可以说，零售行业最能体现与时代息息相关的特质。当前面讨论过的一系列发展必要性与利好因素集中释放于零售行业时，新零售也就应运而生了。

从阿里巴巴2016年提出"新零售"开始，这个全新的理念经历了社会热议、民众追捧，再到持续发展，逐步渗透的一系列过程，最终凝结成零售产业的共识性目标。2021年，我们看到大家争先谈论新零售，尝试新零售了。

厘清这场零售变革究竟是如何发生的，给零售从业者和相关企业带来了哪些真实影响，是我们踏上新零售实践之旅前的一门必修课。

3.1 山峦：零售产业的转型挑战

改革开放四十多年的历史，在某种程度上可以视作由以制造业为核心的工业化向以零售贸易为核心的新工业化阶段过渡。在这个过程中，中国零售行业的生产关系与供需网络经历了频繁密集的调整升级，紧密结合社会经济发展完成蜕变，同时也克服了一个又一个困难。

比如说，在改革开放初期，先知先觉的一批零售从业者，瞄准了海外市场需求旺盛、国内劳动力与制造成本低廉的供需差，快速让中国的供应链融入全球零售版图，为中国零售业打造了"世界工厂"的标签。但随着竞争不断加剧，海外市场受到经济形势影响连续发生收缩，以及东南亚等国家的低成本区位优势开始显现，中国零售品牌以低成本、低利润模式走向海外遇到了巨大的发展瓶颈。

在这样的大背景下，零售行业准确找到了互联网腾飞与本土消费崛起的时代机遇，完成了一次零售升级。进入21世纪之后，电子商务的崛起与迭代有力促进了零售业增长。从互联网时代到移动互联网时代，零售行业屡次准确抓住时代机遇，将中国消费市场的规模化和平台化效应与人口红利、供应链红利、服务人口红利充分发挥。如今，可能没有哪家成功的零售品牌会没有电商、O2O板块。这个过程中释放的商业价值过于巨大，导致很多朋友都认为电商的能量等级无以复加，甚至出现了诸如"电商之后，人类还需要其他商业模式吗"等夸张的讨论。

但身处零售行业内部的从业者，可能更倾向达成这样一种共识：世界上唯一不变的就是变化，对于零售行业来说尤其如此。零售产业的敏感与快节奏变化，可以说既是一种优势也是一种挑战。王家卫的电影《一代宗师》中的台词"过手如登山，一步一重天"，也是零售行业的真实写照。在电商与移动电商带来了巨大红利之后，零售商家随即必须直面一个全新的问题：电商红利之后，未来在哪里？

伴随着移动互联网的普及与深入，中国零售产业建立起了最完备的渠道、物流、支付等新型零售基础设施，实现了以高效率、低成本的方式提供零售服务。这一系列变革对消费空间中的诸多要素，如消费者购物观念、消费体验水平、零售供应链强度都带来了不可逆的影响。

然而，随着经济形势整体进入新拐点、新常态，零售行业的电商驱动力也将不可避免地进入放缓期和转型期。这里面蕴含着一系列市场因素的改变，比如人口红利与设备规模化红利逐渐消失，消费者对高品质产品与服务的渴求，生产成本开始因产能转移、消费升级等因素拉高，等等。总而言之，那个纯粹且简单的电商时代结束了，似乎比人们预料得更早。

这一次，零售行业迎来的是比以往更复杂的局面。由于零售业范围较广，聚集主流业态，在诸多挑战中横亘在零售产业面前的"山峦"，主要可体现为"六大焦虑"，如图3-1所示。

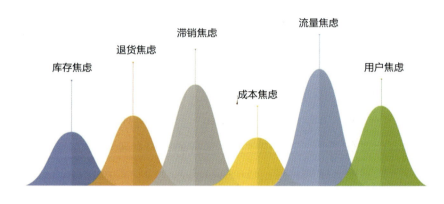

图3-1 零售产业转型的"六大焦虑"

1. 库存焦虑

随着产品更新换代的速度越来越快，市场越来越垂直细分，使得企业对消费者的需求越来越难以预测，缺乏对市场的把控及商品的科学管理等原因会导致商品库存出现不同程度的积压。库存可谓是零售行业最大的压力之一，大量积压的库存会占用资金，将产品的周转周期拉长，而存储、管理这些积压商品也会带来库存成本与管理协同的难题。这些问题最终会使公司的获利成本、管理成本增加，进而降低企业整体的利润，严重阻碍企业的发展。库存积压情形严重的还会使公司出现资金周转不灵的状态，最终导致"瘫痪"。

2. 滞销焦虑

对于零售商来说，产品的滞销也考验着企业的经营和管理能力。例如，针对传统服饰行业的订货会模式，每年的计划订单并不代表真实的消费者需求，更多的是行业经验的预判和预测，因此造成新品新款的适配精准度难以把控，从而造成商品滞销。滞销商品流转率低，占用企业的陈列空间与资源，大量存在的滞销商品也会占用零售企业的流动资金。从维护成本角度来看，无论商品陈列在货架还是存储在仓库中都带来了资金、管理成本的消耗。减少滞销商品、精准匹配消费者需求、寻找畅销品，成为零售商必须直面的课题。

3. 退货焦虑

随着电商销售占比越来越大，退货率也逐渐居高不下。无论是冲动消费、商品品质、物流体验等哪种原因导致退货，都会给企业带来不小的经营压力。其不仅是销量的减少，也会对客户的体验带来负面的影响，增加后期企业营销维护的成本。过高的退货率也会严重影响店铺和商品的权重，尤其是影响爆款商品的曝光率，使重金打造的"爆款"和店铺带来的流量入口无法发挥作用。如何降低退货率，如何从商品全渠道、全流程去提升用户体验，是商家需要不断思考和解决的重要难题。

4. 成本焦虑

由于电商模式势必造成流量的拥挤与扁平化，不同商家与渠道之间很快开启了营销价格战与补贴战。过度的促销模式直接导致商家利润率被过度挤压，进而造成直接的成本焦虑。在电商模式过度集中化的周期中，零售品牌商经常因为渠道商的竞争需求，而不得已被拖入打折、满减、促销的旋涡中。品牌方不知道哪些营销活动最有效，不知如何提升自身的触达能力与定价权限，最终造成无穷无尽的成本焦虑。

5. 流量焦虑

在过度依赖电商模式进行发展的产业周期中，品牌商的效益集中掌握在互联网流量手中。这导致渠道带来的流量多寡决定了效益走势，并且需要用高额成本来获取流量，建立流量壁垒。而品牌商努力提高质量、强化服务、加强营销与品牌建设，最终受益者却往往还是流量渠道。这种"为他人做嫁衣裳"的模式显然不是长久之计。品牌商的优势在于门店、供应链、线下服务等方面，如何将这些优势与电商模式融合在一起，如何培养壮大自己的私域会员流量，成为零售品牌商面临的一道难题。

6. 用户焦虑

在电商模式下，品牌商与用户之间被数据、渠道与流量选择所隔离，这导致品牌方难以触达自己的最终用户。在远离线下场景之后，用户的喜好、满意度和再次购买欲望，以及与用户的有效沟通都被隔绝在品牌商之外。重新感知用户和洞察用户，掌握用户真实需求迅速成为众多零售品牌商的殷切希望。

在这些焦虑之下，零售品牌商开始构思如何将掌控权握在自己手中，将电商、会员、线下店铺、仓储、物流等诸多元素以"我"为中心，重构为一个整体。这种真实且普遍存在的零售行业期待，可以说是"新零售"产生的最直接的背景。与其说新零售是对传统零售的革命，不如说新零售是在电商、物流、在线支付、移动互联网等要素高度发展之后，在零售业态之上再次进行了从发现问题到解决问题的新一轮价值升级。

而这轮价值升级的主要黏合剂，就是数字化、智能化技术带来的能力边界拓展。基于新的技术手段，品牌商可以在自身的数据平台上重新认识用户画像，发现用户需求，感知用户变化，优化供应链的供需平衡关系，精准营销，降低库存量和周转时长，实现由粗放型供需模式向集约化产业模型的重要转变。但在数字化、智能化升级过程中，零售品牌商往往不像电信、金融、能源等大产业一样具有良好的IT基础水平与数字化研发能力。很多零售品牌商才刚刚完成信息化系统的建设，开启数字化之路较晚，在心态与预判能力上容易出现问题。部分品牌商也对新一轮的零售转型心存顾虑。

不管怎么说，零售变革的号角已经吹响。新零售的出现和发展，可以说是与电商、物流、数字支付等产业紧密相关、互为表里的。它不是推翻或者重置什么，而是在产业基座与技术阶梯上的一次必然升级。

在这轮升级中，零售品牌商需要重新认识他们自始至终服务的对象的变化：用户行为、购买触点、商品流通、场景体验。

帕科·昂德西尔认为："购物者到什么地方，看见什么，产生什么反应，这些都是他们购物过程中的特点。购物者也许能看清商品和广告牌，也许看不清，他们也许能轻易找到想买的东西，也许要费些力气……这些生理和解剖学因素加在一起，就构成了一个复杂的行为矩阵。零售环境若想很好地适应购物者的特点，就必须对这个矩阵有所了解。"

新零售的到来，就是让商家、品牌商和技术服务者有一个机会重新认识这个亲切又神秘的零售矩阵。

3.2 架桥：新零售的发展历程

就像所有产业架构和商业理论一样，新零售也经历了一个从背景酝酿到理论提出，再从概念争议到产业实践的完整过程。在新零售过去六年的发展历程中，我们可以看到质疑、争议、概念滥用等情况的出现。但毋庸置疑的是，最终新零售成为绝大部分零售商的价值共识与产业认同，并且在诸多关于零售升级的概念争议相对平息后，新零售也被普遍用于概括和代表这次产业升级的全景图。

如图3-2所示，秉承着一贯斩钉截铁与先声夺人的风格，马云断言"将来的10年、20年，没有电商的说法，只有新零售"。

与新能源、新制造等概念一同被称作"五新"的新零售，不仅是一场业态升级的产业倡导，更是对新技术可能性的一次战略规划与远景洞察。新零售之所以由阿里巴巴率先提出，也是因为一系列准备因素最早在这家公司中初露端倪。比如，新零售的根本思路是通过大数据、人工智能等技术成果，对商品生产、制造、流通、营销的全过程进行改造升级。在这一过程中，阿里巴巴首先在阿里云等产业端口积累了丰富的技术价值与前沿探索路径，并且在电子商务、物流、支付等领域有着广泛积累，知晓这些领域应该如何完成升级改造。

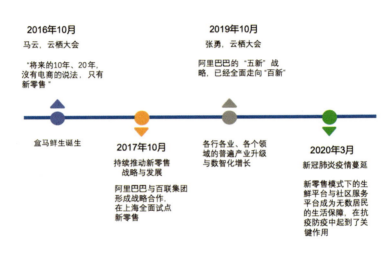

图3-2 新零售提出后的发展历程图

另外，服务无数品牌的经验与洞察力也让阿里巴巴更适合倡导这次行业共聚的价值变革，推动全新的零售模式出现并落地。随后，新零售与零售升级快速成为当时零售行业的重点关注议题与竞争焦点。数字化、智能化技术与零售产业的结合，一时间成为业界最为关注的话题。

2016年，阿里巴巴推出了非常能代表新零售思路的盒马鲜生（现为盒马）。如图3-3所示，这个如今已经成为国民品牌的生鲜实体，在当时代表着一种"生鲜食品超市+餐饮+电商App+物流"的全新尝试与探索。消费者排队感受盒马的新鲜食材，而零售行业从业者则聚集在一起分析和理解盒马的"新鲜"商业模式与技术变革。盒马能够将生鲜食材以高品质供应链带到消费者面前，提供鲜活可亲的零售体验，并且还通过线上线下融合的方式完成服务多元化触达与一体化经营。这种商业模式很快激发了巨大的投资风口与产业狂欢。但从更长远的价值来回溯，盒马同时也是阿里巴巴践行新零售这一理念的实践表率与模式示范。在大家好奇和审视新零售的时候，阿里巴巴已经先一步打造了真正的新零售。新零售的概念从来都不是悬浮在半空中的产业讨论和理念争议，而一开始就是实打实的商业模式和企业价值。

图3-3　盒马=生鲜食品超市+餐饮+电商App+物流

到2017年，阿里巴巴持续推动新零售的落地与战略发展。从这一年开始，我们可以注意到阿里巴巴不再提及电子商务，而是推动线上、线下与物流场景深度结合的新零售，新零售开始作为战略必选项频繁出现在阿里巴巴的对外表述与财报当中。2017年2月20日上午，阿里巴巴在上海衡山宾馆宣布与百联集团达成战略合作，在上海全面试点新零售。至此，大量互联网公司尤其是电子商务平台纷纷开始探索新零售的可能。各种各样关于零售升级的新说法、新理论也层出不穷。但由于"新零售"这一概念提出最早，阿里巴巴的产业布局也及时跟上，因此无论是业界还是大众层面，赋予这一次零售行业蜕变的基本形容词依旧是——新零售。此后，越来越多的互联网平台与零售品牌开始淡化电子商务、O2O等产业概念，纷纷选择拥抱新零售机遇，开始推动新零售布局。在这场产业变局中，既出现了横向的业态普遍变化，也发生了纵向的社会价值影响。今天，回望新零售带来的影响程度可能远远超乎当时人们的意料。

从2019年阿里巴巴CEO张勇提出"五新"战略发展到今天，已经全面走向"百新"。

所谓"百新"，是指各行各业、各个领域的普遍产业升级与数智化增长。对于零售产业来说，"百新"直观表现为各个零售子品类都深受新零售影响，并且新零售的价值已经溢到行业之外。

新零售发展带来的最直观的社会价值，应属疫情之后发生的一系列变化。我们知道，新零售最开始实践的主要业态就是线上线下融合的生鲜超市与社区电商。这一模式有效地培养了无数民众网购生鲜食物、社区化购物的生活习惯，并且建立了有效的供应链、移动平台与社区物流网络。随着这一新零售模式的不断发展，相关产业基础，尤其是数字化、智能化水平也在不断提升，服务的高效率与准时性得到了极大保障。在疫情突然来袭之际，国内为了最大效率阻断疫情蔓延，施行了一些管控政策。这一阶段，新零售模式下的生鲜平台与社区服务平台成为无数居民的生活保障，在抗疫防疫中起到了关键作用。新零售相关数智化基础设施越完善，生鲜电商等商业模式越普及的地区，往往可以更好地兼顾经济恢复与严格防疫，实现民众生活保障与健康防护兼得兼备。

一方面，疫情当中新零售的产业价值凸显，既有效表明了数字化和智能化基础设施对保障民生与经济发展、对抗不确定性因素的重要意义，同时也展现出新零售强大的商业活力与发展前景。智库网经社电子商务研究中心发布《2020年度中国生鲜电商市场数据报告》。报告显示，2020年生鲜电商市场规模3641.3亿元，同比上升42.54%。且生鲜电商在疫情防控期间的用户范围也得到大幅扩展。例如，在疫情防控期间，"每日优鲜"40岁以上用户增加237%，"本地生活""60后"人群线上订单数量翻了4倍，可见新零售在新经济周期中的产业需求之旺盛，以及社会价值之重要。

另一方面，新零售的发展也不仅仅局限于互联网平台与电商企业，越来越多的零售品牌商与实体渠道也纷纷参与新零售的变革，这使得新零售成为一种普遍价值和行业通用的升级模式。比如，我们可以看到身边的商超、连锁门店纷纷开启了线上线下一体化的商业模式，并且加大了智慧门店、数据平台的运营管理工作。无人化、智能化的线下门店成为日常生活中的一部分。即使是在三四线城市，甚至乡镇、农村地区，零售品牌商也纷纷开始重视私域流量管理及用户数据的持续运营。我们曾在西部地区某县的本地商超，看到了扫码参加活动、加入社群等一系列互动方式。该商家也在尝试利用各种数据分析工具来洞察自身的用户画像与线上线下流量，希望找到更有效的营销方式与导购策略。智能化洞察、数据化驱动，已经不再是零售商家的未来选修课，而是一门今日必修课。

新零售发展至今，经历了一系列普及、深化、拆分与重构的过程，小到夫妻店，大到跨国厂商和世界五百强，无不在心中装了一部"新零售辞典"，有了自己的新零售认识与新零售实践。

但是这个阶段新的问题也出现了，新零售的概念开始泛化和被滥用。重新认识什么是新零售，可能是这一阶段我们必须正视的问题。

3.3 识路：新零售的发展特征

如今，新零售已成为一个社会热门词汇。零售厂商无论大小，无不在说新零售，在做新零售，然而也正是这种共识的普及率过高，导致其概念出现了被滥用的情况。比如，我们就看到过某商场打出"热烈推出新零售活动"的宣传标语，一问才知道，原来是该商场换了新地址，与旧门面相对称之"新零售"。

这样的"概念尴尬"当然不止出现在新零售上，人工智能、数字化、元宇宙，可能每个社会热词都难逃被解构和重构的命运。如果想要准确发展新零售，从中最大效率地汲取产业发展动能，那么还是有必要重新识别一下新零售的概念范畴与发展特征。

概念滥用往往会给产业发展带来负面影响。比如，跟一些零售行业从业者对话，会发现人人都知道新零售，但对新零售的理解又都不同，争论繁多，莫衷一是。这种情况显然会限制产业发展。另外，在推动新零售时，企业也可能"知其然不知其所以然"，看到竞品尝试了新零售就盲目跟风，却没有考虑自身情况、需求和产业区位应该如何与新零售对接，造成商业风险与资源浪费。

或许可以这样说，如果什么都是新零售，那就根本没有新零售。当每个人都在讨论和探索新零售的时候，一定要先明确概念边界和产业区分，要不然新零售就会像很多商业理论一样，淹没在话语空间的无尽堆叠中。

那么，回到最初的问题，到底什么是新零售？

2017阿里研究院发布的《C时代 新零售——阿里研究院新零售研究报告》其实已经对新零售作了清晰的定义——新零售，是以消费者感受为管理中心的数据驱动的泛零售形态。从中我们可以看出，新零售有几个区别于以往零售形态的主要节点。比如，新零售强调以消费者体验与感受为中心，重构"人、货、场"等一系列零售业态要素；新零售的核心发展方案是数据驱动，对数据的管理和洞察是新零售的起点；新零售是一种泛化的零售形态，它将打破以往零售线上或者线下的产业边界，如图3-4所示。

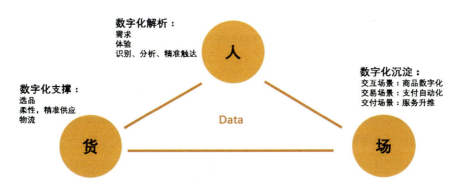

图3-4 新零售：线上线下是场景，数字化是本质

顺着这几个主要的逻辑节点，我们可以归纳出新零售应该具备的主要产业特征与发展逻辑。综合来看，新零售至少拥有以往其他传统零售业态不具备的三重全新价值，如图3-5所示。

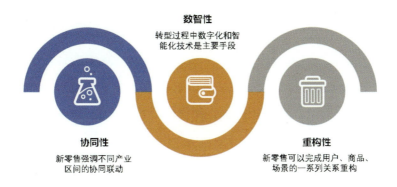

图3-5 新零售不同于传统零售业态的全新价值

（1）协同性。从外来说，新零售强调不同产业链条环节间的协同

联动，将品牌、制造、物流、渠道、营销等进行超越以往效率与范围的整合。从内来讲，新零售强调的是基于数据的内部业务单元的高效协同，以最终增长为核心实现数字化业务流闭环。

（2）数智性。新零售想要超越传统的业态边界，核心是以数据驱动，而这个过程中多元且丰富的数字化、智能化技术是主要手段。新型数智化基础设施的有效建设和利用，是零售商家真正跻身新零售空间的必答题。

（3）重构性。通过产业协同与数智技术应用，新零售可以完成用户、商品、场景的一系列关系重构。这种重构主要体现在用户体验的全面提升、用户运营能力的极大增长，以及全域营销的常态化与可持续上。重构"人、货、场"，在新零售阶段从一种长期设想变成可以快速实现的目标。

在这三个核心产业价值的驱动下，新零售可以有效将多种产业元素汇聚成合力，以数智化方案为触达载体，将产业能力延伸到原本的边界之外。举个例子，一家零售品牌商可能原本有自建电商平台、第三方电商平台、自营门店、渠道门店等多个销售系统，这些系统之间相对独立，用户画像也不明晰。但消费者一侧看到的却是品牌整体，很可能因为中间某个渠道发生的问题，导致消费者对品牌整体失望。在这种情况下，如果能够打通多个渠道的数据，品牌商看到整体的用户画像与用户购买行为数据，就可以有针对性地解决问题，梳理用户服务方案，从而以用户为中心，重新打造更好的体验与商业系统适配。同时，如果品牌商可以通过数据平台，看到供应、生产、物流、售卖多个环节是如何配合衔接的，就可以有针对性地提升效率，构筑新的商业模式与服务模型，从而重构商业效率。

具体来说，新零售是以互联网为依托，多角色运用大数据、人工智能等先进技术手段，强化对消费者需求的洞察和链接，共同开创价值创造，从而对品牌、商品供应链、流通与全渠道销售过程进行升级改造，进而孵化和重塑业态结构与生态圈，并对线上线下服务和体验进行深度融合的新模式。

围绕这一概念，我们可以发现零售行业内外对新零售认知方面普遍存在几个误区。

误区1：新零售就是线上订货，线下取货、送货，这种观点忽略了新零售的核心是基于数据的洞察与协同。新零售并非是取货送货方式的改变，而是以数据分析为核心扩展零售的边界，从而实现业绩的提升。

新零售最大的模式变化之一就是线上线下融合，将之前割裂的业务板块变成统一协同的订单、营销、库存及配送体系，线上线下只是服务渠道的不同，对用户而言享受的是全渠道、全流程的服务，这不仅提升了用户的消费体验，更进一步提升了企业的利润。

误区2：新零售就是品牌直销，剔除中间商。事实上，新零售的发展让零售产业的每个环节都拥有了更明确的产业定位与协同工作的可能，渠道、流通、供应等体系的作用变得更加重要，而不是被冷落在一旁。

新零售的真谛之一就是通过数据强化供应链效率，渠道商模式仍是行业扩大销售规模的重要手段，只是渠道商与品牌商之间的合作模式从以前依靠经验的粗放式合作逐步过渡到基于数据的消费者需求洞察、品类经营分析、新品快速补货，以及以消费者为中心的全渠道履约体验中来。

误区3：新零售是互联网公司玩出来的，是传统商家的"敌人"。这种看法显然忽略了新零售发展的背景和目的，其恰恰就是通过新模式服务广大传统零售品牌商与商家的。

就像电子商务模式曾带给零售产业的普遍繁荣一样，新零售是行业面临新挑战的新决方案，而不仅仅是一种互联网技术或者互联网生态。从产业实践中也不难看出，很多我们耳熟能详的国内外品牌商、零售商已经成为拥抱新零售的主体。互联网与技术服务商更多的是辅助者与合作伙伴的关系。

误区4：新零售是一整套IT系统和工具，不需要业务和组织流程的变化来适配，这种看法错误并简单地把新零售视为基本工具。

实际上，新零售的转型和变革需要商家从顶层设计层面高度重视，并且从公司最高管理决策层往下进行理念灌输和刷新。由于新零售的实践落地过程必然会涉及部门之间的数据打通、业务及管理流程的变革和调整，进而带来组织和部分人员的变化阵痛，因此高层的数字化认知和全员执行是转型成功的关键。

最后，需要注意的是新零售的顶层设计、产业探索与多年的产业实践，都一再证明了数字化、智能化是新零售的核心驱动力与发展必选项。想要重构"人、货、场"，协同各个零售端口，其本质就是把原先靠人力无法实现、无法协同、无法洞察的商业逻辑，如今依靠数据、算法与智能的结合来实现，依靠数智化重新勾勒出完整的零售图谱与创新的商业价值。

在零售业态中，企业面临着商品、订单、支付结算、库存、物流等繁杂而碎片化的数据链路，各个业务节点与供应商、渠道商、服务商体系也都有自身的业务系统与数据存算方式。如果缺少新型数字化、智能化技术和平台作为加持，就无法解决这些系统不兼容、数据互不可见、效率相互抵消的问题。

将传统零售业态中的数据、操作系统与业务流程，基于新的技术手段进行打通与再次整合，是新零售所有能力中的核心精髓，也是零售产业面向数字化转型的普遍共性需求。

以阿里巴巴最开始成立的数据中台团队为例。这个团队当时的主要作用就是要把不同部门之间定义、计算和存储数据的方式标准化，并且把这些数据汇总到统一的平台。这样可以用一个大平台跟踪所有数据的变化，而且一个业务的数据可以指导其他业务。

例如，饿了么被阿里巴巴收购之后，第一件事就是接入阿里巴巴的数据中台。饿了么在进行地推的时候，需要知道哪些商户在营业，而支付宝就有这样的交易数据。支付宝会把店名、位置、是否营业这样的信息提供给饿了么，饿了么也把自己的数据提供给支付宝，两方的数据进行比对，同时这些数据还在实时刷新，也在实时对业务进行支撑。这是一个运用数据中台的简单案例。

随着阿里巴巴的发展壮大，业务越来越多、越来越复杂，在不同业务的管理和功能上，出现了不少重合的环节。如果这些环节都要独立开发，就会非常浪费资源。例如，淘宝、天猫、1688，虽然这几个业务的商户和面向的客户不同，但是它们都涉及商品信息、订单、库存、仓储、物流这样的基本系统。与其每个业务有一套独立的系统，不如用统一的平台来完成这些基本流程。通过把这些共同的、通用的基础系统抽离出来进行模块化处理，组成统一的业务中心平台（物流中心、交易中心、会员中心等），减少成本，提高效率，这就是业务中台的基本应用。

这样就能极大提升企业的运营效率，各个业务领域如臂使指，从而让新零售真正完成一场化蝶的蜕变。

那么，这条新零售之路究竟如何与核心动力相结合？如何让新零售成为社会各界与各个零售子行业广泛参与的价值空间？这就需要引出有关"数智驱动新增长"的一系列转型路径与方法论了。

第4章
出发：新零售的未来增长方案与演进路径

法国史学家、年鉴学派代表人物费尔南·布罗代尔在《十五至十八世纪的物质生活、经济和资本主义》中提出，社会经济的流动分为三个层次：底部是物质生活的积累，其上是经济流通，再之上是社会结构的运动发展。这三层结构就像一座楼，没有下一层就无法完成上一层的搭建，尤其物质生活是所有经济运行中最厚重也最重要的一层。

当我们在讨论新零售的时候，也经常会陷入"空中楼阁"的思维误区。大家经常会惊叹于新零售的成功案例中，企业获得了指数级的新增长，却往往会忽略这些新增长究竟从何而来，它们的"物质基础"究竟是什么。

面向即将启程的新零售实践之旅，这一章我们将一起打包好最重要、最关键的"行囊"。从社会背景到产业需求，再到新零售的实践进程，不难发现数智化技术与变革是带来新零售增长的最佳动力。

那么，数字化、智能化技术究竟是如何与新零售结合的？零售行业数智化升级的产业逻辑与增长方法论又是怎样的？身为零售行业从业者与领导者的你，应该如何开启一场自己的新零售数智化之旅呢？在本章中，我们将通过阿里云研究院总结出的数智化"五部曲""十一要素"，一同打开新零售背后的数智化增长引擎。

值得每一家企业进行一次的新零售实践之旅，就从这里出发。

4.1 引擎：数字化、智能化成为新零售的增长新动力

面临疫情的突然来袭，各个行业都受到了不同程度的影响与挑战。在这种不确定性涌动的时候，其实更应该沉下心去发现规律，总结经验，确保企业自身强大到足以克服下一次挑战。

阿里巴巴创始人马云在2020年的经济形势中发现了一个深刻的价值规律：2020年，世界发生了巨大的变化，商业环境充满了各种挑战，在各种巨大的不确定因素包围下，有一件事是确定无疑的，那就是数智化的趋势没有改变。数智化以前只是让一切企业过得更好，而今天是企业活下去的关键，数智化的进程本来需要30到50年才能完成，现在却被大大加速了，这个过程很可能被缩短到10～20年。在我们面临的所有不确定因素中，数智化是现在确定的最大机遇。

从全球经济对数字化的持续投资，以及数字经济的发展规模来看，现实走势确实验证了马云的判断。根据IDC发布的报告，2022年全球GDP将有65%来自数字化领域，同时在2020年至2023年间，用于数字化转型的投资将达到6.8万亿美元。疫情的影响，让本就飞速发展的数字化、智能化进程进一步按下了加速键。而零售行业本就是与经济大势紧密关联，与国民购买意愿息息相关的产业，自然对数字化、智能化的发展依存程度也高于大多数行业。

数智化，这个全球各个国家和地区、各个行业，以及各类企业最主要的关注方向与价值共识，正在发展成为零售行业的新增长引擎、厂商实践新零售的必要基础。数智化就像新零售等新业态经济的"物质基础"，如果作为"地基"的数智化不牢固，后面的一切都将流于空谈。

让我们来看看数智化是如何与新零售、新增长紧密结合在一起的。2021年，阿里巴巴将探索数字化转型中沉淀的一系列方法论与行业经验进行了集结，总结成一部《数智驱动新增长》图书。书中的核心内容就是对全链路数智化转型等方法论进行阐述，探讨数智化对于未来商业新形态的思考与实践。这本书覆盖了众多行业与领域，当然也包括新零售这条重要的产业发展轨道。接下来，我们将融合《数智驱动新增长》的核心内容观点与零售行业真实存在的供需发展关系，讨论数智化是如何成为新零售未来引擎，激活新增长时代到来的。

首先我们需要回答一个问题，零售行业的数智化新增长到底从何而来？

如图4-1所示，《数智驱动新增长》一书总结了这样一个关于新增长的公式$G=(P \times O \times C)^i$，显然其也可以被放到新零售产业变革中进行适配：数智新增长 = （新组织 × 新客 × 新品）^{i}，其中i指的是数智力。公式表达的是数智化可以有效升级企业的组织管理能力，从企业内部升级效率，优化内部管理，在组织架构上提升企业活力，进而提升企业的长期增长价值；数智化与企业的融合，可以增强企业对市场的吸引力，从而带来新的客户群与客户购买力，直接带来企业销售额的增长。同时，数智化高效率的分析和研判技术，可以给企业的新品规划与市场预判能力的提高提供强大的辅助，洞察市场动向，规划爆款产品，从而构成产品与市场之间的正向循环，整体提高企业的长期竞争力。数智化对企业组织、新品、吸引客户三方面同时赋能，最终都是为实现企业的大幅增收提效。

图4-1 数智驱动新增长密码

我们可以具体来看一下在新零售实践过程中，企业与数智化增长公式的结合方法。

在新客户层面，零售商家通过打通线上线下的服务边界，可以很快聚集起一批此前只在单一平台进行消费的客户。全渠道触达之后，会给消费者带来更立体、更优质的零售体验，并且通过用户画像间接找到消费者增长点。只需要一扇大门的开启，就会适配、转化更多的潜在新客户，将低频率购买客户变成高频长期客户。

下面来看看新品中的数智化增长。对于零售厂商来说，推出新品是至关重要的事情。一款爆品往往意味着企业一年的工作走向了胜利。如图4-2所示，从阿里研究院《2020中国消费品牌发展报告》的数据可以看到，2019年品类创新总体贡献度达到44.8%，品类创新对市场规模扩大贡献巨大，而一款滞销品很可能就使企业多年心血付诸东流。在传统意义上，零售商打造"爆款"新品只能依靠经验与小范围调研。这种模式缺乏样本准确性，很容易造成预判失误。而如果通过数智化技术，在新品孵化阶段和上市策略阶段进行多方面的数据分析与智能预测，那么品牌推出新品的成功率将极大提高，从而结合零售企业增长中的核心问题。得益于阿里巴巴平台大数据驱动的消费者洞察，某日化品牌新品研发周期从2年缩短至3～6个月，其中超过85%的新品在上市半年内名列同行业品类前茅，足见消费者洞察、新品分析对零售行业增长的重要性。

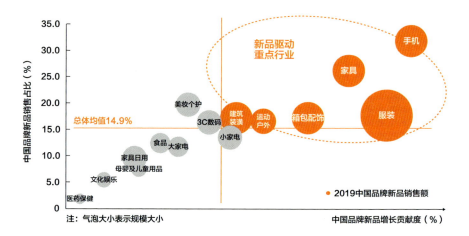

图4-2　品类创新对市场规模扩大做出巨大贡献

再来看新组织对零售企业增长的帮助。零售行业往往涉及大量的渠道商、加盟店、自营店，组织结构非常复杂，管理成本极高且效率较低。而通过数智化的扁平管理可以极大提高零售组织内部的关系效率，明确责权关系，提升业务与组织的融合度。某服装品牌在疫情期间通过与阿里云合作构建的中台项目，借助钉钉快速将线下业务迁移到线上，成功实现了管理效率的提升与用户洞察能力的加强，离店销售额日均增长达到30%。

在明确新客、新品、新组织构成的新零售新增长公式后，也就是从最根本的产业逻辑上为企业发展新零售打造了一架方法论引擎。顺延着这个思路，我们来提出一些新零售实践中最容易遇到的问题，并以此来理解《数智驱动新增长》的两个关键议题：数智新增长的"十一要素"与"五部曲"。

4.2 能源：新零售体系中，数智化重构商业"十一要素"

或许可以这么说，看到新零售的价值和承认数智化的优点并不难，难的是如何将这一系列价值方案与自身的企业探索、商业实践相结合。尤其对于零售行业来说，成本与营收必须处在精准的平衡点上，任何投入都必须在合理的区间中看到回报。在开启新零售转型之旅时，企业经常会遇到这样几个问题。

（1）数智化太笼统太抽象，这些技术能力如何结合到我的企业里？

（2）很多企业的数智化转型投入很多但收效甚微，如何避免出现无效的数智化投入？

（3）零售企业的结构非常复杂且松散，我该如何确定哪个领域先进行数智化？

这类问题的答案其实并不在数智化技术中，而是在企业自身中。企业必须能够清晰认识自己的企业架构与价值区域，才能确定如何结合数智化能力，推动数智化增长。在《数智驱动新增长》中，首先明确了数智化技术的根本价值在于改变了企业运营的基本方式，以消费者为核心，以数据为纽带重新驱动各个商业要素完成进化。具体来看，企业运营的11个商业要素，包括品牌、商品、制造、渠道、营销、零售、服务、物流、金融、组织、技术，都可以实现在线化、数字化、智能化，从而为零售企业走向数智化新增长提供充足且多元化的能源动力。

限于篇幅，这里就不详细对各个商业要素数智化展开阐述，而是汲取新零售实践中企业相对最关心、最在意的几项要素，来看如何理解"十一要素"，以及如何帮助企业完成数智化设计，认清数智化价值。

首先来看数智化商品。前文讨论过，成功的新品是零售企业增长的命脉所在，那么成功的新品是如何打造的呢？或许有人会认为，新品来自于生产工艺、生产经验、生产成本与开发创意。这当然都没有问题，但在数智化时代成功的新品还需要一个关键要素：生产与开发的数字化参与。

在传统零售中，一款新品的开发永远依赖开发者和设计师的眼界、思考与创意。但也要承认这些因素终归是具有自身局限性的，如果不进行大规模的数据分析和用户画像洞察，很可能非常多"反常识"和"出人意料"的新品永远不会出现。比如，面向年轻人的养生产品、面向老年人的娱乐产品，这些创意通常看似不合理，但在大数据洞察下却可以被告知是明确存在且需求巨大的。数字化必须参与到商品设计、流通、评价的各个环节中，如今已经成为新零售探索者们的基本共识。

然后再看看商品的制造。相比于企业侧市场，零售市场对制造端的需求更加多样化、精准化。如何满足零售端的需求，成为大量制造业企业与零售厂商制造部门面临的难题。零售商品的制造，最大的难点就在于需求非常灵活，订单不够稳定，经常导致产能闲置或者订单无法满足。在这种情况下，如果制造端可以实现有效的C2M商业模式，实现基于消费者大数据洞察的定制化生产，就可以有效实现供需精准匹配，制造与销售高频吻合。

如图4-3所示，阿里巴巴的"犀牛智造"就在实践这条制造数字化之路。以服装行业作为切入点，犀牛智造将数智化体系纳入工厂的软硬件基础中，实现了灵活、弹性、可协同的柔性生产策略。在犀牛智造中，单批次达到100件的衣服就能发起生产，一条生产线能同时处理几类不同的订单。过去需要5分钟生产2000件同样的衣服，现在可以做到5分钟生产2000件不同的衣服。这样的小单快反数字化制造能力，将是新零售敏捷性升级、长期发展的有力支撑。

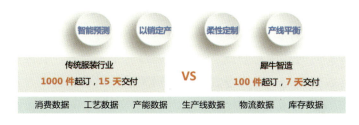

图4-3　犀牛智造的小单快反能力

渠道是所有零售商家最为关注的问题，从某种程度上来说渠道好坏可以决定品牌的成败生死。同时，渠道也是各个零售节点中最复杂的一个，它们既有合作又有博弈，每个子行业的零售渠道都有不同的特征。商超、店铺、电商、私域平台等渠道既有共同的商业逻辑，又有独立的数据框架与数字化运行方式。

如果能够有效完成渠道的数字化打通与数据集中运营，零售厂商就可以实现多渠道的统一化、在线化、智能化管理。以渠道数字化为基础，零售企业可以完成订单、库存、销量等关键节点的智能化协同，对商品流与现金流进行AI预判与实时化调整。

渠道数字化既是零售企业提升内部效率的有效方案，也是企业在管理合作关系中的能力提升利器。我们经常会发现，经销商、代理商与品牌商之间存在着复杂且多样的矛盾。品牌商希望快速清库存，减少库存成本，拿回收益，而代理商往往希望以销定货，实现更高的利润空间。而且代理商往往才是更贴近销售一线的组织，很可能从这里隔断品牌商与消费者之间的联系，独立形成一套自己期待的商业行为规则。想要解决这些难题，零售品牌商就需要通过数据中台化，将各个代理渠道的数据进行打通，准确预判不同代理商的实际情况与真实动向，从而针对性地调整代理政策与货物供给方案，将渠道主动权控制在自己手中。

商业实体中的"十一要素"都可以基于数智化进行升级，从而从不同角度、不同方面对症下药。可以说，新零售的实践其实就是企业对这些要素的"内功修炼"过程。通过"十一要素"找准数智化需求，理解数智化与企业自身之间的逻辑关系，结合自己的发展阶段、能力和资源进行优先级应用落地，找到企业新零售实践和探索的起点。而下一个问题，就是零售企业如何完成顶层设计，给自己的新零售实践之旅设计出一份攻略图。

4.3 驱动：以数智化转型"五部曲"，释放新零售动力

前文中，我们明确了数智化技术是新零售发展的引擎，而数智化与商业"十一要素"的结合是新零售发展的能源。接下来，我们就该审视新零售"火箭"是如何驱动发射的了。

首先，还是回到零售企业本身的视角，继续追问新零售几个问题。在了解了自身可以完成哪些新零售数智化转型之后，企业还需要面向外部世界提出一些疑问。

（1）那么多数字化和智能化技术，作为一家成本、能力都有限的企业应该如何选择？

（2）数智化转型的顶层设计如何完成？如何避免出现"一个工程结束了，下一个工程需要推倒重来"的尴尬？如何确保数智化转型在零售企业中长期持续？

（3）企业也进行了不少数智化探索，但为什么往往都停留在表层，难以解决核心问题？如何让数智化价值深入企业的内部，真正带来可观的新增长？

想要回答这些问题，就必须有一套能够覆盖企业完整数智化链路的转型方法论。2019年，阿里巴巴在云栖大会上首次提出了全链路数智化转型的观点。这一观点认为，在基于消费品生态的全链路数智化转型框架中，需要首先定义五个一级能力，即基础设施云化、触点数字化、组织业务在线化、运营数据化和决策智能化。

如图4-4所示，这个逻辑架构被约定俗成地称为数智化转型"五部曲"。可以发现，"五部曲"与"十一要素"有非常紧密的关系，可以通过端到端的全链路视角完整赋能企业的数智化转型。具体而言，"五部曲"基于生态全链路对商业中的各个环节进行价值重构，将品牌、商品、制造、渠道、营销、零售、服务七个要素组成的商流，与物流、资金链、组织、信息流进行了有机融合，从而帮助企业实现跨越式价值增长。

图4-4 一站式全链路数智化转型"五部曲"

在"五部曲"的理论框架下，零售企业的数智化实际上被拆解为五个不同层面的行动逻辑与发展方案，企业可以根据自身发展的需求与实际，灵活决定先上哪一步、重点建设哪一点，让方案匹配需求，把逻辑融进经营。例如，相当一部分企业数智化实践是从业务中台、数据中台开始的，因为业务中台和数据中台可以让业务部门最直接地看到效果。"因为看见，所以相信"是绝大部分人接受变化的常态思维。

品牌商和零售商通过分析企业自身的需求与发展目标，可以将技术价值有效贴合到企业增长的目标下。同时，"五部曲"架构也非常完美地解决了零售企业的数智化转型顶层设计问题，勾勒出了与行业发展相适配且能够持续延展、不断迭代升级的数智化之路。而不管是从哪一部开始，决策智能化都是企业最想达成的方向。接下来我们具体看看，新零售的旅程中大家将走过一条怎样的数智化之路。

4.3.1　基础设施云化

想要打通数据，实现智能与企业业务的紧密联动，企业IT基础设施的全面上云是重要前提。上云程度直接决定了零售企业的数智化系统能够实现的业务弹性及协同价值。就目前阶段而言，全面上云对于零售行业的意义已经不再仅仅是算力与IT资源的集中化与低成本，而是在新消费、新市场环境下完成持续创新的必要前提。数智化"五部曲"的陆续展开，不少企业以基础设施上云作为前提和基础，只有底层基础架构足够弹性、敏捷和开放，才能更好地迎接数字化时代。

此外，云计算本身也在不断迭代演进，从单纯的服务器上云到云原生，国内最大的云计算公司阿里云已经演进到云2.0时代，即云原生、云钉一体、云端一体阶段，在解决计算、存储等云需求的基础上，把人工智能、移动协同、IoT、数据与业务流量管理、应用开发等能力进行封装，实现上层应用的直接调用，这种基于云原生的架构也让企业的业务底座具备更强大的数字化韧性。

4.3.2 触点数字化

零售企业生产、消费、供应之间存在着多元且碎片化的触点。如何把握这些触点的真实价值，对它们进行适当的数字化改造，可以说是企业探索新零售必须完成的科目。总体而言，新零售的触点包括消费触点、商品触点、交易触点、物流触点、生产触点，等等。触点数字化则主要是通过各个触点的移动化、智能化，达到与消费者、员工、商品及合作企业之间的高效感知与有效配合。对触点进行数字化改造，既是相对轻量、低成本的数智化转型方案，也是深耕数智化，推动长期变革的开始。

就零售业务而言，触点类型涉及线上触点、线下触点、商业触点、社交触点等多维度触点智能网络，各个网络节点之间相互关联并实时进行数字化运算，触点数字化是连接物理世界和数字世界的关键节点，也是以数据为主线展开业务优化的主要抓手。

4.3.3 组织业务在线化

触点数字化完成后，必须将触点连接到各个业务模块，从而构成业务实时在线的有效服务体系与价值循环系统。这种变革中的一个关键任务就是将原本割裂的场景触点融合化、平台化。比如，自营店、加盟店、代理商、自建电商平台、天猫商城、小程序等触点，各自有各自的流量与触达方式，但每个触点都不能保证永久实时在线。而通过打造业务中台，将各个触点收纳来的业务统一中台化，就可以让所有的业务汇集沉淀，确保不同渠道的关联业务相互流转，最终交易、订单、库存与用户行为都会汇集到业务中台，这就保证了业务始终在线，割裂的场景获得统一。

从单一业务在线到业务全面在线、业务中台化的变化，可以给企业带来巨大的价值增长。比如，零售企业可以将组织管理、数据管理、商品管理、营销管理、会员管理、订单管理、物流管理、财务管理等模块，全部汇总到业务中台形成功能需求表，从而加强商业运营能力，实现高效果断的业务决策与产品创新。

组织与业务数字化、在线化的重点除了实现业务流程的数字化、业务协同的数字化以外，还包括组织管理的数字化。一方面，组织需要快速响应来自各触点的信息，对业务流程进行优化，实现组织沟通与协同的效率提升；另一方面，为了应对日益复杂的业务场景与需求，组织也需要对全链路的业务应用进行升级，通过不断地将业务服务和组织服务重构，实现业务创新和组织变革，促进生态的开放与协同。

4.3.4 运营数据化

能够将业务全面在线打通，统一汇总在一个平台上已经解决了新零售中非常主要的问题。但企业如果想进一步驱动数智化新增长，就不能仅仅满足于业务在线，而是需要将数据中台化，从而实现企业级的运营行为到部门级的运营行为都以数据为核心来展开，所有问题精准到点，所有责权清晰到人。在这一层级中，企业行为将伴随着不间断的数据收集、分析来进行。新的行为产生新的数据，再针对新的数据发现问题，这样快速循环迭代业务流程、资源配置和管理方式，形成数据时代企业的运营基本逻辑。要实现这种快速迭代的数字化运营方式，就需要双中台的支撑，即业务中台和数据中台。

数据中台与业务中台的联动，往往能够实现事半功倍的效果。比如，某家电厂商就将原本孤立的各个事业部数据进行了横向打通，建立了可以横跨各个事业部的会员系统，实现了同一品牌中跨事业部的数据共享。在这一会员体系的加持下，推动了单个顾客购买多件商品的情况大幅上升。从而在没有大规模广告投入的前提下完成了业绩大幅增长。或许可以说，数据打通与融合是新零售的动脉所在，也是未来商业运营与企业决策中的标准配置。

4.3.5　决策智能化

目前，企业数智化发展的最高水准就是企业战略发展从传统的业务驱动走向全新的数据驱动阶段。随着人工智能系统与大数据分析技术的完善，智能系统将越来越多地参与到企业决策中来，提升企业决策的精准度与合理性。可以说，数智化转型在这一步完成了某种质变，从企业的肌肉、血液升级为零售企业的大脑。

可能对很多零售从业者来说，智能化决策还是听上去比较遥远的一个目标。但其实这一能力已经渗透到零售产业当中，甚至是很多企业走向新零售成功的关键助力。举个例子，每年天猫"双11"都将有大量新品牌的加入。这些新品极有可能在短时间内完成爆炸式的增长。而在其背后，就是天猫商城与阿里巴巴平台进行了深入、长期的消费者数据分析与品牌定位，为不同的客户群体和新品牌建立有效的智能决策连接，让新品牌可以通过最低成本、最短链路进行市场接驳，从而完成从"新品牌"到"新爆款"的快速蜕变。智能决策，已经来到我们身边，甚至构成了新零售的部分核心能力。而如果你也想让自己的企业获得这种能力，那么前提最好是完成业务在线化和运营数据化两个阶段，同时还需要不断构建自身的数智化升级方案，完成真实、有效、可信的决策智能化升级。

以上，我们一同整理了新零售实践之旅中最重要的包裹——"数智化转型驱动新增长"。如图4-5所示，数智化转型"五部曲"可以实现用户、营销、供应链、生产制造、渠道以及门店的数字化，并基于数据打通和数据共享，真正完成"人、货、场"的全方位重构。基于以上论述，我们一起理解了如何利用数智化"五部曲""十一要素"等方法论，去设计、驱动、完善，直至完成自己的新零售实践之旅。

接下来，让我们收拾起数智化的行囊，把目标设定在新增长的远方，去看看中国大地上的新零售风景。

图4-5 "五部曲"全链路转型升级价值

旅程篇：行业数智化转型升级及实践探索

第 3 篇

在开启这次新零售之旅前，我们需要在零售业中选择一些典型的场景和业态来观摩这场行业数智化转型的实践和探索。如何选择最具有代表性并且能够全面、细微地观察到整个旅程中消费者关心、覆盖范围广泛、符合新零售变革的主要要素，成为我们选择细分行业的关键考量因素。

我们选择了消费电子、美家家居、食品饮料、服装服饰、美妆日化、乳品乳业、餐饮连锁和商超连锁共8个细分子行业。这些领域不仅包含消费者衣食住行的方方面面，涵盖广泛的生活服务，而且大部分企业都融合了线上线下的经营模式，是新零售变革中的典型代表。

以餐饮连锁子行业为例来说，消费升级促使大众对"吃得健康、吃得美味"的需求越来越高。一方面，餐饮业需要实时洞察消费者需求的变化，协同供应链的数字化变革，向顾客销售新鲜的食材、特色的菜肴新品；另一方面，也需要借助数字化手段对诸多的连锁门店经营过程进行全流程、全链条的端到端闭环管理，提升标准化运营的质量和效率，满足食客对健康饮食和体验服务的追求。在新零售的赋能中，商家和消费者在这场变革中都得到了价值的跃迁。

新零售行业的全渠道探索和转型升级已经成为行业共识，并将在这个全面消费升级的进程中加速发力，一方面，为消费者带来便利和体验的革新；另一方面，企业在提供优质服务的背后也提升了业绩和管理的效能。在这次价值交换的旅程中，新零售赋能下的行业百态将得到更好的跃升，获得更长久的生命力。

下面将基于消费者生活服务为主线，展开细分子行业的新零售先锋企业的实践与探索之旅。

第5章
餐饮连锁：基于数智化的连锁扩张

"民以食为天，食以勤为先"。餐饮行业在中国自明清时期以来就被称为"勤行"，表示这个行业必须要以勤劳、勤快而著称。不能做到精益求精、待客如宾，就难以在竞争无比激烈的餐饮行业中立足生存。

古时候的饭庄、酒楼尚且如此，现代化的连锁餐饮则要加一个"更"字。连锁餐饮覆盖市场面积广，服务客流量大，供应链与品质管理要求严格。想要把一家连锁餐饮企业推向成功，需要的不仅是精妙的味道与完善的服务，还需要在产品、管理、供应链、门店经营、品牌宣传等一系列层面进行不断的迭代与完善。

是什么让连锁餐饮无数家直营店、加盟店可以实现如臂使指的高效协同？是什么让顾客在任何一座城市走进任何一家门店，都可以享受高品质的餐食与服务？是什么让连锁餐饮的会员体系、线上模式高速发展，通过多样化方法触达用户？

这些现代化的新能力、新效果背后，指向着连锁餐饮的数智化转型，指向着新零售时代餐饮行业的创新之路。

数百年前，餐饮需要让厨师、伙计、掌柜勤快起来，如今，餐饮需要让数据、智能、计算勤快起来。沧海桑田的转变如此耐人回味，让我们从老乡鸡、海底捞、懒熊火锅等国民级连锁餐饮品牌开始，来一场美味的新零售之旅。

5.1 老乡鸡：干了这碗鸡汤！老乡鸡规模扩张的数智化底气

2003年，老乡鸡在合肥开了第一家店，如今老乡鸡在全国设立超过1000家门店，覆盖了安徽全省16个地市以及北京、南京、武汉、徐州、上海、深圳等地。2020年年底，中国烹饪协会发布了"年度中国快餐50强"榜单，老乡鸡位列中式快餐榜首。图5-1展示了老乡鸡创业发展的历程。

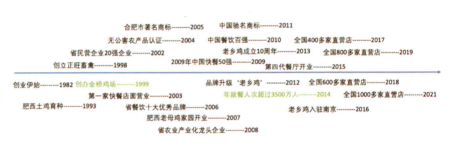

图5-1　老乡鸡创业发展演进历程

1982年，束从轩结束军旅生涯，干起了养鸡生意。从养鸡起家干到中式连锁快餐，这也是为什么老乡鸡发展至今仍覆盖养鸡场，是中式快餐唯一的全产业链企业的原因之一。2003年，束从轩从肯德基、麦当劳等连锁品牌的发展中得到启发，打造了"肥西老母鸡"快餐品牌，凭借区域特色的老母鸡产品，品牌门店稳步扩张，逐渐遍布安徽省。2012年3月，束从轩将"肥西老母鸡"更名为"老乡鸡"，同年，老乡鸡门店扩张数量达到220多家，全年营收已近5亿元。2016年前后，老乡鸡逐步开启布局全国的计划，入驻南京、武汉，并将产品拓展至早餐领域。2021年，老乡鸡在疫情常态化背景下，门店数量突破1000家。截至2021年年底，老乡鸡已经拥有国内中式连锁快餐最大的门店规模。图5-2为老乡鸡连锁门店。

图5-2　老乡鸡快餐连锁门店

营收方面，随着门店规模的增长，束从轩曾经在一次专访中表示，公司用了12年时间跨过10亿元；又用了两年时间，跨过20亿元；到了2019年，已经超过30亿元。

2011—2019年，老乡鸡的利润翻了33倍，销售收入翻了32倍，年均增速在40%左右。

餐饮连锁的扩张其实并不是一件容易的事情，一方面，要保障食材味道的稳定性和一致性，就必须把门店的标准化管理及产品的制作和操作的一致化做到极致；另一方面，要有强大的后端供应链，连锁门店越多，就越考验供应链能力，口味统一、新品种类、出餐效率、库存补给、食品安全都建立在供应链的基础上。毫不夸张地说，中式快餐连锁行业最终的竞争其实是供应链能力的竞争。

连锁经营自20世纪80年代末进入我国以来，至今已有几十年的发展历程。美国是连锁经营发展的鼻祖，时至今日，美国仍然是世界上最发达的连锁经营大国。美国的快餐连锁化率超过30%，而中国只有5%。虽然市场前景巨大，但也侧面说明了中式快餐的连锁化经营更难。也正是如此，老乡鸡创业至今仍是直营店模式扩张，并以安徽为主体市场依托，其背后恰恰映射了行业带来的挑战。

对老乡鸡而言，过去主要的精力集中在产品标准化、管理标准化和供应链能力的打造方面，但随着消费者需求的变化，用户对口味和上新有了更多的要求。即使是连锁快餐，消费者除了效率，对服务的要求也更高了，快餐正餐化已经成为行业变化趋势之一。这些都对门店管理带来了更多的挑战。随着门店数量越来越多，传统管理方式和能力开始有了压力，如果跟不上用户和业务发展的需求，企业就会面临被市场淘汰的风险。

例如，品类上新，如图5-3所示，门店每个月上新1～2款新产品，看起来简单的上新背后，是对供应链巨大的能力考验。过去选择的上新品类是基于中央厨房的能力，而不是用户需求，因为无法洞察用户的口味需求。此外，对于一款新品，其供应链用传统方式从立项到上新一共90多个节点，老乡鸡超强的供应链执行能力虽然可以勉强完成，但供应链效率和上新任务压力极大。

再如，门店的统一管理，过去每个店长每天都需要手工填写门店的经营万能表，集团总部每月进行人工汇总，形成经营数据月报，辅助公司管理决策。用这种方式汇聚的数据准确性、完整性和及时性都无法得到保障，并且各个门店的经营管理和问题整改也只能靠人工检查、督导的方式完成，效率较低。

图5-3　老乡鸡连锁门店月月上新

业务和需求跑在了前面，数字化是经营能力提升和管理有效复制的重要手段之一。在老乡鸡数字化增长中心负责人王伟看来，数字化是业务发展的必然趋势。通过数字化手段不但可以降低成本、控制风险，还可以大幅优化连锁门店业务运营和经营管理的效率。

5.1.1　数字化增长成为公司的重要经营战略

这里离不开公司最高管理层对数字化的支持，众所周知，数字化转型首先是管理和经营理念的认知转型，需要公司从上到下统一认识。老乡鸡选择和大型互联网公司合作，借助其成熟的数字基础设施和实践经验，快速切入新赛道，其中，权重最大的合作伙伴便是阿里巴巴。2020年10月，束从轩把中层以上干部集体派往杭州，统一学习"换脑"，并要求"任何人不得请假"。阿里巴巴也派出涵盖了阿里云、钉钉、支付宝、本地生活等核心板块业务的强大专家团助力老乡鸡。专家们携带成熟的产品矩阵，从老乡鸡的实际需求出发，进行定制化服务，打通市场堵点，提供深度赋能。

基于疫情对社会和经济带来的冲击和影响，各行各业的数字化进程都在提速。束从轩从2020年3月开始，整合原有会员部、O2O外卖部和信息中心，设立新的数字化增长中心，矢志将"数字化"提升为企业的"增长战略"。

这样公司形成组织架构上的前中后台融合，前台是老乡鸡上千家直营连锁门店；中台是公司内部的五大中心+职能部门，五大中心涵盖门店选址、开发、监理设计，门店全生命周期管理，产品的全生命周期管理，品牌体验中心，财务管理，以及数字化增长中心；后台则是董事会最高管理层。其中，后台的数字化战略支撑非常重要，正是公司从上到下的数智化理念统一，老乡鸡开始了稳健的数字化之路。

5.1.2　业务在线化让业务板块实现数字化协同

老乡鸡的数字化转型从哪里入手？如图5-4所示，最开始的规划是从数据中台入手，因为数据的打通和业务的衔接能快速实现数据价值。但经过内部分析和调研之后，数字化增长中心决定从业务中台入手，因为业务在线化能够帮助业务线职能部门直接体会到变化和价值。"中台是孵化出来的，它不是给你一个工具，业务部门是非常认同孵化这个概念的，就因为业务需求带来了中台的落地"，老乡鸡数字化增长中心负责人王伟说。"因为看见，所以相信"是绝大部分人接受变化的常态思维。

首先是门店管理业务的在线化。过去手工填写的万能表开始线上化，店长每天对门店的相关经营数据及运营要点和问题进行反馈，数据自动汇总到业务中台。和之前不同的是，数据汇总后根据异常和问题自动形成电子任务单，再自动反推到相关门店整改。若整改不及时或整改不到位，系统会自动督促，任务结束后还有评价体系。这也是通过数据来督促店长优化经营。这样过去门店的运营管理开始有了数字化加持，数据的准确性和及时性得到大幅提高，并且汇总后的数据也可以在后台及时呈现。最高管理层可以看到门店的数据优化，总部能时刻知道门店的管理情况，并及时预警，门店的整体运营效率大幅提高。

图5-4　老乡鸡的前中后台

其次是月度经营管理大会。之前每个月在线下要召开千人大会，消耗大量的差旅和时间成本。疫情开始后，环境和条件都不再允许这么多人聚集，老乡鸡开始全面启用钉钉，利用钉钉的在线协同和管理，大家全部改到线上进行视频会议。从职能部门到集团、从集团到门店，信息可以做到实时联动，从每月月底战区工作的会议任务布置，到每一个门店的活动执行知晓，只需要不到一周时间即可全部精准传达，这种高效的扁平化管理也是数字化带来的直接结果。

再次，供应链通过业务中台的菜单中心、门店中心、促销中心，大幅提高新品上新效率。新品品类不只是结合厨房产能，更多地开始参考消费者的口味需求和变化。供应链的寻源、配送和门店的互动都开始基于线上操作，月月上新成为老乡鸡的常态，丰富了产品品类，满足了消费者换新的需求，增加了客户黏性。

此外，老乡鸡利用业务中台的建设时机，重新梳理了公司内部的系统，以降本增效为衡量标准，砍掉了一些原有的系统，将原来的43个系统收缩成21个系统，然后统一利用OneID整合在钉钉平台上，这样一个账号可以进入所有的系统，解决了过去几十个系统账号造成的频繁登录问题，并且业务中台里面的订单中心、菜单中心、库存中心、促销中心都是按业务能力去建设的，实现了能力复用。

在客户服务方面，老乡鸡也上线了智能客服系统，如图5-5所示。客服系统设立的初衷就是接待处理客户的投诉，解决客户的倾述并寻源相关原因，给到职能部门去优化整改，因此客服人员每天接入大量的投诉电话。随着老乡鸡的门店扩展及客户群体的扩大，传统方式难以承受。智能客服系统则可以针对在线投诉进行自动归类及自动回应，从而提高了客服服务的效率。截至2021年年底，老乡鸡智能客服每个月大约能处理3万多条有效信息，并针对投诉内容分析原因，部分生成任务单下发到相关门店进行闭环处理。智能客服的上线极大地提升了客户服务的资源利用率，用最少的人力资源提升了用户满意度。

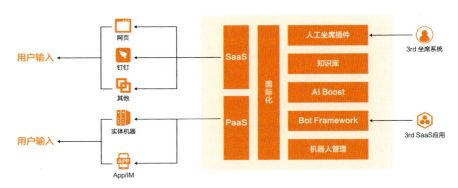

图5-5　老乡鸡智能客服系统

5.1.3　运营数据化让业务部门体会到数据的美妙

当数字化增长中心完成业务中台的搭建，并实现了业务在线化后，之前割裂的业务能力整合在一起，这些整合能力都可以被部门业务相互调用。业务部门开始体会到数字化带来的价值。此时公司又发现了问题：业务在线后数据去哪里了？老乡鸡的数据仍然沉淀在各个系统孤岛内，没有实现打通和变现，基于数据对业务的反哺也没有实现。因此，老乡鸡继续和阿里云合作搭建了数据中台，如图5-6所示。

图5-6 老乡鸡数据中台Dataphin智能模块

数据中台需要对数据有足够的治理、分析和应用开发能力，因此数据中台小组广招人才，成为老乡鸡集团学历最高的部门。在落地工作分工中，数据中台小组数据资产的建设主要包括数据治理和数据应用两部分工作，小组按照工作的需要，一边治理，一边应用。之前的门店报表在线化就是基于数据治理来实现的，数据的价值开始被挖掘，对业务的反哺也逐渐呈现出来。经营数据的收入、成本、费用可以在数据中心实现终端门店的月度查看，对于门店的精细化运营起到了指导意义；改变了过去人工传输的方式，改变了以前门店存在经营数据拿不到、拿不全、拿不准的现象，提高了数据的安全性和完整性，对于终端门店的精细化经营具有非常强的指导性。这就是数据中台带来的价值。

数据治理还包括数据标准体系的建设、数据维度的梳理等，老乡鸡在落地过程中遇到的下一个阶段的问题是业务部门对数字化转型认知不统一的鸿沟问题（对数据治理较抵触），因为变革会带来组织和人员的调整。要解决这个问题，就得让业务部门先尝到甜头。

例如，双中台搭建后，业务部门的效率获得了提高。与此同时，发现局部数据的不准确性，然后分析原因并整改，再通过数据治理去整改数据源，这样数据治理自然而然地获得了业务部门的配合。数据治理是一个磨合的过程，不能一开始就强迫业务部门放弃工作习惯去接受数据治理。业务部门通常只有看到业务在线化和数据打通标准化带来的好处，才会接受数据治理带来的组织和岗位的收缩或变化。这是一个磨合的过程，需要不断发展。每个职能部门都有这些类似的变化和过程。所以说，数字化转型升级是一个长期过程。

再从管理层角度来看，钉钉在老乡鸡深度广泛地使用后，移动办公和审批已经成为公司日常管理的标准手段。以前批一个流程很麻烦，现在用手机可以轻松搞定，并且业务审批处理的每个节点都有痕迹，可以追溯。此外，公司最高决策层也可以通过手机全面掌控企业经营状况，实时查看到任何一个门店运营的所有关键指标和数据，在销售额、热销菜品、顾客满意度、费用、人效等方面充分实现了数据指导决策，也能对经营管理带来更多的优化和思考，这些都是数据业务化和可视化带来的直接价值。

5.1.4　基于会员标签画像的用户运营让营销更省力

老乡鸡全国1000多家门店，每天进门店的用户高达50万人，这些人都是谁？他们在品类方面有哪些喜好？他们对老乡鸡的体验感知如何？这些信息在数字化时代越来越重要，因为用户的需求变化太大了，消费者信息渠道越来越宽，要求也越来越高，只有真正了解并洞察消费者的需求和变化，才能真正提升消费者体验，从而增强企业竞争力。

与麦当劳、肯德基这些老牌竞争对手相比，老乡鸡最需要迎头赶上的是"人"的数字化。数据显示，2021年第一季度拥有必胜客、肯德基的百胜集团数字会员已经超过3.15亿人，所有的销售收入中，会员销售占比超过60%，这就是会员营销带来的价值。

要想实现用户的数字化，就要打通用户在各渠道、各场景的交易，形成完整的用户画像。老乡鸡致力于此，2020年接入阿里巴巴本地生活的L100平台，打通了口碑、饿了么、淘宝、支付宝的四端数据与主会员系统，通过增强拉新力度，引导顾客更多地以会员身份发起交易。

要发力新零售，就必须迎合用户的数字化，因此基于会员的私域运营是企业的必然选择。老乡鸡在2021年也定下了会员数字化率争取达到30%的目标，在发展会员、实现会员数字化后，可以更准确地洞察顾客需求的变化，这样产品研发、新品种类就有了依据，饭菜品类的线上推荐也会更加精准，这些都可以提升消费者体验。

5.1.5 安全稳定的上云选择让老乡鸡基础架构更牢靠

老乡鸡从2020年年初开始，随着业务中台和数据中台的建设和落地，业务系统逐步迁移到阿里云上，如图5-7所示。企业员工也慢慢感受到云化带来的好处，例如，电脑办公的文件都存储在云盘中，不管在何处、利用任何终端，都可以随时读取和存储数据。到目前为止，企业会员CRM、业务中台、数据中台、POS系统，以及供应链系统都已经在云上，老乡鸡计划剩下的系统在未来能上云的都逐步规划上云。

图5-7 老乡鸡的云平台架构

束从轩在业界有句广为流传的口头禅："基础打多好，楼就能盖多高"。老乡鸡作为数字化后发者，以阿里云IaaS为统一支撑底座，云计算的全新架构让整体的数字基础设施更加牢靠，对内对外提供统一的技术体验。老乡鸡用最新视角、最新技术作为创新驱动，从而形成了后发优势。

云平台上的业务中台、数据中台的使用，使得老乡鸡的运营团队逐步告别经验主义，养成了数据化运营、数据化决策的行为习惯。运营人员如果要看数据，只要登录钉钉工作台，打开数据中心，就能直接调用。老乡鸡内部已经形成了"数据说话"的业务氛围。

5.1.6　围绕开店和销售两大核心主线的后续规划

一切业务数据化、一切数据业务化，数字化转型是企业提升核心竞争力的长期过程，老乡鸡在尝试到数字化带来的实实在在的业务价值之后，不断有业务部门提出新需求，在这个背景下，后续老乡鸡数字化增长中心已经规划了三大方向：第一，聚集增长的协同，要实现规模增长，不能只是扩大连锁店规模，外卖、堂食都要做大，外卖注重效率和规模，堂食注重体验和品味，两者的产品品类一定会有区别，那么外卖的数据模型是否精准？两者如何协同？这是后续值得思考的地方。第二，会员营销的评估，目前有很多触点针对用户进行会员营销，包括折扣卷、促销券、满减等，但各种营销投入的效果如何？哪些方式最有效，带来多少价值？能否做得更深入？类似营销的效果评估将会是老乡鸡数字化后续投入的地方。第三，业务在线化的演进，随着能力中心的建设，以及数据治理和数据应用的落地，2021年已经做了广泛实践，目前经营指标已经集中在几十张报表中，接下来能否围绕这些业务报表雕琢打磨、继续深化，持续扩大业务在线和数据融通带来的价值也是后续重点着力的方向之一。

【小结】

老乡鸡的数字化转型过程，与其说是规划出来的，不如说是业务需求倒逼逐步孵化出来的。先从业务中台入手，从前端业务满足，再到数据中台建设，数字化增长中心在摸索中逐步找到了正确的路径，一边建设，一边应用。"数字化转型是一个认知的过程，这个过程很慢，急于求成是得不到结果的，先得让业务前端看到效果，这样才有动力去做深入。"老乡鸡数字化增长中心负责人王伟说道。

此外，老乡鸡还发现数字化建设要围绕业务流程用闭环思维展开，如何化繁为简，其实老乡鸡集团的业务核心流程就是开店和销售。所有的门店、用户、产品、供应链这些业务部门其实都是围绕这两条主线来运转的。在IT规划方面，数字化增长中心一直强调要用闭环思维，"业务闭环做规划，分布实施搞建设"成为增长中心明年的重点工作指导思路。

2021年，老乡鸡已经把业务中台、数据中台、会员系统、产品研发和测试都建设并整合在一起，下一步数字化增长中心考虑的是这些能力如何进行高效复用。既然敏捷性已经有了，剩下就需要把诸多的业务流程进行衔接合并，用闭环思维来提升效率。过去的业务系统是单点系统，只对单点业务负责，业务在线化后可以解决业务的敏捷性。但诸多业务串联后，用闭环思维会发现其实业务之间的衔接可以更加简化和高效，也可以通过KPI考核进行联动，这些才是基于数据的业务在线化最终要实现的目标。即转型需要从整体业务视角来看，不只是单点业务敏捷，而是整体全流程业务闭环高效。这也是数字化和企业管理结合、业务流程梳理的重要方向。

老乡鸡在中式餐饮连锁企业中，数字化的实践和探索已经在行业内领先。老乡鸡和阿里巴巴的合作模式，以及数字化实施路径将深刻影响中式快餐连锁行业的转型方向。老乡鸡可以作为剖析餐饮连锁行业"新零售"未来转型路径的典型样本。老乡鸡基于业务需求驱动，打通业务数据的全流程闭环，利用平台统筹管理各业务板块数据，并在未来做到业务闭环、精准营销和智慧运营，是推进老乡鸡数字化增长战略未来走向纵深的关键布局，也是推动传统餐饮行业与新技术深度融合的全方位变革。

5.2　懒熊火锅：传统餐饮与数智技术深度融合的全方位变革

2019年10月，懒熊火锅成立。在短短两年时间里，懒熊火锅就完成了0到1、从1到N的转变，门店基本覆盖全国各省市，门店数增长至近2000家。截至2021年2月，懒熊火锅已经完成4轮融资，投资方包括字节跳动、星陀资本、觥盛资本等。

懒熊火锅的前身是山西"醉爱你优"连锁火锅餐饮品牌，这原本是懒熊火锅创始人高飞与爱人共同经营的夫妻老婆店。2004年开始，高飞严把质量关，确保饭菜口味，将"醉爱你优"火锅店做成了山西省的火锅头部品牌，在晋中、太原、运城、长治等城市设立分店，总数量超30家。随着火锅店的营收日趋稳定，高飞于2018年萌发了为公司寻找下一个十年新增长点的念头，拿着3000万元本金外出开拓新业务。

起初，高飞将火锅加工成一种商品，放到电商、外卖等渠道售卖；后来又看中了"超市"业态，售卖火锅食材、半成品菜、粮油等全品类。2019年，高飞在超市的基础上做"减法"，将自家供应链加工过的火锅食材及中餐半成品放到"社区便利店"售卖，恰好命中了"宅经济时代"懒人在家方便吃火锅的需求，从此搭上了火锅食材、预制食材赛道高速发展的列车。

火锅拥有广泛的受众基础，市场发展空间广阔，符合图5-8所示的懒人经济的商业模型，同时也是"吸金大赛道"。艾媒咨询数据显示，2019年，中国火锅餐饮消费市场规模为5295亿元，预计2024年将达到6413亿元。与火锅食材相关的项目也频频被资本看好，仅2020年，懒熊火锅就完成了4轮融资。

图5-8 "懒人经济"的商业模型

在产品方面，懒熊火锅目前单店的平均SKU约400个，火锅食材占60%，中餐半成品占40%。半成品中早餐系列有包子、豆浆、油条、粥，例如，粥是冰鲜的，到家简单加热即可食用；午餐系列有宫保鸡丁、鱼香肉丝、麻婆豆腐、水煮鱼等。

在供应链方面，懒熊火锅自建了养殖基地、调味品工厂、饮料工厂、冷链车物流中心，完成了山西、南京、北京和郑州4个大仓的建设，与超过200家火锅食材、半成品等工厂达成合作，从种植养殖、运输、加工、售卖每个环节都严控质量，实现了低成本、高时效的仓配效率。同时，懒熊火锅在山西设有工厂，可通过城市前置仓向门店供货。

在终端，懒熊火锅采用两种模式，一种是直营门店，主要分布在北京、上海，通常会入驻盒马、卜蜂莲花、物美、大润发等大型连锁商超；另一种是加盟门店，大多是 $50\sim60m^2$ 的街边小店，主要分布在社区附近。"直营+加盟"模式，配合线上电商，懒熊火锅实现了对周边社区消费者的全覆盖。

然而，在火锅食材赛道上，从来都不缺竞争者。以海底捞、蜀大侠、大渝为代表的传统火锅品牌，依靠自身的品牌影响力和食材供应链的优势，布局家庭式消费市场；盒马、三全等作为新零售的代表也纷纷跨界，通过数据沉淀研究市场消费需求；其他一众垂直"玩家"也正持续开疆拓土。懒熊火锅如何才能建立自己的核心优势——既能"连"得上，即门店数量继续增长，还能"锁"得住，即门店的经营效率大幅提升？

2020年以来，火锅食材行业也进入了洗牌期，很多竞争对手都不知不觉倒下。高飞认为，火锅食材社区便利店走到最后，只能不断修炼"内功"，在产品、工厂和管理方面下功夫。一方面，消费者对零售产品有便利性、性价比的需求，对食材成本、口味、安全、健康多因素提出了高要求；另一方面，门店的经营依赖良好的运营体系，凭借数字化能力搭建可复制的门店模型，有利于门店规模化步伐保持正常增速。

从2019年再次创业伊始，高飞就打定主意要"数智化"，斥资1500万元进行数智化工程打造，采用SAP系统和阿里云数据中台，将其打造成自己的核心竞争力，确立自己的"护城河"。图5-9为懒熊火锅整体数字化架构图。

图 5-9　懒熊火锅整体数字化架构图

5.2.1 基础架构整体上云，地基更牢固

2019年，云计算的发展已经如火如荼。很多创业公司无须专门建设机房、购买机柜，就可以享受到高速的信息化服务。与传统线下的IDC（互联网数据中心）模式相比，高飞认为，将服务器和数据库存放在云端，一方面可以避免一些公司服务器被DDoS攻击，造成网络拥堵甚至无法使用的局面；另一方面也可以根据自己的需求随时调用数据信息，对于迅速发展的初创企业来说，方式更加灵活，且能够适应客户量和业务量陡增等紧急情况。

因而，为了在云环境下系统的扩展性更好，故障率进一步降低，稳定性和安全性更强，2019年，懒熊火锅将原本的SAP、ERP、WMS、PMS等系统模块开始陆续向云上迁移。在上云的过程中，原有系统都需要重构，以解决系统的兼容性问题，系统之间的接口要重新部署，应用防火墙的规则等也要调整。在这个过程中，懒熊火锅总部要说服2000家门店，一家一家地修改、调试，还要对直营门店店长和加盟商老板进行各种培训，让他们更快地适应新的操作流程。过程虽然比较复杂，但上云以后，懒熊火锅的扩张之路就理顺了，以后不管门店增加到3000家还是5000家，都没有难度。

在阿里云的帮助下，懒熊火锅的数字化架构变得十分清楚，包括业务中台、数据中台、开发工具等搭建完成。这相当于打好了地基，以后想要建造什么样的房子，都可以根据消费者趋势的变化和自己的业务需求来决定，从而为业务创新提供良好的保障。

5.2.2 全链路触点数字化，纾解前后端压力

如图5-10所示，基于懒熊火锅的数字化策略，迎着新零售的东风，懒熊火锅缔造了融合线下门店零售、线上电商、堂食等多种业态的新模式。多业态的联合能够满足用户多层次、多维度的需求，但同

时对于懒熊火锅的前端系统也是一个挑战。比如，顾客到店堂食时，如何合理地理顺排队等待、落座、点餐、用餐、买单等一系列流程，带给消费者更加便捷、舒适的就餐体验？在线上电商渠道购物时，如何让消费者享受快捷的到家服务？

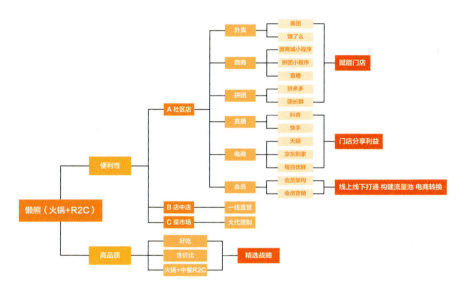

图5-10　懒熊火锅的数字化策略

　　在传统零售和传统餐饮时代，通常是顾客到店享受服务，离店后与门店之间的联系就结束了。懒熊火锅则通过多方数字化触点，与顾客进行全方位的交流和互动。比如，懒熊火锅有一个C端小精灵，它是一个移动线上服务的入口，顾客可以通过它查看附近门店的位置，选择最近的门店下单或者就餐，或者选择外卖上门服务，也可以提前预订桌位，与线下门店系统配合。C端小精灵可以满足消费者多样化、个性化的服务。

　　与此同时，线上与线下打通的会员系统，使得顾客每一次的消费信息都能够沉淀在数据中台，并产生一系列个性化的会员标签，比如他（她）偏爱哪类型的食材，堂食、外卖与自提的频次等，从而为附近门店准备食材提供依据。

懒熊火锅目前的门店数量已经拓展至2000家，平均每年新增600～800家，门店体量的迅速扩张为后端采购管理等带来沉重的压力。高飞告诉记者，原来他管理进销存基本靠土办法，2020年与阿里云合作后，后端的B2B订货小程序很快将其解放。以前的采购、对账基本上都是靠人工，如今全部基于数据，有助于打通前后端及生产、物流、销售等方面的协同，使整个火锅食材产业链更加高效。

5.2.3 流程及组织在线化，业务敏捷更高效

懒熊火锅最初上线了各种各样的系统，比如，企业管理系统软件SAP、财务管理系统POS、仓库管理软件WMS，也在支付宝、饿了么等平台有各种各样的接口。这些系统和接口对于懒熊火锅早期的扩张帮助很大。然而，这些系统和接口相互之间没有打通，存在很多重叠和冗余。所以，在门店快速壮大的情况下，每增加一家门店，都要一个系统一个系统地更新，这不利于总部准确掌握每家门店的动态。

尤其是在2020年，火锅食材行业迎来"洗牌"，如果对门店管控不力，往往会造成开一家、倒闭一家的结果。依靠与阿里云的合作，懒熊火锅率先搭建了业务中台，实现了业务在线化。

比如，在门店管理方面，之前总部只能依靠人海战术，平均每名业务经理管5家门店，主要是通过电话催门店订货、缴货款。如果总部没货或者无法调货，再退钱给门店。如果要举办一场营销活动，还需要业务经理下到每家门店进行培训，指导上货、盘库存，线下沟通占用了大量的时间和精力。

搭建业务中台之后，懒熊火锅实现了基于系统自动订货、付款、退款，店长根据培训材料完全可以自学如何订货、退货、货品陈列。

现在，懒熊火锅的一名业务经理平均可以管理20家门店，高峰时期甚至可以管理40家，人效提升为原来的4～8倍。

现在，懒熊火锅的业务中台一些与门店管理相关的服务功能已经陆续搭建完成，比如，商品中心、库存中心、订单中心、营销中心、会员中心等，与之后即将上线的采购管理、供应链管理、工厂管理等系统配合在一起，让懒熊火锅的业务更加敏捷、高效。

与此同时，如图5-11所示，通过整合钉钉，懒熊火锅也实现了组织在线和沟通在线。目前，懒熊火锅已经在钉钉上线了30～50项业务功能，例如，线上会议让沟通变得更加方便，而在日常工作中嵌入钉钉的各项功能也为人员管理带来了极大的便利，在钉钉打卡、请假、休假和加班审批，财务报销，日报、周报和月报总结等OA系统的辅助下，大大提升了工作效率。此外，加盟门店还开通了商学院功能，加盟商可以在群内互动，加盟门店合伙人、店长相互分享，保持终身学习、不断进取的状态，也能更快地接受数字化的思维。

图5-11　懒熊火锅基于钉钉实现业务流程及组织数字化

5.2.4　业务运营数据化，资源共享并高效协同

除了搭建业务中台，懒熊火锅还将自身沉淀的各种数据汇聚在一起，注入数据中台，如消费者数据、菜品数据、门店数据等，让数据在财务、门店、供应链等各个业务部门实现共享。

数据中台搭建完成后，一方面，数据变得更加有条理，查询起来十分简便。比如，之前要查询一个门店的各方面数据，需要登录财务、WMS等各个系统分别进行查询，现在只需进入一个端口就可以实现。另一方面，数据中台的运行速度更快，能够为管理者及时提供各种决策参考。

懒熊火锅的运营从此都跑在"数据"上，结合阿里巴巴集团旗下的饿了么、盒马、大润发等线上线下渠道和工具，懒熊火锅能够进行更加精细化地运营。

例如，以前很多会员数据都在不同的门店里，而门店采用的工具五花八门，包括各种各样的微信群，总部的数据力量反而被削弱了。现在通过统一专门的小程序，懒熊火锅总部把所有的会员数据打通，对各个端口汇聚来的会员数据进行分析，为每个会员打上标签，如"羊肉爱好者""包子狂人"等，在随后的营销活动中，通过系统实现精准营销。这既符合顾客需求，又能增加顾客的触达率，降低营销成本，提高转化率。"2020年我们投入了一两千万元的运营费用，靠人海战术死扛。现在，上了系统后效率大大提升。"高飞说。

另外，系统上线后，门店的采购数据可以上溯到物流数据、生产数据，从而让数据协同贯穿整个链条。不管是门店销售、物流分拨，还是生产管理，都在数据的指导下精准地运营，使懒熊火锅同时打通2C和2B，真正实现产销协同。

5.2.5　管理决策智能化，销量预测更精准

现实中商业决策环境复杂，人们的决策依靠的是洞察和经验，有较多的主观因素，难免失之偏颇，从而影响企业的稳定发展。智能决策依据数据规律分析，对未知可能进行预测，辅助管理者的决策，正得到更多企业创始人的青睐。

火锅食材行业品类众多，大品类有肉类、蔬菜类、海鲜类、豆制品、面食类、菌类等，并且每一种食材的保质期、安全期都不一样，很容易出现品类生鲜电商损耗居高不下的难题。

最初，懒熊火锅在货品管理方面还算到位，但却由于无法分析门店的订货体量，难以预测和评估门店的进销存，从而造成资源不匹配，尤其是保质期较短的食材更需要订销精准。比如，粉条正常的订货量为1万件，由于气温突降等原因，下个月可能就暴涨到10万件。订单系统如何才能根据需求的变化不断地智能修正？尤其是2000家门店的进货偏差汇总在一起，很多货品都会有问题，要么货物短缺，要么大量积压。

现在，通过数据中台，在数据洞察的基础上可以较为精准地对销量进行预测和评估。随着懒熊火锅的发展和扩张，系统基于大量的数据通过机器学习不断优化。但从目前来看，已经改变了过去完全凭借经验的状况，有数据可以参考，商品上下线、库存调整都变得相对容易。如图5-12所示，懒熊火锅在"五横三纵"战略中突出自身的数智化能力。

同时，业务中台和数据中台串联起来，能让订单分配更智能化。比如，之前的订单以部门为单位，之后的是各种订单全部汇聚到一起，智能分配到不同的部门；再比如，来自淘宝的线上订单，自动进入ERP系统，根据消费者的位置进行订单推送，如果消费者在河北，

就推送给河北的门店，如果在河南，就推送给河南的门店，这样让消费者能够以最快的速度拿到货品，从而提升消费体验，全流程订单物流结算可以实现自动化、智能化，如图5-13所示，线上线下全面融合打造30分钟到家核心能力。

零售	电商	堂食
1、社区店 2、店中店 3、菜市场	1、外卖 2、微商 3、拼团	
1、KA渠道 2、批发渠道	B2C 4、天猫 5、直播	懒熊 尖货火锅·精酿
B2C	6、每日优鲜等	

1、供应链（打造中国一线到五线城市日配能力 看齐绝味）
2、核心工厂（布局火锅商品制造产业链）
3、数智化（智能信息化系统 阿里云新零售数据中台赋能）
4、懒熊大学（人才引进 培养 加盟商赋能培训 企业文化 体系搭建）
5、组织控制中心（构建完善的组织管理体系）

图5-12　懒熊火锅"五横三纵"战略

图5-13　懒熊火锅的全渠道订单管理

基于平台，总部对门店的管理也更智能。之前，有些门店关了很久，总部都不清楚怎么回事。现在，在大数据分析的基础上可生成门店销售走势、曲线图、红线预警等图表，总部可以实时知道每一家门店的经营和销售状况，找出其中的原因，提前进行干预。

在阿里巴巴集团旗下相关生态（高德等）的协助下，懒熊火锅还能实现智能选址，即根据粉丝的数量和分布结合地理位置进行开店推荐，这样就可以降低拓新店的风险。而通过对该区域消费者画像的智能分析，比如25～35岁的女性较多和喜欢吃辣的人群集中，新店选址和备品备货都会更加精准。

【小结】

火锅食材门槛低，容易复制和规模化，涌入的"玩家"很多，其中不乏疯狂收取加盟费、割韭菜的品牌存在。但经历了2020年的沉淀之后，火锅食材赛道逐渐进入洗牌期，利用内生性的力量促进高增长成为头部品牌的必修课，数字化是其中最重要的一环。

高飞指出："目前，公司的主要精力转向内控，加重门店的精细化运营。与阿里云合作，基于数据中台和业务中台，实现线下门店和线上电商的相互赋能，快速建立起自己的竞争壁垒。"

懒熊火锅与阿里云的合作分三期完成。一期，导入SAP、ERP、采购、财务、生产等系统软件，初步构建数据中台和业务中台；二期，实现数据中台和业务中台的融合，做到全渠道履约，随时掌握公司的业务动向；三期，在双中台的基础上，深入做全域营销、支付结算中心、采购管理、客服中心、在线机器人、查询系统等。在一期取得良好效果的基础上，目前，懒熊火锅与阿里云正在筹划二期工程。

懒熊火锅基于数据能力驱动，打通供应链的全网营销，利用平台统筹管理各业务板块数据并在未来做到精准预测和智慧运营，可以作为剖析中国餐饮行业与新技术深度融合的典型样本。

5.3　海底捞：从无微不至到无微不"智"

在国内的餐饮市场，海底捞是一个非常"传奇"的存在。

在海底捞之前，国内几乎没有任何一家餐饮企业能把火锅这样一个地方性餐饮品类做成全国知名的连锁品牌，也很少有门店选址在各个购物中心顶层却依旧门庭若市的餐饮企业。

在海底捞之前，国内很少有餐饮门店像海底捞一样注重客户服务，也很少有采用直营模式而能开到上千家门店，甚至把门店开到了海外的餐饮品牌。

不夸张地说，曾经国内每家餐饮企业主都希望向海底捞"偷师"，2011年出版的《海底捞你学不会》一书虽然并不是海底捞自己写的，但依然卖遍了中国大大小小的书店。

2004年，名不见经传的海底捞火锅从四川简阳来到北京。起初海底捞像所有新入局者一样根本没人注意，因为彼时老字号火锅东来顺已在京城屹立101年，大大小小的铜锅涮肉门店也遍布北京各个胡同。如今这么多年时间过去了，京城的铜锅涮肉们还是当初的老样子，而与时俱进的海底捞显然用自己的方式赢得了北京乃至全国消费者的青睐。

回顾海底捞的发展，它之所以能够成为如今中国火锅第一品牌，一个非常重要的原因是抓住了互联网时代的技术红利。一直以来，海底捞都非常注重数智化方面的建设投入。从2012年率先上线平板电脑点餐开始，智能配锅机、传菜机器人、智能排烟系统、海底捞App等，每一项数智化手段都让海底捞在提高经营效率的同时，让消费者享受到了无微不至的服务。

"优化企业管理效率，提升消费者服务质量，是海底捞数智化转型升级的核心。海底捞只围绕两个方面做数智化建设，那就是顾客和管理。"海底捞CTO周浩运表示。

与过去不同，在餐饮行业快速变化的今天，消费者的口味变得越发"刁钻"。火锅、中餐、西餐、快餐、零食，甚至咖啡与新茶饮都在如今集中爆发。如何通过技术手段实现上千家门店既统一又个性的管理，实现火锅菜品既标准又千人千面的口味，成了摆在海底捞破局餐饮竞争红海的必答题。

而这道题，海底捞显然有自己的答案。

5.3.1　引领行业数智化升级的海底捞

海底捞创立于1994年，创始人是以张勇为首的四名年轻人。

20世纪90年代初，正值国内"下海创业"的第一波浪潮，个体工商户开始大量出现。他们在丰富社会物质需求的同时，也获得了自己应有的回报。张勇的邻居詹婆婆就凭借祖传的熏鹅手艺，成了简阳当地知名的万元户。受此触动，张勇利用业余时间摆摊卖麻辣烫，算是今天海底捞的雏形。

其实，在拖拉机厂做电焊工的张勇一开始并不懂餐饮，不会熬汤、不会炒料，甚至有些食材都不认识。但张勇坚信，服务好客人，让客人满意，是餐饮店的生存之道。

就这样，一毛钱一串的麻辣烫愣是让张勇赚出了自己的第一桶金——10 000元。成为万元户的张勇，第一件事就是辞职下海，全身心投入餐饮行业。告别四川拖拉机厂之后，1994年，第一家海底捞火锅店在四川简阳开张。

四川是火锅之乡，四川火锅注重麻辣，所以吃到最后可能不同火锅店的口味并不存在太大的差异。在地段、价格、环境、口味都相差不多的情况下，服务就成了当时顾客区分火锅店的重要因素，而这恰恰也是张勇要求海底捞必须做到的。

凭借着"服务"这个差异化的经营策略，稳扎稳打的海底捞在20多年的时间里，从竞争激烈的四川杀出一条血路，把门店开到了全国乃至海外。2018年9月，海底捞在中国香港上市，成为中国首个营收破百亿元、市值破千亿元的餐饮品牌。

事实上，在海底捞之前，国内本土很少有全国性的餐饮品牌出现，原因在于中国人的饮食特色和饮食习惯导致菜品、服务与连锁经营管理模式很难标准化。所以，在国内长期高度分散的餐饮市场中，很多地区会有自己的地方性品牌，却难以出现全国品牌。

"从单一门店或小规模区域性连锁店，升级到全国上千家连锁门店，这里的难点在于，连锁门店越多，经营管理的难度就越高。要想标准化管理一家门店很容易，但标准化管理1000家店就是一件非常有挑战性的事情，其中涉及对人员、供应链、选址、装修、服务质量等方面的管理。仅仅依靠人员经验是无法实现的，必须借助数智化手段。"海底捞CTO周浩运表示。

与街边店相比，连锁店的难度无疑在于规模化复制能力——如何把一家店的成功复制到成百上千家店。服务固然是海底捞的立足之本，但要想保证海底捞上千家门店里每一家的标准化服务质量，数智化无疑是其中重要的方式。

张勇很早就意识到技术对于海底捞业务增长的重要性。张勇认为，餐饮行业是一个劳动密集型、附加值低、消费碎片化的行业，撑不起现代化管理体系。要把海底捞推向更好、更快的发展高度，除了要依靠组织变革及专业化的服务，还必须借助数智化技术的应用。在张勇看来，数智化升级是业务发展的必然趋势，也是海底捞的必然选择。

但长期以来，国内餐饮行业在IT建设方面的投入普遍较低，直到2018年，中国餐饮信息化总体水平也只有大约10%。作为行业数智化转型升级的引领者，张勇决定启动海底捞整体数智化转型升级。

事实上，海底捞很早就进行了IT方面的建设投入。但随着门店、会员与业务量的不断增长，过去老旧的信息系统开始不堪重负，故障频发、速度下降。整体来说，海底捞在启动数智化转型升级前，共有以下几个痛点需要解决。

（1）业务系统陈旧：海底捞原有的业务系统太过分散与笨重，不能有效地支持业务规模快速扩张的技术需求。

（2）缺乏统一的消费者阵地：原有的会员平台缺乏消费者触达和互动，消费者数据也无法统一沉淀。

（3）客服效率低：热线客服人员众多，效率低下，人力成本高。

（4）营销方式落后：海底捞停留在门店线下营销，消费者营销基本缺失，无会员标签，老会员的复购也没有对应的营销方式和工具。

（5）缺乏统一的设备管理：门店的设备众多，无法互联互通，无法有效地进行统一管理，能耗成本高。

（6）菜品管理落后：菜品管理缺乏统一的智能化分析平台，缺乏菜品标签能力，菜品无法进行数字化管理。

（7）品类补货不足：众多门店通过人工原有经验补货，造成了补货量不准确。

快速增长的背后必然要有相应的新一代数智化系统作为底层支撑。于是，从2016年开始，海底捞开始探索数智化转型升级的道路。

为应对增长压力，2016年海底捞开始将核心业务系统陆续上云；2017年，海底捞和阿里云合作智慧选址与智慧门店相关项目；2018年，海底捞和阿里云合作搭建数据中台、业务中台和移动中台的基础架构，并在此基础上升级海底捞App，重构会员体系，加强与顾客的紧密联系；同年，海底捞在北京开设了第一家智慧餐厅，采用自动配锅机、智能传菜机器人和智能厨房管理系统，实现"千人千味"口味私人定制、降本增效和保障食品安全；2020—2021年，全球客户体验中心、菜品AI大数据等陆续上线。

经营数据也印证了海底捞数智化升级的成功。2015—2021年，海底捞全球门店数从146家扩张至1000余家，拥有超过8500万名会员。2021年上半年，海底捞营业收入为200.94亿元，比2020年同期增长105.9%；2021年上半年利润为9650万元，比2020年同期增长110%。

餐饮行业的数智化升级，海底捞已然走在了前列。

5.3.2 五大升级，实现海底捞无微不"智"

1. 云计算支撑海底捞上千家门店系统运行

企业要想实现数智化转型升级，第一步无疑是要选择适合自己的IT基础设施架构。

从业务增长的角度来说，随着门店数量的不断扩张，上云是海底捞的最佳选择。当门店拓展到100家甚至更多时，云计算技术又已成熟，上云毋庸置疑是必需的，不上云就无法继续生存。

在20多年的发展过程中，注重IT建设的海底捞搭建过各种各样的信息系统，例如，点单收银系统、统一订餐排号系统、CRM会员系统，生产供应端的IKMS（智慧厨房管理系统）、CKMS（中央厨房管理系统）、ERP系统等。但这些系统在2016年之前都不是部署在云上的，而是在传统的IDC（互联网数据中心）机房里。

与云计算相比，传统的IDC机房有以下弊端。

第一，扩展困难，购买机柜和服务器都需要经过较长、较复杂的审批流程。

第二，故障率较高，经常需要检修设备。

第三，容易遭受DoS（Denial of Service，拒绝服务）攻击，造成网络拥堵甚至无法使用。

而云计算的优势除了能够弹性扩容，还能够在运维层面减少传统企业的投入。与此同时，公有云相关的技术组件会随着整个云计算系统不断升级迭代，从而保障自身业务系统的稳定、安全运行。

毋庸置疑，IT基础设施架构的落后，成了当年制约海底捞业务发展的难题。2016年，海底捞正式决定上云，第一个上云的是海底捞的点餐收银系统。

上云并不是简单的系统和数据迁移，而是需要对原有系统进行重构，来解决迁移上云之后的兼容性问题，并且系统间的接口等也需要重新联调部署，应用防火墙也需要调整。在一家家门店调试修改之后，2018年，海底捞完成了点单收银系统的重构上云。

第二个上云的是海底捞的会员系统。2018年5月，海底捞与阿里云合作开发App升级项目，旨在通过会员系统的全面上云，完成对海底捞会员体系的数字化盘活，用以支撑未来海底捞的业务增长。这背后有两个核心关键点：

第一，建立业务中台与数据中台，为海底捞各业务相关系统需求提供底层技术支撑。

第二，重构整个海底捞会员体系上云，以支持高并发流量的需求。

据海底捞的介绍，在上云之前，秒杀等类似电商的促销推广活动在海底捞原有的会员系统上都不支持。因为只要出现高并发流量，会员系统就会立刻崩溃。而在上云之后，新的会员系统可以轻松支持上亿级别会员数量的营销活动。

2019—2021年，海底捞排号系统、人事系统、ERP系统等也都陆续上云。上云之后，网络服务能力增强了数倍，而基础设施的故障基本没有了，效率得到了很大提升。这意味着海底捞已具备数字化的核心能力底座，拥有了一个敏捷、稳定、成本优化、安全和风险可控的智能运算环境，为之后的业务数据化、数据业务化打下了良好基础。

不过，周浩运强调，企业究竟是否100%全面上云，要取决于各企业自身的业务需求。目前，海底捞选择了公有云结合本地数据中心的混合云模式。在周浩运看来，未来海底捞可能会长期保持混合云模式。

2. 贯穿全业务的数字化会员触达与运营

对于传统线下餐饮店而言，一般只有在顾客到店消费时，餐饮门店才会跟顾客产生连接，而当顾客离店之后，这种连接就随着顾客离店而自然终止。在如今移动互联网时代多元化营销渠道下，仅依靠线下"守株待兔"式的消费者触达是远远不够的。除了线下，餐饮品牌必须学会利用线上方式触达消费者，与消费者产生更多的互动。

海底捞向来以极致服务闻名。在社交媒体平台刚兴起的那几年，排队等位时提供的美甲、擦鞋、按摩等服务最被人津津乐道。更夸张的是，海底捞能"记住"老顾客的用餐喜好，在顾客咳嗽时递上姜汁可乐，还有网传的帮小孩辅导作业、替顾客代练游戏、开车送顾客赶火车等各种让人"惊掉下巴"的服务。

海底捞之所以能够实现诸多针对不同顾客提供各有特色的差异化

服务，"触点数字化"环节功不可没。

在顾客前往海底捞就餐的完整闭环中，线上查看优惠信息、预订座位、到店、等位、落座、点餐、就餐、买单、离店等一系列消费者触点，海底捞都已实现数字化串联。

从海底捞的营收结构来看，会员是海底捞的核心消费人群，也是海底捞最重要的资产。截至2021年6月30日，海底捞拥有8500万名会员，2021年上半年，会员消费金额占总营业额的80%以上。但与很多传统餐饮和零售企业一样，过去的海底捞对这群人的精准洞察能力并不足够，海底捞并不知道这些会员究竟是谁、都在哪里、喜欢什么，这恰恰是海底捞在会员运营管理方面最需要的。

要想实现对消费者的精细化运营，就必须实现对消费者的触点数字化，同时将会员进行标签化，在系统中进行打通。通过oneID技术和系统级串联，让会员无论通过什么方式到海底捞就餐，最终都能实现基于数据的精细化运营。

这件事看似容易，但落实起来却困难重重。2018年4月，海底捞与阿里巴巴合作，正式启动App升级项目，旨在实现会员的整体拉通，为海底捞下一步数智化升级打下系统级基础；同年10月，升级后的海底捞App正式上线。

从触点数字化的角度来看，海底捞App的上线无疑给海底捞增加了一个移动的线上入口。常去海底捞的顾客都知道，海底捞门店在用餐高峰时段经常爆满，需要长时间排队。此前，海底捞花了很多心思在排队服务方面，比如，提供小零食、美甲、折纸鹤换代金券等。有些门店的顾客在等位区还可以打乒乓、打桌球，享受到超大屏幕的互动游戏，与其他顾客PK赢取代金券等。这些等位服务的目的就是不让等位的顾客因为排队时间太长而流失到其他店。

　　而现在，排队问题也可以通过线上来解决。如图5-14所示，消费者可以通过海底捞App提前预订或当日排号。如果这家店已经订满或排队人数太多，可以查看附近其他店的排队情况，也可以选择外送或外卖自提，顾客有了更多的选择。

图5-14　消费者在海底捞智慧餐厅手机等位

　　为了提高顾客就餐效率，顾客还可以在App上提前将菜点好。海底捞将线下细致周到的服务延续到线上，考虑到顾客的个性化需求，提供了"靠窗""相对安静的位置"等落座选项，生日聚会还是同学聚会的场景选项，任何特殊需求都可以通过语音或打字的方式进行备注，比如需要准备宝宝椅、儿童餐具等，以便到店时个性化需求能够得到满足。点餐完毕后，顾客可以将这份点好的菜单分享给同行者或其他人。预订时，海底捞App还会显示门店的位置地图，比如在商场的楼层位置，方便新客迅速找到门店。

　　以前，如果你是餐饮店的常客，店里的服务员可能凭自己的大脑就能记住你爱吃什么菜，坐什么座位，提前帮你安排好。但是，一旦服务员发生流动，或者顾客也可能到其他分店用餐，如何保证他照样能得到贴心的服务呢？

会员信息数字化以后，这些就可以做到。当顾客告知服务员一些细节，比如很喜欢某个小菜，服务员也可以协助在系统里给会员顾客添上这样的个性标签。这样顾客到了海底捞全国任何一家店，门店就能知道顾客的偏好，并提供相应的服务，比如送上顾客爱喝的饮料，推荐一些喜欢的菜，或为孕妇准备鱼汤或靠垫、免费送上一份零食，让顾客身在异乡仍有宾至如归、被人关心的感动。这样的数字化才是有温度的数字化。

也正是这样的触点数字化和针对会员的精细化运营，让海底捞的会员从此前的4000万人增长至8500万人，印证了海底捞触点数字化的价值。图5-15所示为全新升级的海底捞超级App界面。

图5-15　全新升级的海底捞超级App界面

3. 业务中台支撑海底捞业务敏捷迭代

从海底捞整体的数智化转型升级的推进过程来看，App升级项目在其中的作用举足轻重。虽然该项目从消费者端来看，似乎只是一个海底捞App而已，与其他App并无太大区别，只是囊括了预订、排号、外卖、商城、社交等功能。但在推进App升级项目的过程中，海底捞与阿里巴巴合作搭建了业务中台与数据中台，实现了海底捞的全渠道消费者整合、标签画像、行为分析、营销自动化等功能，从系统层面拉通了海底捞会员的运营能力，这才让海底捞有机会对8500万名会员进行精准营销。

实际上，在App落地前，海底捞从前端到后端共搭建了大大小小上百个IT系统。这些系统在海底捞发展过程中起到了非常重要的作用。但是，早期的云计算技术还远未成熟，当时也并没有如今所谓业务中台和数据中台的架构理念，所以与其他传统企业的信息化问题一样，海底捞这些系统也都是孤立的烟囱式系统，相互之间没有打通，数据无法实现流动，"数据孤岛"问题严重。

例如，海底捞App、小程序、海底捞官网等，都有自己的前端与后端系统。以前，这些系统就是一个个"烟囱"式的构建这种烟囱式系统的问题不仅导致出现"数据孤岛"，还会导致"重复造轮子"的资源投入浪费问题，但其实这些系统中有很多能力是可以共用的。例如，这些系统都包括支付功能，此前每套系统都有自己的支付体系，无法快速统一结算。

与此同时，这些系统需要与门店关联。每增加一家门店，所有相关信息都需要在系统中手工录入，数据无法得到及时更新，业务无法实时协同，而总部也无法准确把握所有门店的动态。这种局面意味着，海底捞开店越多，系统的负担就越重，员工的工作就越繁复。

　　2018年，海底捞在与阿里云合作App升级项目时做得最重要的一件事就是为海底捞搭建了业务中台和数据中台架构。其中，业务中台是把各项业务中通用的能力沉淀下来。例如，刚刚提到的很多业务前端都会用到的支付功能，那么就在业务中台抽象建立支付中心，共享给各个前端业务系统统一调用，非常便捷。除支付中心外，营销中心、订单中心等功能，在海底捞业务中台中都进行了抽象沉淀，之后前端开发新业务时也可以通过业务中台实现快速高效的扩展，形成"大中台、小前台"的敏捷业务模式。

　　有了这样的中台架构，海底捞就可以根据自己的业务需要，快速迭代App上的各项功能。例如，一开始海底捞App只有排号、预订、点餐等基础功能，后来又先后增加了商城、热门活动、游戏、社区、短视频分享等。据介绍，海底捞每隔一段时间就会根据消费者需求对App进行迭代，而业务中台让这种迭代变得更加高效。

　　海底捞App上线以来，已经更新迭代了10个版本并优化多个功能，例如，重构优化App首页和社区功能、捞币商城、上线App钱包支付功能等。

　　2020年疫情期间，海底捞出于对员工和广大顾客安全的考虑，国内门店从2020年1月26日开始暂停营业，2月15日部分门店开放外卖业务，堂食直到同年3月12日才逐步恢复。线下歇业期间，海底捞的管理层和部分员工的工作并没有停止：每天早上9点和下午6点通过钉钉视频或语音会议，沟通当天的工作；通过视频多群联播的方式来传达信息，保证公司全员的协同。

　　与此同时，海底捞线上的会员活动也没有停。据海底捞的介绍，疫情期间，海底捞在App社区发起了一些相关话题，用户参与度非常高，会员纷纷留言问海底捞什么时候开业，说很想念海底捞的服务员。于是，海底捞征集员工开展App线上直播，许多员工踊跃报名，表演了自己的才艺，吹拉弹唱、欢歌劲舞、演杂技、变魔术等各种绝活悉数登场。当时还同步连线了新加坡当地正在营业的海底捞门店，国内直播观众看到店内美食不禁大呼"太馋了"……通过这样一种线上的方式，海底捞在疫情期间依然保持着与顾客的情感连接。

除了内容营销，疫情期间，海底捞还在App中嵌入淘宝直播功能，将流量导入天猫旗舰店，销售各类产品，通过生鲜食材外送和火锅外卖，满足顾客需求。

多年来，海底捞凭借出色的线下服务赢得了许多忠实的粉丝。不过，再好的关系也要经营，到店消费次数毕竟有限，而通过线上社区的经营，海底捞可以保持与顾客的紧密互动。消费者自身也有很强的社交需求，他们到海底捞聚餐也不是只为了美食本身，更多的是一种社交。在App上，消费者因对海底捞的共同偏爱而走进了一个"场"，他们晒火锅食材的新吃法、晒帅气的捞面小哥、晒自己的游戏等级和活动奖品等，在会员之间也会形成相互影响的正循环。

4. 数据中台让海底捞实现会员精准运营管理

除了在业务中台上搭建各种应用，海底捞近几年还有一项很重要的工作就是将散落在各个系统的数据萃取集成，注入数据中台。

首先，海底捞数据中台的作用是统一存储，把各个业务系统产生的数据进行标准化，集成为各种各样的主数据（MasterData，具有共享性的基础数据），像菜品的主数据、门店的主数据，然后把主数据用终端API（应用程序接口）的能力提供给各业务方，实现跨部门、跨系统的数据共享。

数据集成与共享的工程量非常巨大，因为海底捞多年积累下来的海量数据，不是简单地搬到中台上就行了，而是需要经过清洗，将重复冗余的数据筛除，将缺失的数据补充完整，将错误的数据纠正或删除，然后才能迁移到数据中台上。海底捞有许多食材及菜品供应商，它们的料号跟海底捞并不一致，这就导致"一物多码"问题出现。这种问题会导致数据的重复录入，所以必须做主数据的梳理，重新建码，进行统一的数据化管理。

尽管工程浩大，但数据标准化的基础打好以后，海底捞自己提供API，无论哪个系统都用这个统一的API接入，实现数据的集中化管理，就不会出现查一个门店的各方面数据时，还需要登录各个系统分别查询的情况。数据中台实现整个系统的数据统一清洗管理与调用，这是海底捞数据中台的第一个优势。

其次，数据中台在数据时效性方面也有很大优势。以前，海底捞每天从各个业务系统中抽取数据可能是T+1（加1天）的模型，而且在传统的数据仓中，运算起来很慢，而现在用阿里云的Dataphin智能数据构建与管理平台，再加一层MaxCompute大数据计算服务，算起来就非常快。

再次，由于数据中台可以将统一的数据及时反馈到业务系统中，就可以基于这些数据，在业务上做一些尝试和改进。比如，做菜品的推荐——"猜你喜欢"等。

目前，海底捞对消费者端的主数据已经全部导入数据中台，会员的统一身份认证也早已完成。无论顾客是通过门店平板电脑、App端、微信端还是支付宝端进入，系统都能识别顾客独一无二的ID，记住他的偏好，为后续的个性化服务积累数据。图5-16所示为海底捞基于数据中台的运营数据大屏。

图5-16 海底捞运营数据大屏

前文提到的App拉通的会员体系，会员数据也正是通过数据中台进行管理的。数据中台将来自各端口的会员数据汇总沉淀、分析处理，生成各种各样的会员标签。海底捞的会员运营部可以在业务中台的营销中心里勾选这些标签，圈定自己想要触达的客群，通过系统自动对他们做精准营销，比如在App内推送相关话题的内容或短信通知相关活动。这就意味着每位会员打开海底捞App时，看到的内容是不一样的，类似于淘宝App的"千人千面"。

比如，有的顾客经常在夜宵时段去海底捞消费，那么海底捞在适合夜宵时段吃的小龙虾产品上线时，就会把小龙虾品鉴活动推给他们；有的顾客曾经消费过海底捞的啤酒，当海底捞啤酒又出新款时，也会对这部分顾客去做相应的触达。

通过这样的标签圈选，海底捞可以抓取自己想要的顾客数据，对细分场景下的顾客偏好有更深刻的洞察，而且能够通过后续有针对性的会员活动，增加他们的活跃度和品牌忠诚度，同时也将顾客端的需求能够反向传达到公司新品的研发端和生产端。

另外，会员运营部每个月也会分析顾客在线上商城和线下到店的消费数据，采取相应的措施来提升顾客的捞币兑换和到店频次，唤醒沉睡会员。

5. 智慧门店与菜品大数据助力海底捞智慧经营

作为实现"以新技术改变餐饮企业成本结构"战略目标的重要路径之一，海底捞在2018年推出了首家智慧餐厅，探索用数字化、智能化的手段来提升顾客体验、降本增效和保障食品安全。如何提高从生产供应端到消费端整个链条的智能化程度，智慧餐厅做出了有益的尝试。

海底捞CTO周浩运表示，火锅菜系的核心就是锅底和调料，不同锅底的味道并不相同，并且每个人对麻、辣等味道的接受度都不同。"在点餐时，我们可能会对服务员说'微辣'，服务员在点餐收银系统里备注一下，但执行程度如何就很难说了。可能跟厨师的心情和手法有关，有时多放一点辣，有时少放一点辣，而且他理解的'微辣'可能到你这里就成了'重辣'。"因此，海底捞推出了"千人千味"，服务员根据顾客对麻辣香咸甜度、油水比例的要求调出一个味道，保存在CRM系统中。自动配锅机通过对原料、辅料、鲜料高达0.5克的精准化配置，配出私人定制的锅底。

另外，2020年11月，海底捞与阿里巴巴合作菜品AI大数据项目，通过整合美团、饿了么、海底捞App等多方平台对菜品的实际购买与评价，结合菜品供应链与毛利等相关数据，为门店进行爆款选品，支撑海底捞突破传统菜品运营模式，加速新菜品研发，实现数字化菜品运营。

在智慧餐厅方面，为了保障食品安全，智慧餐厅的后厨实现了无人化，保持0～4℃的恒温，由机械臂自动采货传菜。如图5-17所示，每份菜品都有RFID标签，超过48小时就会自动报警，下架淘汰。菜品制作好后，有几个智能传菜机器人分担送餐工作，将菜品送到顾客桌前。

图5-17 海底捞智能传菜机械臂

为了降本增效，智慧餐厅在库存管理上与阿里巴巴合作，通过"智能要货"算法预测销量和实时跟踪库存，看每天消耗了多少食材，消费了多少菜品，判断需要补多少货，将库存保持在一个合理的水平，既减少损耗，又保证供应。

这种算法需要一个深度学习的过程，随着更多门店应用智能要货算法，并经过较长的时间积累更多的优质数据，考虑更多可能影响结果的决策因子，预测效果将得到提升。库存的合理控制是一个企业的生命线，许多企业就是亏损在库存积压上，所以销量预测和进货管理的准确度提升意义重大。

截至2021年6月，海底捞已新建和改造超过100家新技术餐厅，自动上菜机械臂、智能化配锅机、中央厨房直配成品菜等设备和技术在全国范围得到进一步推广。智能化配锅机已在超过70家门店应用；传菜机器人在超过1000家门店部署；智能化排风设备已在全国超过600家门门店部署。

5.3.3　餐饮数智化升级必须完成极"智"跨越

毋庸置疑，餐饮企业数智化升级是一条艰辛之路。与其他零售消费类业务不同，餐饮产业由于食材新鲜度等特性，在数智化升级方面存在天然成本。

以数智化产业链升级常见的"一物一码"为例，餐饮企业需要从供应商提供的食材端就开始进行标准化"一物一码"，但事实上食材原料供应数据很难真正实现标准化。例如，温度会影响蔬菜的出成率（一斤食材加工成菜品的比例）。一斤菠菜在天气凉爽时的出成率是85%，在天气炎热时的出成率就下降到50%。这些都给餐饮产业数智化升级造成了困难。

然而，尽管挑战巨大，海底捞在数智化之路上依然走得很坚决。当它只有几家门店时，通过无微不至的人的服务就能做得很好；而当它扩张到数百家甚至数千家门店时，唯有数智化才能形成规模效应，健康发展，消除大企业的"富贵病"——系统臃肿、资源浪费、流程效率低下。

实际上，海底捞在数智化转型升级方面最直接的焦点就是顾客与管理两方面。而如何为顾客提供更优质的服务，让顾客真正在每家门店都能够宾至如归，归根结底还是管理问题。"过去我们的管理问题，因为没有通过系统进行标准化，所以解决效率并不高，可能一个问题出现时，要30天之后才能解决。而现在我们通过整体数智化系统的打造，问题2~3天就处理完了，这是10倍、20倍的效率提升。"海底捞CTO周浩运坦言。

【小结】

海底捞的数智化转型升级之路给国内其他餐饮企业起到了行业

标杆作用。当然，每个餐饮品类或品牌所处的阶段和面临的问题都存在差异，各个业务板块的数智化建设深度和完备性也不一样，数智化解决方案不能照搬照抄。但无论如何，以消费者为中心，建立全链路数据洞察与业务协同，实现全面数智化经营，一手抓顾客，一手抓管理，都是未来餐饮企业能否取得成功的关键所在。

现在，海底捞已经拥有了良好的数字基础设施——架构在云端的数据中台和业务中台，可以支撑今后业务的飞速发展和对消费趋势、竞争环境的准确把握。随着技术的发展，全产业数智化的推进，它在供应链数智化遇到的挑战也终将迎刃而解，同时实现服务从无微不至到无微不"智"的跨越。

第6章
乳品乳业：全渠道全链路的数智化

20世纪80年代，牛奶是美国最火热的饮料，从机场到高速公路，从影院到社区街道，牛奶的广告无处不在。而当时的中国孩子，绝大部分可能还没有品尝过牛奶的滋味。

2006年，中国人的平均乳类摄入量只有全球平均水平的四分之一，可以说乳业普及是利国利民的一件大事。随后伴随着乳品行业的高速发展，"每天一斤奶，强壮中国人"的口号为所有国人所共知。蒙牛、飞鹤、光明等乳业品牌也在各自的沃土上拔地而起，成为一个时代的选择。

当时间的指针拨动到21世纪20年代，乳制品已经在中国大地普及，"喝上牛奶"不再是中国孩子的梦想。但如何让全面"喝好牛奶""喝对牛奶""爱喝牛奶"却成为乳制品产业的全新挑战与时代命题。

如今，乳品行业面临着诸多数智化转型升级的必然性需求。消费者购买习惯和购买方式趋向线上；乳业分销渠道过重，数据不够透明，消费者体验难以提升；高质量奶源与乳业供应链面临着数智化升级需求。这些问题都在催促曾经的探险者踏上新的征程。中国乳业的数智化启航正在全面到来。

2020年，突如其来的疫情将全国零售供应链、物流链、分销链按下了暂停键。保质期短、渠道复杂、仓储成本大等行业问题集中暴露了出来。这场全球大事件影响了每一个行业，也客观倒逼中国乳业按下了数智化转型的加速键。

有暂停，就有加速，有挑战，就有突破，有风雪飘摇下，就有青草满山时。接下来这一站，我们将看到"风吹草低见牛羊"背后的乳品乳业，也将品尝到数智化带来的甘甜。

6.1　蒙牛：新零售时代的数智欢歌

2021年3月25日，蒙牛乳业发布了2020年财报。财报显示，蒙牛年收入达到760.3亿元，业务收入同比增长10.6%，财报发布当日蒙牛股价上涨达到3.94%。在疫情肆虐的2020年，各行业普遍受到了极大冲击，蒙牛能够逆流而上，完成一场亮眼的"逆袭"，一时间引发了各界的广泛关注。

冒雨前进，逆风飞翔，闯出一条高速发展之路的蒙牛到底做对了什么？答案或许就在"数智化新增长"这几个字中。分析师普遍认为，行业市场受到疫情冲击的2020年，蒙牛实现业绩高速增长与这一年其实施了成功的数智化战略密不可分。目前阶段，蒙牛将核心战略总结为"FIRST"：即至爱（First-Choice）、国际化（International）、更具责任感（Responsibility）、文化基因强大（Spirit）和数智化（Technology）五个维度。可见，数智化在蒙牛发展版图中无可替代的重要作用。

从乳业品牌领军者（见图6-1），到"新零售"时代的探索先锋，蒙牛的数智化故事值得被反复咀嚼与回味。我们从中可以看到乳业本身的数智化经验与发展思路，为广大中国零售企业的数字化转型、智能化升级带来了深层次的可参考价值。中国大地的广袤青草之上，成长起了国民乳业品牌蒙牛；数智化时代的青草正在哺育新的蒙牛——一个在"新零售"浪潮里毅然前行的蒙牛。

图6-1　乳业品牌领军者蒙牛

6.1.1　二十年风雨兼程，蒙牛与中国乳业数智化

早在1999年蒙牛诞生初期，这家希望推动乳业走进现代化的企业就购进了第一台计算机，随后开始信息化建设。或许可以说，蒙牛走过的二十余年发展历程也是中国企业信息化的缩影。蒙牛能够在创始初期就高速发展，以超乎想象的效率拓展市场份额，与对新技术、新趋势的把握密不可分。

1978年，20岁的牛根生进入了养牛场工作，5年后牛根生来到了伊利，从一名洗瓶工干起，逐步升任车间主任，1992年起担任伊利经营副总裁。1998年，离开伊利的牛根生选择了自主创业，接着在1999年注册成立了蒙牛公司。在创立初期，蒙牛仅仅租了呼和浩特的一间居民平房作为办公场所，当时，没有市场、没有知名度、缺乏原材料供应渠道的蒙牛，面对的是内蒙古数百家乳品企业的红海竞争。凭借着丰富的经验与独到眼光，蒙牛在牛根生的带领下异军突起，一如2020

年完成了疫情下的逆风高飞。

2002年6月，摩根士丹利、鼎晖投资、英联投资三家国际机构入股蒙牛，并且与牛根生进行了一场足以写进乳业历史的商业对赌：接下来的三年，如果蒙牛每年每股盈利复合增长率低于50%，以牛根生为首的蒙牛管理层要向三家外资股东赔偿7800万股蒙牛股票，或者以等值现金代价支付；如果管理层可以完成上述指标，三家外资股东会将7800万股蒙牛股票赠予以牛根生为首的蒙牛管理团队。

接下来，蒙牛展开了高速前进的产业姿态。从2001年到2004年，蒙牛销售收入从7.24亿元人民币增长到了72.14亿元。"蒙牛速度"引来了商界内外的强烈关注。2003年，中国第一艘载人航天飞船"神舟五号"发射成功，蒙牛牵手航天事业，塑造了国人尽知的品牌形象与社会知名度。从孵化特仑苏到收购国际知名乳品品牌，打造先进牧场，一步步拓展的蒙牛每次都能够准确抓住时代机遇，成为趋势发展与市场升级的受益者。

当时间来到2020年，已经成长为中国乳制品行业领军者的蒙牛依旧看到了时代的趋势与必然性。在这一年中，很多企业看到的是逆全球化的经济不确定性增长，以及疫情带来的商业崩坏效应。蒙牛看到的却是数智技术不断成熟，即将深刻改变每一家零售企业的内部驱动力与外部环境。从市场、产品、价格等要素驱动增长到数智化驱动新增长，一场时代巨变正在悄然到来。

这个时代，掌握数据并且可以有效利用数据的企业将获得最终胜利。在这个认识下，蒙牛开始思考起自己的未来要走向何处。蒙牛集团CIO张决认为："蒙牛是一家从牧场到餐桌都具备完整产业链的端到端企业，牛只数据、生产制造设备数据、经销商门店数据，以及消费者会员数据等，每一类数据对蒙牛都有巨大的价值。"在这种情况下，蒙牛要做的就是通过数字化的手段激活这些数据的价值，让自己与合作伙伴获得新的增长驱动力。

随着大数据、人工智能、物联网代表的新一代数智技术趋向成熟，数字化、智能化正在为零售品牌带来无尽的潜在价值增长空间。全面深化的数智化转型正当其时，围绕渠道在线、消费者在线、供应链在线和管理在线四个方面，蒙牛确定了数智化建设的基本方向。

2020年年初，蒙牛确立了数字化战略项目，由总裁卢敏放亲自挂帅抓落实，而阿里云则成为蒙牛坚定的合作伙伴。在蒙牛看来，数智化不再是传统意义上IT投资与信息化建设，而是一场深入系统各机理，统筹发展全局的企业战略全面升级。在此之前，蒙牛已进行了两年多时间的准备。从2018年开始扩建IT团队起，蒙牛的数字化部门从100人左右的规模扩大到2020年的240人，信息部的组织架构也拓展为IT与DT两大组织，形成了开发、应用、产品设计的全链路数字化能力，可以说是组建了乳品行业最强的数字化能力。

目前，蒙牛已经开启了业务中台、数据中台的"双中台"数智化建设，上线了智慧供应链试点，将数智化变成了乳业品牌的核心竞争力之一。蒙牛在数智化时代的全面升级很快取得了巨大成功，紧接着成为乳品行业的数字化标杆与行业领头羊。为什么风雨兼程了二十余年的蒙牛，要在这个时代如此大规模、深层次、广动员地推进数智化战略升级？这一切的原因还要从乳品行业面临的成长挑战说起。

6.1.2　与时间赛跑，乳业的成长挑战与数字化必然

把时间重新定格到2020年春节，那个让中国人记忆犹新的时间。突如其来的疫情让本来应该是乳制品销售旺季的春节，突然沦为了行业寒冬。蒙牛当时有大量的产品已经下沉到市场，但防疫的客观形势让商超为渠道的线下场景难以推进。这一系列形势让蒙牛看到了线上

化改造与数字化驱动业务的必要性，同时也看到了社区团购等渠道带来的新机会。可以说，疫情中严峻的挑战加速了蒙牛数智化升级的速度。而就像蒙牛是中国乳业的缩影一样，疫情当中蒙牛所感受到的压力也是目前产业周期中乳制品行业综合压力的缩影。从整体来看，中国乳品行业处在持续向好的态势中，但"人、货、场"的重组、消费者消费习惯的变革都给乳品行业带来了深层次的发展压力与升级动力。

从外部环境与市场接受程度来看，乳品行业面临着竞争对手多样化、新兴竞品入局的竞争压力。随着消费升级的不断推动，更多符合年轻人审美、适应互联网玩法、主阵地天然在线上的品牌加入行业竞争中。其中有一些主打新锐概念与新潮审美的乳业品牌，也有其他食品饮料品牌跨界加入乳品行业中。大到以蒙牛为代表的国民品牌，小到各个地方的乳业企业，都面对着转换阵地之后，如何适应新的消费习惯与消费审美的问题。

而从内部驱动力与产业效率来看，乳品行业就像其他零售品类一样，面临着"人、货、场"的高度重组问题。行业中的各个组织机理与运行方式都在深度数字化，继而导致企业需要从供应链、市场体系、营销体系等方面进行跟进，依靠数字化手段提高产业效率，重塑内部驱动力。

举个例子，乳品行业是一个重度依赖渠道，并且渠道网络相对复杂的产业。品牌的理想状态当然是与渠道保持高度的透明化协同，实现渠道端既不脱销，也不积压库存。这样品牌可以确保爆品也能够有充足的货源供应，并且整个供应链与市场协同，以最精确的方式进行原料与生产的匹配。但是乳品行业是一个渗透到千家万户、寻常巷陌的产业，80%左右的销量来自小超市和便利店这样的小店铺。这样的业态是很难把握数据、提供精准参考的。同时，渠道合作伙伴也天然不希望向品牌开放过多的数据，担心自身的商业情况被品牌方掌控。

在这种情况下，如果能够通过数字化的方式跟踪每一件商品的存销情况，就可以实现精准化的数据管理，实现销售计划、需求计划、库存计划实时同步，将品牌的渠道消耗降到最低，品牌效率与协同性拉到最高。

在这种需求加持下，乳品企业就对构建数据中台、业务数据化具有天然的强烈需求。这是一个对渠道依赖性强、货品价值重且保质期短、供应链成本高的行业，对于供应、生产、销售、库存、盘点等多个方面都有着高度的数据化必要性。所以说，蒙牛的数智化战略并不仅仅是一家企业的选择，更代表着整个乳品行业的时代必然性。从最基本的逻辑出发，消费者渴望的是新鲜优质的乳品。那么这就需要品牌方携手各个合作伙伴，完成一场与时间赛跑，把新鲜留给消费者的竞赛。而数字化可以加速供、产、销、存各个领域的效率，是这场竞赛中无法被替代的引擎。在这些内外部综合因素的推动下，中国乳业开始了一场数智化新增长的时代航程。而蒙牛可以说是港口中率先拔锚起航的巨舰。

6.1.3 "比数字化公司更需要数字化"，蒙牛的跨时代探索

2021年6月19日，蒙牛集团CEO卢敏放在亚欧数字互联互通高级别论坛开幕式上进行了主题演讲，期间，他说了这样一段话："每一年，我们要卖出大概120亿包牛奶，每一天，有8000多万名消费者会品尝到蒙牛的不同产品，蒙牛是一家传统的乳企，但我们或许比数字化的公司更需要拥抱互联网和数字化。"

比数字化公司更需要数字化，直接表现为蒙牛全面彻底拥抱数字化变革，系统化搭建了数字化基础设施，并且与阿里云等合作伙伴共同制定了长期数字化发展方案。接下来，我们可以一起看看，蒙牛在

数字化、智能化领域的几项突出变革是如何完成的，又给蒙牛带来了哪些价值。

首先在基础设施上云层面，蒙牛与阿里巴巴合作打造了专属钉钉，并且将大量业务都迁移到了公有云上。其中与阿里云深度合作的数字化业务，如数据中台的建立，都选择了阿里云作为基础设施上云合作伙伴。在合作过程中，蒙牛感受到了阿里云的技术优势，也与阿里云搭建了共同迈向数智化新增长的紧密合作关系。

乳业的特点之一是流程长、供应链复杂，这就让乳业的数智化触点非常丰富，各个环节和流程都有被数智化重构的必要性与可能性。整体而言，蒙牛推动了数字奶源、数字工厂、智能制造等各个环节的数智化升级。在奶源端，牧场奶牛的"智能脖环+智慧供应链+专属钉钉"，实现了供需平台的重构；在流通端，蒙牛通过打通供应链上下游的商流、资讯流、资金流、物流端对端协同，完成了销量预测、布局优化、精准排产、智能订单和大屏展示五个模块的建设；在工厂端，通过建设智慧工厂、推广智慧供应链、建立数据模型和数据洞察，蒙牛实现了供应链模式的重塑，"线上+线下"打通覆盖全国的生产网络，实现了原本渠道复杂、流程冗长的产业链高效协同，数据透明。图6-2所示为蒙牛数据大屏。

图6-2 蒙牛数据大屏

下面具体来看蒙牛的几个数智化触点。在消费者最能感受到的消费环节中，蒙牛推动了以小程序商城为代表，进行数字触点体系和会员体系的梳理、消费者运营。基于数据的全生命周期的数据洞察，确保了消费者体验的一致性，以及营销的自动化，内容创意的智能化。

在渠道端，蒙牛基于数据中台实现了全渠道的定位与再思考，让每一个渠道都在蒙牛的整体规划下发挥作用，而不是像原来那样只考核收入和市场占有率，继而导致部分渠道思考不周全，没有发挥应有的产业价值。在数据中台的帮助下，蒙牛还实现了线上线下的统一一盘货，订单、库存数据全面拉通，实现网格化履约。

很多消费者都非常关注乳制品的牧场。蒙牛也在数智化战略中着重打造了牧场的智慧化升级，并且受到了社会各界的广泛好评。通过给奶牛戴上智能脖环，牧场可以实时监控奶牛的健康状况与成长情况，并且进行针对性的饲养策略调整。在蒙牛的奶牛研究院，蒙牛为5000头奶牛戴上了智慧脖环，最终证明了确实可以提升10%以上的产奶量。接下来，蒙牛希望更加努力地推动智慧牧场工作，通过科技手段来构筑智能化的牧场平台。基于AI与物联网技术，未来有希望实现产奶量、兽药、饲料的精准预测，有效提升产奶量及奶牛的健康情况。此外，基于智慧牧场系统还可以实现产奶量的自动测量、牛的定位等，这些数据可以有效提升产业效率，并且可以给银行、保险等领域提供准确有效的数据支撑，赋予产业金融广泛的价值想象空间。

对于蒙牛来说，还有一个有益的数字化空间就是对钉钉的应用。早在2019年，蒙牛就在内部布局了钉钉。最初的设想是让钉钉成为沟通平台，加强内部的沟通效率。而在2020年疫情期间，钉钉在重要时刻成为支撑企业数字化运行，提升产业效率的关键。在疫情刚刚开始时，阿里巴巴在钉钉上推出了企业健康打卡功能，蒙牛随即推动全员进行健康打卡，确保疫情下企业能够准确、快速地复工复产。此后，发现了钉钉价值的蒙牛开始在内部大力推动办公向钉钉迁移，还基于阿里云提供的低代码开发能力，在钉钉上开发了渠道端的经销商系统，将经销商伙伴业务也集成到了钉钉上。

如今，蒙牛在钉钉的业务流程化已经趋于系统和完整，很多审批流都上线了钉钉，内部的业务、人事、财务都在钉钉上进行了布局。以前蒙牛有数十个系统，每个员工可能有大量的账号和密码，现在都统一用一个账号集成在了钉钉上，极大地提升了办公效率，并且支撑实现了全员移动化办公。在疫情反复拉锯的阶段，钉钉有效地减少了员工出差次数，提升了蒙牛团队的健康安全等级，并且降低了相应的差旅支出。

总体来看，蒙牛经过了若干次的"战役"，最终在数智化之路上取得了有效战果。从梳理需求，到搭建平台，再到内部体系流程的优化，各个端口都有蒙牛的数智化实践，也都留下了蒙牛与阿里云共同奋战的日夜。对于蒙牛内部来说，销售团队面对数智化战略需要做出非常大的改变，必然产生很多需要磨合的地方；而从成本投入产出比来看，数智化需要长期投入与坚定建设，这带给企业的业绩压力非常大，需要长期的战略定力与战略方向感。但也就在内外部的艰难前行中，蒙牛走出了中国乳业在新零售时代的跨越性探索。

6.1.4 一切业务数据化，一切数据业务化

蒙牛集团CIO张决认为："蒙牛强调数智化不是单纯的数字化，这里不仅有数字数据，还要有智能决策。数智化转型一定是一个痛苦的过程。我的经验是：思维变了，一切都好变。"

蒙牛的数智化战略其实可以看作无数中国零售企业的缩影与代表，其中有痛苦，有争论，有外部合作的不理解，也有内部沟通的不顺畅。想要在这些因素的影响下走出来，走下去，需要从组织架构到

决策方式的深远变革。好在蒙牛有足够的战略决心，并且用最勇毅的方式证明乳业这样的传统企业一样可以适应数智时代，在新零售的广袤原野里找到"优质奶源"。

为了推动数智化战略有效落地，蒙牛专门成立了集团数字化转型办公室，由集团CEO亲自牵头，集团信息部、各事业部一把手、销售部和市场部一把手，以及各职能部门负责人共同组成。在数字化转型办公室的第一轮共创会议时，蒙牛不少高管的思路跳跃发散，相互之间信息与策略难以对齐，而更多成员好像找不到数智化与自己负责的业务有什么关系。

这种情况下，一把手推动数智化转型的优势就体现了出来，很多决策可以在大家迷茫的时候快速、准确地推行。同时，持续不断地拉齐认知，协同信息，寻找内部共识。为了实现组织与战略上的协同，蒙牛组建了"尖刀连"，通过聘请外部专家、内部头脑风暴等形式，让每一位参与者认识到数字化转型的必要性与紧迫性。经过了5轮共创，参与者也从十几人扩大到了100余人。参会者终于开始不停地提出问题、讨论问题、解决问题。就这样，蒙牛的数智化战略与数智化共识终于在痛苦与"吵架"中诞生，走向了疫情中耀眼逆袭的全新发展局面。

在数智化战略驱动下，蒙牛形成了消费者为天、数据为地的核心价值观，目标从2021年开始在5年内再创一个新蒙牛。这个目标不仅仅是收入翻倍，还要从能力、战略、文化上打造一个与以往不同的，符合未来趋势与产业发展的新蒙牛。

为了实现数智化战略的5年目标，蒙牛将未来战略分为三个曲线阶段。首先仍然是专注于乳制品业务，用70%的精力将业务进行深度数字化再造；接下来利用蒙牛的品牌价值和供应链趋势在周边领域进行创新，通过产品、服务、平台的建设孵化新品与新的商业模式；再之后蒙牛希望聚焦最尖端、前沿的生物技术，打造带给消费者全新价值的营养、健康产品与解决方案。

【小结】

上文中所讨论的各项数智化触点、平台搭建和战役攻坚，都仅仅是蒙牛数智化战略的开启阶段。"干一年、谋三年、看五年"——蒙牛的数智化战略方案值得更多的企业借鉴和探索。在数智化战略的驱动下，蒙牛无论是内部的组织架构、业务架构，还是对外的合作模式、创新模式，都发生了全新的变化。比如，内部的费用流程经过了数字化重塑，有了明显的效率提升与流程升级。在营销端，自动化的触点梳理与消费者洞察成为蒙牛新的市场拓展方式，全渠道网格化履约，线上线下融合营销带给蒙牛一系列新的商业契机。从组织流程上看，蒙牛在数字化协同的加持下，合并了原本相互抢资源的部门，实现了更高效的业务能力，并且成立了创新型部门，驱动智慧牧场等未来关键性业务发展。

而在外部数智化合作中，蒙牛也采取了灵活多元的合作方式。以同阿里云的合作为例，既有数字化的平台搭建、基础设施上云、项目定制合作，也有咨询方面的共同创新与业务合作。双方竭尽所长进行合作与交流，共同打造快节奏、高质量的数智化转型。在与开发者的合作中，蒙牛集团主办了"牛客松"创新技术大赛，将未来技术与乳制品的产业空间进行了深度融合。

张决认为，进入数字化时代，任何不用数字化重做一遍的行业一定会被时代淘汰。深刻感知到这一点的蒙牛踏上了一条充满艰辛，但收益可持续的路。更多乳品行业，乃至广义上的零售产业，或许都能从蒙牛的转变中看到一些什么——可能是数智化转型的价值，可能是数智化升级的方案，也可能是一条充满必然性与可靠性的未来之路。

面向数智化时代，蒙牛将核心经验总结成了两句话：一切业务数据化，一切数据业务化。

一切业务数据化，就是所有的业务全部在线，全部收集到数据中台；一切数据业务化，就是所有的业务靠数据判断，靠智能决策。这两点正是企业对数智化新增长的理解和探索。这两点非常难，也必定艰苦，却是蒙牛在新零售实践中用汗水与成绩换来的真理。

6.2 飞鹤乳业：全业务、全流程的"数智化"

2021年3月18日，国内奶粉行业发生了两件大事：一件事是所有乳品企业最为关注的"奶粉新国标"颁布，对奶粉研发、生产做了更高标准的限定；另一件事是飞鹤集团公布了自己2020年全年业绩，并对外宣布2023年的销售目标为350亿元。

这个目标意味着什么？2020年，飞鹤全年营收为185.93亿元，同比增长35.5%。而按照2023年达到350亿元的目标来算，飞鹤要在目前年营收的基础上，再完成164.07亿的增量目标，相当于"再造一个飞鹤"。

过去的20年，是国内婴幼儿奶粉行业跌宕起伏的20年。在2008年前，国内婴幼儿奶粉行业高速增长，涌现了诸多十亿甚至百亿级奶粉企业。然而，2008年震惊全国的"三聚氰胺事件"，一下让国产奶粉行业陷入了长达10年的缓慢恢复期。外资奶粉"趁虚而入"，市场份额在2010—2017年期间从48.5%提高到59.3%。不过，并非所有国产婴幼儿奶粉企业都在那场危机中倒下，部分企业在这20年里集聚势能、厚积薄发，成为如今国产婴幼儿奶粉企业的龙头，飞鹤就是其中之一。

"对于婴幼儿奶粉产品，食品安全永远是第一位。我们能够对卖出去的每一罐奶粉进行溯源，这就是我们的优势。"飞鹤集团CIO冯海龙表示。实现"一罐一码"，让消费者透明消费、放心消费，与飞鹤近年来积极推动数字化升级密不可分。据悉，在数字化升级战略的支撑下，飞鹤已经建立起了一套完备的数字化系统，真正实现技术赋能产业，助推企业发展。

6.2.1　行业下行，飞鹤的数智化突围

飞鹤的发展可以追溯到1962年黑龙江北安市的赵光农场（飞鹤乳业前身）。2001年前后，随着国有企业改制，黑龙江农垦局整合旗下乳制品企业，赵光农场被兼并。为了保住"飞鹤"这个品牌，冷友斌带着100多名工友单干，2002年，黑龙江飞鹤乳业有限公司正式成立。

对于乳企来说，奶源的安全与质量永远是第一位。在2008年前那段国产奶粉行业的野蛮增长时期，许多乳品企业大力铺展销售渠道，而冷友斌却把资金投入到工厂和牧场的建设上，在北纬47°黄金奶源带上布局产业集群，自己种植牧草、养牛产奶，严格管控奶源质量。

飞鹤用前后10年时间打造了中国婴幼儿奶粉首个专属产业集群，从牧草种植、奶牛饲养、鲜奶采集，到生产加工、渠道管控，所有环节都做到全程可控。在产业集群的加持下，飞鹤形成了2小时产业生态圈，从原生态牧场挤奶厅挤出的鲜奶，通过全封闭的低温安全运输车，2小时内运到世界级工厂，然后直接喷雾干燥生成奶粉，保证了产品的营养新鲜。正是这样的稳扎稳打，才让2008年那场几乎"团灭"国产奶粉企业的"三聚氰胺事件"没有影响到飞鹤的发展。飞鹤迅速抓住时机，从之前的2.7%市占率提升到了7.3%，成为东北和华北地区除北京、天津外的第一品牌。

当前，大数据、云计算、人工智能等技术的不断发展，给零售快消行业带来了新的变革与机遇。如何用数据和技术打通产销运的全产

业链，更加高效地推动新零售业务改革，成了摆在传统企业面前最迫切的一道必答题。

事实上，早在2010年以前，飞鹤就已经开始在工厂端进行信息化建设，此后逐步在全产业链搭建数字系统。虽然飞鹤在早期就开始了信息化方面的建设投入，但与其他传统企业一样，飞鹤当时的信息系统基本根据业务部门需求进行建设，各个系统之间相对孤立，"系统烟囱""数据孤岛"问题随着系统建设的增多而越发严重。这是飞鹤进行数智化转型升级的第一个痛点。

让飞鹤进行数智化转型升级的第二个痛点则是对消费者的精准洞察能力不足。"我们只知道我们有大量的消费者，但他们是谁，在哪里，喜好如何等，过去我们并不知道，而这却恰恰是我们最需要的。"冯海龙说。另外，在供应链端，过去飞鹤基本都是以人工沟通和计划为主，缺乏大数据全局统筹优化，排产物流成本很高。

为了解决这些问题，2018年4月，飞鹤将过去所有的信息化系统重新优化，并提出"3+2+2"的数智化战略，如图6-3所示。"3"是建设"以ERP为核心的业务运营及管理平台"，建设"数字化智能化工厂"，以及"集团统一的数智化办公平台"；第一个"2"是通过三个平台的建设实现数据中台和业务中台的构建；第二个"2"是通过数字化体系的搭建实现智慧销售及智慧供应链两大业务探索，赋能飞鹤良性、持续发展。

在"3+2+2"的数智化战略下，2018年，飞鹤和阿里巴巴达成合作，启动数据中台一期建设。数据中台应用在销售端后，迅速提升了飞鹤的用户增长率和活跃度。飞鹤的用户运营平台线上数据显示，数据中台上线后，月活年增长超过200%。2019年10月，数据中台二期（供应链数据中台）启动建设；2020年5月，飞鹤与阿里巴巴启动业务中台建设；同年8月，双方启动IoT智慧物流园区、数据中台全链路智能应用等方向的合作，打通生产端、供应链到需求侧的数据，推动全链路数字化。

图6-3 飞鹤"3+2+2"数字化战略

2016—2020年，飞鹤年营收复合增长率约为50%，其快速增长离不开数智化升级的支撑。多年的数字化建设积累让飞鹤在品牌、研发、渠道、销售、运营等各方面已经形成品牌效应和马太效应。那么，飞鹤的数智化转型到底是如何一步步展开的？如何通过数智化手段，围绕消费者实现从"增量用户到增量与存量用户的全生命周期运营"？

6.2.2 飞鹤打造数智化引擎的核心"五部曲"

1. 选择更稳定、安全的公有云服务

IT基础设施架构选择是企业数智化转型升级的第一步。与传统线下的IDC（互联网数据中心）模式相比，将服务器和数据库放到公有云最大的好处就是可以获得很大的弹性和灵活性，一旦业务量在短期内出现猛增，比如"618""双11"大促期间，可以马上将云端服务器和数据库进行扩容，以获得高并发时的计算和存储能力；而当业务量恢复正常，则可以退回容量，降低成本。

为了给消费者提供更好的消费体验，飞鹤方面下定决心，逐步把业务系统迁移到阿里云上，并在与阿里巴巴合作数据中台建设后，开始正式逐步将跑在第三方云端的业务系统迁移到阿里云，由此开启了全面上云的新阶段。

与本地化IDC的私有云相比，公有云除了能够弹性扩容，还能够在运维层面减少传统企业的投入。实际上，很多传统企业缺乏足够的高水平IT人才，而把系统架设在公有云上，可以让技术人员减少底层维护，更聚焦于业务本身。与此同时，由于公有云相关的技术组件都会随着整个云计算系统不断升级迭代，因此公有云上的系统也可以同步享受最新的技术升级成果，来保障自身业务系统的稳定、安全运行。

2. 突破数据边界的销售全链路数据管控

根据飞鹤披露的公告数据，截至2021年6月30日，飞鹤在全国共有超过2000家线下经销商，覆盖超过11万个零售销售点。通过经销商销售网络所产生的收益占公司总营收的86.5%。

从整个销售链路来看，飞鹤把产品卖给经销商，再由经销商向终端铺货，最终由终端完成线下销售。这给飞鹤更加完整地做好用户全生命周期运营提出了挑战。尽管飞鹤对经销商下游的11万个销售网点并不直接进行管理和运营，但借助各种数字化手段，如今飞鹤也已经突破了经销商数据边界，实现了与消费者的直接连接。例如，飞鹤产品已经实现的"一物一码"。现在，每一罐飞鹤奶粉的罐底都印有一个积分码，消费者购买后可以扫码获得积分。这个积分码不仅能够为消费者提供积分等服务，还记录着这罐奶粉的产地信息、经销商信息等。一旦出现问题，飞鹤可以快速通过销售数据链进行回溯，也由此同时实现了对消费者的识别，与消费者建立了连接。

除了销售场景的数智化升级，对于产销协同要求比较高的奶粉行业来说，生产端的IoT数智化改造升级也是势在必行。一旦生产端实现数智化以后，就可以跟前端的销售数据和销售预测进行数据打通，这样，整个产业链就会更加高效。

为此，飞鹤已经开始了智能工厂的探索，试点上线了MES系统（制造执行系统），与生产设备对接后，能够把生产执行数据和设备信息在数据中台一一呈现出来。飞鹤还引入了LIMS系统（实验室信息管理系统），跟工厂的60多种检验设备对接，检验人员可以在这个系统上制订检验计划，由系统给检验设备下发指令，上传数据。这些工作以前都是手工操作的。

以新鲜度管理为例。以前产品从工厂端分发到不同的零售终端，由于系统相对孤立、信息反馈不及时，上游的人很难对产品的整体状态做精准的判断，只能依靠经验进行相对粗放的判断。现在基于数据链路打通，可以做到产品信息在每一个节点的全流程可视化。此外，飞鹤的智能生产工厂也已实现机器自动控制系统的精准投料，它的每一次操作数据也会被系统记录，生产工艺参数也会被实时监控，一旦出现波动，系统就会发出警报，工作人员会随时上前查看。

3. 从线下到线上的全业务流在线

与过去信息化时代IT建设相比，现在云计算时代下的数智化建设除了各数据触点的在线化，最重要的就是业务在线。具体地说，就是"五个在线"，即人员在线、数据在线、权益在线、用户在线、交易在线。

与互联网行业天生所有的业务就是在线化不同，对于传统企业来讲，最大的问题是长期以来的发展，使其聚集了大量的线下业务。如何把自身线下的业务实现线上化，是传统企业需要解决的问题。而"五个在线"就是要把生产、业务、渠道、用户等所有的东西都统一到线上，将多个分散的系统和业务线进行改造整合，把所有的数据全部打通，搭好全业务、全链条的数字化框架。而云计算架构下的业务中台与数据中台是实现"五个在线"的最佳选择。

实际上，在2018年飞鹤与阿里巴巴合作数据中台一期项目建设前，双方沟通的话题重点并非是数据中台，而是业务中台。但在沟通交流的过程中双方发现，经过多年的信息化建设，很多企业都拥有了大大小小很多的业务系统，而且这些业务系统经过多年的梳理和优化，在运营效率上也表现得可圈可点。如果一上来就要引入业务中台，彻底改变原来的业务系统架构并非易事。这也是现在不少企业在引入业务中台的时候，更多的是把线上线下融合的全渠道业务直接放到业务中台，而对于企业原有的线下业务系统，则选择分阶段、循序渐进地迁移到业务中台上的根本原因。

虽然当时飞鹤并未与阿里巴巴合作业务中台，但却对数据中台提出了明确需求。过去无论是生产还是销售，飞鹤的很多数据都是手工录入。例如，原来工厂很多业务是用手工做记录，从原材料的备料，到生产过程的每个环节、产出等数据都是纸质的。现在要把它改造成线上了，所有的数据都沉淀在系统里，这个时候数据中台才能支撑供应链和生产。

当数据中台一期建设完成后，飞鹤发现，要想更好地实现各系统与数据中台的数据交互和反馈赋能，最大程度地发挥数据中台的价值，此时就需要引入业务中台。实际上，业务中台就是把各个业务中的通用能力进行抽象，建立成一个个能力中心，例如，营销中心、订单中心等，共享给各个前端业务系统统一调用，非常便捷。这就给了飞鹤实现全业务在线的基础，让飞鹤能够对不同业务进行快速研发、快速上线，形成敏捷的业务模式，同时实现业务中台和数据中台之间高效的数据连通和数据赋能。

就这样，2020年3月，飞鹤与阿里巴巴数据中台项目启动；2020年6月，业务中台项目启动。

4．基于数据的增量与消费者全生命周期运营

作为国内奶粉龙头企业，飞鹤的成功无疑依靠的是广大消费者的支持。过去消费者购买产品，整个销售链路就结束了。但在如今"产品即服务"的时代，消费者的购买行为只是消费者全生命周期中的一环，甚至是品牌商服务消费者的开始。而如何在消费者全生命周期中更好地服务消费者，则需要依靠各业务系统的支持。

跟其他传统企业一样，此前飞鹤在系统方面也存在常见的"烟囱"问题：在布局每块业务的时候，没有站在更高的、全局的角度来审视业务的上下游，也没有考虑数据的连通性，导致业务系统跟业务系统之间是相互割裂的，数据都分散在不同的系统中，没有连通。而且，各个系统都按照各自的标准来定义和存储数据，就算系统打通了，数据也合不到一起，更别说加工、分析和应用了。

不过，可喜的是，由于飞鹤建立了完整的产业集群，因此，无论是生产环节的生产数据、原料数据，还是供应链环节的采购订单数据、库存数据等，抑或销售环节的市场活动数据等，有望得到集中管理。比如，由于婴幼儿奶粉的产品特性，需要做严格的追溯管理，飞鹤给经销商部署了相关系统，剩下的问题就是：怎么把存在于不同系统的数据汇聚在一起，按照统一的标准进行处理、加工、产出，然后赋能前端的各个业务运营，如用户运营。

2018年8月，飞鹤数据中台建设正式立项。飞鹤和阿里巴巴的双方团队达成共识，将借助阿里云数据中台Dataphin产品、技术和OneData方法论，全面实现飞鹤的数据标准化、数据资产化、数据价值化和数据服务化；构建消费者统一标签体系，为飞鹤全渠道数字化销售、终端门店精细化运营和客户体验提升提供数据支撑服务。飞鹤业务中台与数据中台如图6-4所示。

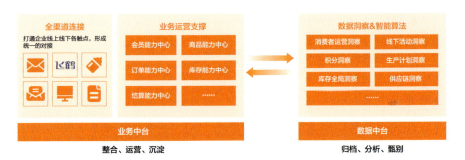

图6-4　飞鹤业务中台与数据中台

同时，整个数据中台一端与飞鹤原有的各个系统对接，将这些系统沉淀的所有数据都汇集到中台，另一端则与前端的业务运营系统对接，为各项业务运营提供数据赋能。此外，在整体中台架构上，开发线上消费者洞察、异业联盟、终端门店销售、导购能力等九个业务分析场景，用这些场景的智能分析结果实时呈现业务状况，并指导前端的业务运营。

有了数据中台，就有了基础可以探索新的业务模式。所以，在数据中台正式开建之前，飞鹤确定新零售要实现的四个核心目标：第一，有效留存增量用户；第二，深入运营存量用户；第三，全力赋能终端；第四，实现全产品域全生命周期运营。

在数据中台赋能的前端业务系统中，飞鹤主要自建了两个系统：一个是"智慧导购"的业务运营平台，整合了销售、巡店、区域管理、活动管理、会员管理等多项前端业务；另一个是陪伴式育儿平台——"星妈会"，围绕"生养教"全阶段，为用户开展月龄定制、喂养攻略、专家课堂等服务，更精准、高效地为妈妈们提供指导与服务。到2019年9月，以飞鹤新零售为核心的数据中台一期项目结束，通过数据标准化和服务化方式，打通了29个业务前端，沉淀了1600多万名会员、10万家门店、3万名营养顾问等数据资产。

数据中台的价值在于，一方面，有了数据中台后，可以对数据进行长期持续的量化分析，例如，活动效果不再单纯以现场销售额为业绩指标，还要看潜在客户的转化率和服务活动的ROI（投资回报率）。冯海龙举了个例子："比如，有两个活动，一个活动以打折促销为主，另一个活动主要以宣传介绍为主，这两个活动哪一个好？以前我们可能只看现场的销售额，现在不一定了。以促销为主的活动可能有上万人参与，虽然现场卖得很好，但很多人买完一次后就再也不买了。做内容的活动可能只有1000人，但其中有300人未来成为我们的会员消费者。从长远来看，这个可能才是更有效的活动"。另一方面，数据中台在销售端，还能够实现精准的用户群体分析。数据中台建设的价值主要体现在5点，即同源、敏捷、预知、倒推和双向。

同源：即同一个数据源，每一个层级看到的业务状态是一样的，不会出现"老板看到花团锦簇，员工看到都是坑"的情景，使公司内部能够了解经营的真实状况。

敏捷：即快速、实时的数据呈现，便于企业能够敏捷迅速地做出决策。管理层可以看到整个业务的变化曲线，从而可以敏捷地发现风险并躲开它，也可以敏捷地发现机会，随即快速跟上去或跑过去。

预知：即预测机遇及预警风险。数据的透明化使企业既能发现并把握先机，同时也可建立完善的风险管控体系，能够快速精准地发现问题和机会。

倒推：即数据倒逼业务更加精进。过去数据不那么透明时，业务部门在数据汇总汇报时可能会有一些不精准或者不规范的行为，数据中台把一切都透明化，可以倒逼前端人员更加严格地完成关键指标的呈现。

双向：即数据中台从前端业务系统获取数据，让数据焕发新的生机，最后再赋能给业务前端，形成双向闭环，从而让前端系统更加智慧地去探索新的业务模式。

数据中台一期上线后，在多部门协同的共同努力下，最明显的提升就是飞鹤奶粉的用户增长率和活跃度。飞鹤将原来的许多线下服务活动都转移到了线上，仅2021年上半年，飞鹤就举办了超过9000场线上互动活动。

虽然数据中台一期建设在2019年9月就结束了，但在飞鹤看来，数据中台才只是开始，还远远没有发挥应有的作用和能力。飞鹤希望将数据中台的数据能力输送给后端的供应链和生产，打造出飞鹤的智慧供应链和智能工厂。

"当你成为头部企业后，你就要成为一个引领者，思考自己整个业务链条的转型升级。这并不是说我们的供应链或者生产存在问题，而是可以做得更加智能、更加高效，更好地支撑未来的业务发展。"冯海龙解释道。

5. 数据支撑企业经营决策管理

通过数据来支撑决策，无疑是很多企业所希望的。但事实上，很多传统企业在决策时依靠的是人为的洞察和经验。飞鹤也面临同样的问题，由于此前飞鹤的数字化还处于初始阶段，各业务系统数据都没有打通，数据收集不上来，即使收集上来了，也无法支撑决策判断。

通过2018年至今的数字化升级后，飞鹤在数据驱动决策这件事上明显改变了不少。从2019年年末开始，飞鹤已经初步看到一些数据及数据化的价值显现，其中最明显的就是业务部门的IT需求在增加。这意味着系统与数据在业务决策上的重要性正与日俱增。

当大家都习惯用数据来做决策后，各个环节的链接就顺畅了，数字化转型升级的闭环就慢慢形成了。以生产端为例，2016年，飞鹤开始系统性地规划推进工厂端的数字化、智能化。试点的飞鹤甘南工厂数字化升级要做的就是接入MES系统（制造企业生产过程执行系统）、LIMS系统（实验室信息管理系统）和WMS系统（仓储系统），并对ERP系统进行升级，以实现四大核心系统的有效衔接和实时交互。同时，四大系统的数据全部实时上传至数据中台，由数据中台进行统一的数据汇总和分析。飞鹤信息化中心基础架构和智能制造经理蒋朝福表示，如果某一个工艺参数出现了规律性波动，数据中台通过分析就可以发现，并及时反馈给工厂，指导生产分析原因。像这种数据指导生产、销售决策的例子在飞鹤内部如今还有很多。目前，飞鹤甘南工厂的数字化升级项目已经完成了验收，飞鹤泰来工厂的项目也即将完成验收。

互联网、大数据、云计算、物联网、人工智能、智能算法等技术的出现和成熟，正在让企业的这种愿望变为现实。数智化转型的重要方向就是要让企业拥有一个"数智大脑"。依靠基于复杂智能算法的推荐、预测、决策等结果，企业可以直接采取相应行动，并根据实时数据反馈不断完善和补充，形成良性的学习反馈闭环，最终帮助企业实现全链路的高效决策。

6.2.3　数智化转型必将向更深更广的领域前进

"我们之前看业务，就像看一张360P的低清照片，模模糊糊，看不清局部，也看不清全貌。现在，有了数据中台，业务就像变成了一个3D高清的模型，可以上看下看、左看右看、仔细琢磨。这种感觉简直让人欲罢不能。"冯海龙对数据中台一期建设如此评价道。数智化转型升级没有建设完成的一天，一直需要迭代，因为业务模式在变化，数据在更新，每次出现新的变化，就需要对相应的系统做出调整，例如，要开发新的接口，调整数据标签，增加数据分析维度等。

从这个意义上说，飞鹤的数智化转型之路还将往更深、更广的领域持续推进，并继续引领整个行业的转型升级。除了自身的数智化升级，飞鹤数字化还有更高的目标，即带动上下游企业加快数智化进程，进而推动整个行业的提升。对上游，目前飞鹤的柔性供应链正在推动战略供应商对接信息化系统，开放产能、生产计划、原材料储备情况等数据；对下游，飞鹤则在寻求与销售渠道的数据连接，孩子王、乐友等大型母婴连锁门店已经接入系统，这对于飞鹤判断商品流转有重要意义。

过去三年的建设，让飞鹤有了一个坚强的数智化引擎，它给了飞鹤一个新的发展体系，让其有机会去抬高整个乳制品行业的天花板。

【小结】

飞鹤的整体发展策略非常具有典型性。纵观飞鹤的发展历程，"稳扎稳打"可以说是飞鹤能够取得如今成就的重要原因。飞鹤不仅在其他品牌大肆扩张的时期深度耕耘建设自己的产业链，而且在建设产业链的同时还非常具有前瞻性地进行了产业链整体的信息化建设与数智化升级，这才有了飞鹤在2019年全线击败海外品牌的基础与底气。

与大多数传统企业一样，飞鹤在自身数智化升级的探索过程中也走过一些弯路。但随着飞鹤"3+2+2"数智化战略的提出，显然飞鹤寻找到了适合自己的数智化转型升级路径，并且按照路径坚定不移地进行落地。

基于云计算和中台架构，飞鹤实现了自身业务从线下到线上的全业务流程在线，也让飞鹤突破了传统零售行业"品牌—经销商—终端—消费者"模式的业务边界，并实现了更加精准高效的企业经营决策，实现了基于数据的增量与存量消费者全生命周期运营。在整个乳品行业里，飞鹤的数智化升级已然领跑。

6.3　光明乳业："鲜"发制人的数智化增长

光明乳业股份有限公司（光明乳业）的业务渊源始于1911年，至今已有111年的历史。经过多年建设和发展，光明乳业成为乳品行业集奶牛养殖、乳制品研发及生产加工、冷链物流配送、终端销售等产全产业链于一体的大型乳品企业。

光明乳业一直强调新鲜，坚持以低温奶作为主打的高端路线，这种战略一直延续至今。近年来，随着中国冷链物流的发展，以及消费者对于新鲜牛奶需求的增加，低温奶趋势再次抬头。据长城证券的数据，2015—2019年，鲜奶市场销售额同比增长分别为6.13%、8.22%、9.71%、10.67%、11.56%，连续5年持续增长并迈入双位数增长阶段。另据天猫的数据，2020年常温奶销量同比增长50%，低温奶销量同比增长了150%。

但是，鲜奶因为保质期短，对冷链物流的要求苛刻，销售半径较小，最远只能限定在600千米以内，必须就近配套牧场、工厂，这对于光明乳业的全产业链效率和数字化运营能力是一个巨大的挑战。

与此同时，在电商、新零售不断崛起的时代，原本乳制品的销售渠道更加多元化，且呈现出从杂货店向电商和便利店迁移的趋势，上门送奶的方式也在不断革新。在此环境中，光明乳业如何与消费者建立更好的连接，也是一个迫切需要解决的问题。

　　此外，光明乳业不断推出新品，如图6-5所示，2021年5月花博会期间，光明乳业还推出限量新品。总体来看，光明乳业旗下已经有"光明冷饮""致优""优倍""畅优""健能Jcan""莫斯利安""优加""牛奶棚""光明悠焙"等众多知名品牌，各个品牌也衍生出更多的生产、供应链、营销的综合管理问题。如何打通企业内部的各种资源竖井，提高资源利用效率，也是光明乳业寻找新的利润增长点的一大方向。

图6-5　光明乳业花博会期间推出限定新品

　　光明乳业的应对之策是向数智化要增长。实际上，作为一个不断强化新鲜核心竞争力的公司，光明乳业是国内第一家实施ERP的乳品企业，该系统有助于协调业务过程中的各个环节，降低中间转折时间，优化每个环节的运作效率。然而，随着消费端和产业端的连接越来越密切，"数据孤岛"等局限也逐渐显现。

　　为了解决问题，光明乳业决定与阿里巴巴进行数字化合作。2018年1月，光明乳业与阿里巴巴零售通达成战略合作，光明乳业经销商体系整体接入零售通平台，阿里巴巴零售通利用渠道和技术优势，帮光明乳业建立数字化的管理系统，提升光明品牌下沉效率。

2019年11月，光明乳业又与阿里云签署战略合作协议，阿里云以云计算、人工智能、中台为基础，整合阿里巴巴集团在新零售、支付、物流、智慧门店等方面的优势，为光明乳业提供技术、资源等支持，共同推动光明乳业的数字化转型。

光明乳业在数字化转型方面也展示出强烈的决心。在启动数字化转型的第一步，光明乳业就成立了数字化转型小组。该小组于2019年12月成立，彼时光明乳业与阿里巴巴集团刚刚达成战略合作。

按照光明乳业的计划，数智化项目将分为三期，第一期重在新零售环节的数据基础设施构建；第二期会对传统渠道进行数字化赋能；而到第三期，则会在一、二期的基础上，横向打通牧场—工厂—物流—销售的业务数据，基于算法不断优化产销协同。图6-6所示为光明乳业数智化升级总体规划。

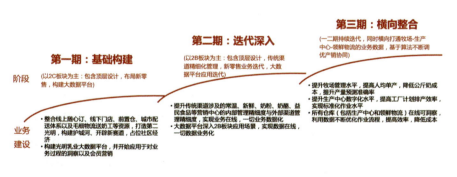

图6-6　光明乳业数智化升级总体规划

从光明乳业的战略布局来看，光明乳业是希望建立一体化的企业信息化管控平台，并依托平台的大数据分析处理能力，更好地做精准营销、库存优化、供应链优化、产销协同等工作，提升各层级决策的科学性、有效性和快速反应能力，提高资源的利用效率，达到节约成本、增强竞争力和企业可持续发展的目的。

截至2021年年底，光明乳业在数字化创新方面已经取得了多项进展，尤其是在新零售、大数据平台和会员体系建设方面已初现成效，数字化创业与光明乳业的"领鲜战略"相结合，迸发出无尽的活力。

6.3.1 全链路全环节触点数字化，新鲜有源

数字化转型开启的关键在于沉淀数据。作为一个在华东、华南地区拥有较高渗透率的乳业品牌，光明乳业推动销售业务下沉的策略是直销和经销相结合，截至2020年，光明乳业的经销商数量已超过4000个，而旗下特色渠道"光明随心订"已成为重要的销售渠道，贡献超五分之一的低温奶营收。

乳业行业内始终有一种观点：送奶入户的模式过于传统，不宜投入过多。光明乳业旗下"光明随心订"App早在2010年就已上线，但只用于用户的转存和收付款，应用范围和场景都比较有限，在与阿里云合作后，新版"光明随心订"App在数字化系统的加持下焕发了生机，如图6-7所示，主要体现在两个方面：一是送奶工、经销商告别了用纸笔录入的方式，通过点击手机就能执行并完成订单，还能获得用户的有效反馈；二是与"饿了么"等第三方平台打通后，销量进一步提升。数据显示，"光明随心订"日订单量比过去提升了200多倍。

更关键的是，"光明随心订"的数字化升级与消费者之间建立了有效的连接，让营销有了更精准的消费群体，真正实现了私域数据的留存和沉淀，有助于光明乳业的主营业务鲜奶和诸多新业务之间快速建立联系。目前，"光明随心订"App上可以选择的品类已不局限于鲜奶，而是包含了粮、油、果、蔬、肉、酒、小食和鲜花等众多品类，平台上的SKU已经超过1000个。

除了销售渠道的数字化探索，光明乳业还在产业端进行数字化革新，推出全产业链追溯平台，可以将牛奶从哪一个牧场、什么时段挤

出来，到达哪个工厂进行生产，在什么时段进入物流环节，都完整地记录下来。

图6-7　光明随心订新版App

目前，光明乳业在全国控制的十万头奶牛全部都拥有"身份证"，把现代科学管理与传统养殖技术相结合，用体系保障最大限度地降低生奶安全风险并提高品质。在生产环节，通过MES、DCS、SCADA、LIMIS等系统实现工厂生产业务计划、调度、工艺、质量、执行、统计、分析全过程数字化管理和控制，将生产各环节数据贯通，全程实时监测质量。

在物流环节，光明乳业通过数字化，对每个仓库进行实时库存管理，当市场有需求时，可以快速匹配最近的仓库进行运输，以保证产品的新鲜度。从牧场、生产、物流等诸多环节的数字化溯源，有助于把控乳制品的质量，让光明牛奶真正做到"新鲜"。

6.3.2　组织及业务逐步在线化，新鲜有理

过去，光明乳业没有统一的平台实现组织在线，大家沟通的工具主要通过上传下达和电子邮件等。后来虽然也建立了不少信息系统，但彼此独立，不能互通，有许多信息还需要手工填报和归总，部门之间的沟通协作也往往以离线的方式进行，这就影响了工作的效率和效果，往往会造成光明乳业内部在反应时间、决策准确性等都可能跟不上实际情况的变化。

直到引入了钉钉、Teambition等工具之后，光明乳业有效地实现了组织在线和沟通在线，而且由于底层数据打通和可视化程度的提高，很多工作的流程、节点、结果都能快速直观地呈现出来。例如，将自身原有的OA系统等搬到钉钉上，通过界面上相应的按钮，员工可以快速进行审批、请假等操作，大大提升了工作效率。在光明乳业内部，对于组织在线也下了很大力气，不断通过培训、工作坊、业务实践等方式，向员工传递数字化、智能化的理念，帮助员工提升认知，适应变革。未来，光明乳业还会陆续把差旅申请、员工学习平台等都搬到钉钉上，进一步推动移动化和集中化，让协同办公的效率更高。

在业务在线的同时，光明乳业的业务中台也逐步搭建起来，通过与阿里云携手整合了线上随心订、线下门店、前置仓、城市配送体系，以及毛细物流送奶工等资源，改变了之前各个板块割裂、各自为战的局面，为消费者提供随时、随处、随心订的新鲜购物体验。

6.3.3　基于中台的运营数据化，新鲜有数

光明乳业是行业内信息化建设的先行者。早在1999年，光明乳业就开发了一套订单管理系统。2000年，上海光明乳业电子商务有限公司成立。此后20多年时间，光明乳业先后上线全产业链追溯项目、深度分销系统和供应链的SRM系统，较早在奶源、生产制造、物流上全

面布局，用信息化手段严控鲜奶品质。

在数据方面，光明乳业有着深厚的积累，但也存在着与其他企业相似的问题。一是"烟囱"众多，需要拆了重建。不同的产品与品牌之间、不同系统之间、不同组织之间，都会有很多重复的数据；二是除了进销存等一些有效数据，大部分数据是无用的，最典型的例子是光明乳业知道这个区域有多少顾客，但不知道顾客究竟是谁，行为偏好是什么，无法进行深度挖掘和利用。

通过数据中台建设，光明乳业20多年来陆续建立的各个信息系统之间完成了数据打通。与此同时，与阿里巴巴之间展开广泛的合作，也为光明乳业带来了更多资源，比如淘宝直播、品牌兑换卡、周期购、数字化农业分销体系、旗舰店2.0、会员粉丝人群运营工具等，这些都促使光明乳业在营销方向和销售人群倾向上更具有针对性。

在此基础上，光明乳业通过消费者购买行为的分析和预测，能够对消费者进行精准分类，并给出更有针对性、更加贴心的服务，一方面促成交易，另一方面也使消费者获得满意的购物体验。不仅如此，光明乳业还依靠数字化系统搭建会员体系，为光明乳业会员提供专属产品和服务，带给会员更多的福利和快乐。

数字化运营拉近了光明乳业与消费者之间的距离。比如，在客户服务环节，一位消费者的投诉可能涉及很多部门，有销售、物流、生产等，过去光明乳业客服部门通过表格记录投诉，然后要和相关部门进行电话沟通，环节多且相对低效。现在，光明乳业已经能够在线自动生成工单，派发给相关部门和人员，将所有的处理过程与结果记录在案，最终形成统一的报表，这一方面给了消费者良好的售后体验，另一方面，也给了管理者一个有效的工具。

6.3.4　基于数据洞察的决策智能化，新鲜有智

过去，光明乳业的研发流程是这样的：首先获得市场抽样而来的调研报告，然后结合研发部门的经验，对一些新产品进行尝试性开发。这往往会导致两个方面的问题：一是市场反馈到研发端的链条较长，造成产品研发的滞后性；二是调研报告仅反映某一部分市场状况，造成产品研发不够科学。

在数字化转型的推动下，光明乳业正在通过直接和消费者互动来共创新品。与阿里巴巴合作建设的数据中台，能够清晰地掌握消费者的群体特征、消费偏好等数据，为产品创新提供重要依据。如今，在产品还处于研发阶段时，光明乳业就请消费者来盲测口味和包装，看哪款产品的市场接受程度更高，同时结合消费者购买和行为数据分析，指导产品研发。在此思路下，光明乳业旗下推出包括"一枝杨梅"在内的多款创新产品，在市场上引发了剧烈反响，这是因为光明乳业将产品创新的决策权更多地交给了大数据。

光明乳业的数据决策权还延伸到营销端，在大数据分析的基础上，结合会员权益等做到精准营销，还能集中识别有鲜奶潜在消费需求的年轻家庭用户，配合国潮、国货等营销活动，不断拓展新的市场增量。

目前，通过建设涵盖研、产、供、销、服全链路的大数据体系建成的光明乳业大数据平台能够帮助管理层对业务过程进行实时洞察，从而更为精确地预判消费需求量，及时调整供应链，降低产品在流转过程中的耗损，提高周转效率。

6.3.5　云化后的基础设施更牢靠，新鲜有根

作为最早进行信息化的乳业巨头之一，光明乳业通过一系列"软件+硬件"解决方案，构建了一套封闭的技术体系，但这套技术体系有

着自己的缺陷：一方面，硬件存储等设备需要不断投入资金迭代，软件也需要不断更新，这都要投入大量的人力和精力；另一方面，封闭式的技术体系并非一套以消费者为核心，以服务为形式，以数字技术为手段的完整基础设施，无法快速响应。

与阿里云合作后，以上这些情况不仅有明显的改善，还有了更多的花样。以光明乳业参与的大型促销活动为例，2020年上海市首届"五五购物节"期间，技术团队需要随时待命，全程护航，及时准备"分流"用户，以防止平台宕机。而到了2021年，技术团队就完全不用着急了，只需要按照日常运维，即可解决突然涌入的大量客流。整个团队的工作都被一件事占据了——就是上线更多新品，推出更多优惠。并且，由于平台的日趋稳定，云计算存储的安全性也远远高于内部部署的服务器，光明乳业再也不用担心关键数据丢失和业务应用程序无法响应，营销方式也越来越多元化，"什么都不怕，什么都敢玩"，数字化转型小组成员如是说，"品牌、经销商、消费者之间的关系也越来越融洽。"

【小结】

从华东、华南地区开始，光明乳业的新鲜版图正在延伸至全国。在这背后，少不了数字化转型对牧场、生产、物流、营销，乃至内部组织等环节的大力支撑。在上游，光明乳业通过5G、大数据、物联网、人工智能等技术，实现了"云养牛"。在下游，面对新场景，光明乳业不断加速"光明随心订"从"送奶到家"向"鲜食宅配"平台转化。

厚植城市精神，彰显城市品格。光明乳业通过数字化转型升级，全力实现"上海服务""上海制造""上海购物""上海文化"四大品牌战略在企业的落地，为千家万户提供有温度的牛奶。

第7章
食品饮料：基于数智化的全域营销

"瓜子饮料矿泉水，啤酒花生方便面"，是关于20世纪90年代零嘴的记忆。而现在，我们生在零食与饮料的"天堂"，各种休闲食品与"快乐水"种类丰盛，单个品类下就有丰富的选择，令人眼花缭乱，目不暇接。

民以食为天，在这个全民皆是美食家的时代，谁能拒绝这些美味呢？聚会、"煲剧"、"宅家"等场景都离不开这些食品饮料的滋养。回到食品饮料的行业规律中，我们会发现大众口腹欲的快乐背后企业的发展并不简单，甚至可谓是荆棘满途。

食品饮料这类快消品的特点是即时消费、随时消费，虽然高频又"刚需"，但门槛较低，在新锐品牌的不断夹击下，整个食品饮料行业产品更新迭代飞快。

在消费者端，在丰富新品的不断刺激下，消费者对口味、颜值、包装等越来越挑剔，个性化的需求也愈发难以洞察。在市场端，价格战加剧，同质化竞争下，行业也分得越来越细。

从业务角度，对于企业来说，如何充分洞察市场需求与消费者口味的变化，如何最大限度地提升每一个环节的标准化程度，如何不断提升供应链全流程的供需平衡和安全保障，如何在品牌充分竞争的态势下占据市场并不断增长，是每家企业每天都要面对和思考的问题。

这些挑战和需求也促使更多食品饮料行业的参与者与冒险家踏上数智化的征程。在本章，我们会看到食品饮料行业内最具代表性的三家企业：良品铺子、周黑鸭、太古可口可乐，跟随它们的数智新零售脚印，我们看看在"食"上都有什么升级与变化。在不断摸索和前进的征途中，在数智技术的催化下，这些冒险家会借助这股浪潮演绎出何种人间烟火气？请系好安全带，让我们出发吧。

7.1　良品铺子：休闲零食"航空母舰"的数智化机甲

2020年2月24日，新冠肺炎疫情正在肆虐。在这个特殊的时期，上交所举办了A股历史上的第一次线上直播上市仪式，而首家"云上市"仪式的主角是被称为"高端零食第一股"的良品铺子。

2006年4月，杨红春（现任良品铺子董事长）在拜访了100多家企业、走遍了武汉的大街小巷，编写了三版商业计划书之后，决定创业，建立一个休闲食品零售连锁品牌。他动员亲朋好友为自己的创业项目取名，一周的时间收集了300多个名字。最后，杨红春选择了"良品铺子"四个字。当时的想法很简单：良心的品质、大家的铺子。

2006年8月，良品铺子第一家店在湖北武汉的武汉广场对面开业，以"第一届核桃节"打开了门店销售局面。同年12月，门店数量已经扩展到了6家。此后，搭乘时代的高速列车，良品铺子也一飞冲天。图7-1为良品铺子的线下门店。

图7-1　良品铺子线下门店

iiMediaResearch（艾媒咨询）数据显示，2006年起，我国零食行业总产值不断上升，至2020年，总产值已达30 000亿元，是全球最大的休闲食品市场之一。也是在2020年，良品铺子已经发展成为一个年营收70多亿元、员工11 000人、纳税5.2亿元、税后净利润3.4亿元的公司，覆盖了肉类零食、坚果炒货、糖果糕点、果干果脯、素食山珍等多个品类，连续6年高端零食市场终端销售额全国领先。

同时，搭建起了线上线下高度融合的全渠道销售网络。疫情冲击之下，良品铺子依然取得了营收、净利润持续双增长的成绩。2021年10月21日，良品铺子的财报显示，2021年前三季度，良品铺子实现营收65.69亿元，同比增长18.78%，实现归母净利润为3.15亿元，同比增长19.57%，公司经营稳健增长。图7-2所示为良品铺子近6年的业绩走势图。

图7-2　良品铺子业绩走势图

良品铺子尽管已经成为休闲零食赛道的龙头企业，但这个行业具有市场集中度低的特点，难以形成遥遥领先的头部效应，不断有新锐品牌出现。

如图7-3所示，Euromonitor International的统计报告显示，2017年，中国休闲食品的CR5（行业集中度前五名）仅为16.5%，而全球平均CR5为25.6%，这意味着大量竞争者并存。

行业特点决定了良品铺子不能高枕无忧。在良品铺子成立15周年的内部信中，CEO杨银芬也坦诚地将良品铺子面临的瓶颈向员工和大众公开。他认为，良品铺子面临的变化主要有以下三点。

（1）消费者的变化：个性化的产品需求，时间碎片化，注重颜值，分层分级明显。

（2）行业的变化：大规模生产和制造能力加强，大规模渠道分销能力加强，但研发、自动化装备投入不足，标准化程度低。

（3）市场的变化：竞争同质化，价格战加剧，新锐品牌层出不穷，厂牌参与竞争。

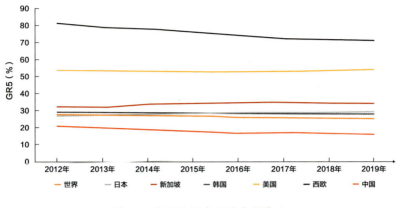

图7-3　各国休闲食品集中度情况

良品铺子的担忧不无道理。需求细分、产品更新迭代快、价格战加剧、OEM模式限制、同质化严重、新锐品牌层出不穷等，是休闲零食领域的普遍困境。天眼查数据显示，2021年前8个月，休闲零食领域已有超过10起融资事件，总金额达到了45亿多元，这意味着良品铺子除了要跟老对手竞争，还要面对来自大量新锐零食品牌的冲击。而良品铺子本身的优势——全渠道、全品类、多品牌，在剧烈变化的外部环境下，也带来了复杂的挑战。

首先，良品铺子近年深入推进全渠道布局，力求触达更多的消费群体，2021年门店开设速度显著加快。截至2021年9月30日，线下门店数量达2770家。线上则细分运营99个子渠道入口。而门店经营的高昂成本、主流电商平台增速放缓的大趋势，要求良品铺子不断优化各个渠道的效率及成本。

其次，良品铺子的全品类、多品牌战略，针对不同功能、不同使用场景细分需求制定产品。解决零食行业同质化问题，是休闲食品行业转型升级的方向。但这也给良品铺子带来了庞大的产品矩阵，全渠道SKU数量达到1195个。2021年1～6月期间，良品铺子推出了182款全新产品，平均每月推出30款新品，而线下门店的承载量是有限的，这就要求品牌能够更多地洞察和了解消费者，基于数据及时调整产品创新与组合策略，做到"千人千面、千店千面，精准触达"，提升坪效。

再次，休闲零食竞争逐渐进入深水区，首次购买的人群首先看品质，若口感不好、品质不好，就不会产生二次购买，这要求良品铺子从OEM的轻资产模式，向高质量、全链路、精益化管理发展，不断提升产品质量和经营效率。

因此，在15周年内部信中，良品铺子也提出了破局的方向：成为零食品类的航空母舰。

良品铺子意识到，做好高端零食的产品竞争力主要体现在成本管理和技术创新两个方面。零食品类的航空母舰必须披上数智化的"机甲"，以数智化手段作为企业经营提质增效、为产品和服务创新持续赋能的原动力。

7.1.1 战略启动数智化的航线

数智化战略是良品铺子这座航空母舰的"航海图"。作为一家16年的企业，良品铺子对数智化技术的重视是其能够快速发展的关键因素之一。这成为管理层的共识。早在2008年，良品铺子就启动了门店信息化管理建设。当时，成立不到两年的良品铺子刚开到100家门店，杨红春便一次性拿出全部利润1000万元，上线了门店信息化管理系统，实现了所有门店在商品、价格、订单上的统一管理。

此后，良品铺子接连完成了ERP系统建设，搭建了整个供应链信息化体系；与SAP、IBM合作，在2014年打造国内顶尖全渠道信息化应用平台。到了2016年，良品铺子的全渠道平台基本完成，打通前、中、后端，整合了线上、线下的所有交易数据和顾客数据，各渠道从以前割裂的状态变成了一个信息互通的有机整体。将技术创新刻入

DNA的良品铺子，随着人工智能、5G、云计算、AIoT等新技术的风起云涌，自然也应时而动，过渡到了数智化转型的阶段。

良品铺子组建了大数据团队，招聘算法工程师，积极实践并应用AI等前沿技术，并成为阿里巴巴集团的A100战略合作伙伴，在数智化转型上展开了深入的合作。据阿里云新零售高级架构师金龙回忆，阿里巴巴多元化的生态资源是良品铺子所看重的，与阿里云的合作则希望从三个方面实现突破：一是提高渠道渗透能力和扩张速度；二是供应链的效率提升和成本节约；三是精准营销触达、活动创新及消费者运营。这也是休闲零食行业当下竞争的三大重点。以此为路线图，良品铺子在数智化的海域启航。

7.1.2　全面在云化的数据海洋中驰骋

前面提到，良品铺子已经具备了丰富的数字化、信息化能力。但在2014年与IBM的合作中，采用的是自建或租用机房的方式。随着数字经济的发展，以及良品铺子自身业务活动越来越多，营销推广也越来越频繁，原本的IT设施已经难以满足企业需求。

一方面，传统IDC机房建设成本很高，加上现在的网络业务实时性、潮汐性的特点，运维难度很大，需要一支专门的技术团队，负责服务器的上下架、网络、安全、虚拟化、灾备等工作。据良品铺子的技术人员分享，为了应对"双11"这样的大促活动，良品铺子通常要提前租用或采买高性能服务器，"因为涉及货周期、安装调试、联网等问题，而活动结束之后，这些硬件成本对我们来讲也是一种浪费"。

另一方面，数据资产对企业越来越重要，传统的自建基础设施如果遭到黑客攻击或一些物理上的危机事件，导致数据泄露或丢失，是企业不可承受之重。此前，良品铺子就遭遇过机房周边施工把电缆挖断、机房温度过高导致业务暂时停摆等情况。

所以，从按需使用、弹性扩容、技术可靠等方面，良品铺子都没有理由不大力拥抱基础设施云化。从2015年开始，良品铺子就与阿里云合作，开始有计划地将一些新系统、中台、应用等迁到阿里云上。"特别是偏向C端消费者的营销类应用，比如外卖商城、自建的良品铺子App等，都已经上了阿里云。"良品铺子相关负责人介绍说，"良品铺子的整个业务系统，尤其是前台和中台，都已经规划了整体的上云计划，将按步骤实施推进。"

2021年年初，良品铺子加大力度，决定全面上云，除了原本的SAP系统，其他部分全部迁移到阿里云。基础设施云化，意味着资源弹性，能够在波峰和波谷时根据需求自由匹配，在"618""双11"这样的大促节点为零售企业的运营提供了弹性的空间，也免去了对突发事件的担忧。同时，系统运维这类基础工作也可以通过公共资源解决，IT团队可以腾出人力和精力做更多为业务部门数智化赋能的工作，极大地解放生产力，成为良品铺子稳健前行的前提。

7.1.3 数字触点让企业的感知更深远

船舶行驶在未知的海域，对信息的掌握有时候事关生死，必须有雷达、卫星通信、温度传感器、湿度传感器等精密仪器来护航。对企业来说，触点数字化也是数智化转型的前提条件。只有在全链路建立起连接和数据获取能力，采集大量的、丰富的、安全的、高质量的数据，才能对消费者、员工、组织、商品、供应链等有精准而清晰的感知。

良品铺子自成立起就十分重视数据，并且规定了一条原则，坚决不进驻无法形成数据回路的渠道。2012年，良品铺子正式进入主流电商平台开展线上业务，作为触达消费者的触点。使用天猫、淘宝等平台工具，比如数据银行，良品铺子能够实现全域精准营销。随着新玩法、新平台的不断涌现，品牌也需要快速响应各个触点的变化，对业务流程进行重塑与优化。

良品铺子不断扩大自己的数字化交易触点。2020年年初疫情防控期间积极推行外卖、拼团、社区团购等"门店+"业务，通过外卖业务弥补了线下流量损失。借助自建App、微信小程序、直播短视频等渠道，布局了很多卖点，用于获取用户的线上浏览路径、页面活跃度、停留时长，以及线下动线等数据信息。

在门店方面，良品铺子早在2014年所有的门店就都上线支付宝，启动了门店数字化进程。2017年，良品铺子又与阿里巴巴合作上线了智慧门店体系。通过智慧门店的建设，实现了线下数字化触点的部署。图7-4为良品铺子自动化、数字化的工作场景。

图7-4 自动化、数字化的良品铺子

通过搭建会员体系，形成了会员触点的数字化。良品铺子与线上和线下的核心会员，通过手机淘宝App、钉钉等即时商业沟通工具进行实时在线沟通，更深层次地进行消费数据价值的发掘，给予会员更好、更精准、更用心的服务。

供应链方面，良品铺子与菜鸟合作，利用LoRa物联网协议的物流园区的数字化触点，以及天猫物流"极速达"的全链数字化能力，掌握仓储运输配送环节的数据，提升消费者的体验。

据良品铺子电商技术中心负责人介绍，与阿里巴巴合作之后，良品铺子获取数据的渠道（触点）更多了。

7.1.4 业务在线让所有的"水手"高效协作

星辰大海的征程需要这艘航空母舰上的每一名"水手"都能够齐心协力、高效协作。因此，稳健的航行离不开组织在线、沟通在线和业务在线。

过去，良品铺子没有统一的平台来管理，沟通主要是通过电子邮件的方式，后来引入钉钉作为内部统一的沟通工具，实现了组织在线和沟通在线。良品铺子的43个业务系统也在钉钉端做了相应的透出，基于OA、HR按钮，1万多名员工可以通过钉钉实现快速审批、请假、打卡等操作。借助钉钉的盘点按钮，门店的员工可以在线领取盘点任务，用手机进行商品扫码，分组盘点，提升盘点的效率。

同时，良品铺子根据自身的业务特点，建设了业务中台，将会员、营销、商品、库存、订单、渠道、物流等容纳其中，持续推进业务在线化。

其中最重要也是首先规划的，就是会员中台。对良品铺子来说，会员是最核心的资产之一，过去的会员系统对业务发展的支撑效果不太理想。由于其是按照渠道划分，会出现线上线下彼此割裂的情况。

良品铺子在2019年就完成了会员中台的建设，实现了全渠道会员的打通，通过一个ID对所有渠道的会员进行识别，由此会员等级、会员权益也得到了打通。消费者不管在哪个渠道消费，都能享受同等的权益，这对良品铺子提升用户体验、树立品牌高端形象非常有价值。

另一个极为重要的业务中台则是订单中台。良品铺子全渠道的业务模式会面临来自各种各样平台的订单，比如用户在家点外卖，负责配送的可能是门店，也可能是轻店，甚至可能是从分仓出库或者工厂直发，并且涉及的商品也更加丰富多样，有常规的配送，也有冷链配送等。原有的系统架构，各渠道的订单分配是相互独立的，很难对前端业务及时响应、节约资源，而订单中台的建设能够把每一个订单都打上标签，从而匹配不同的渠道。

组织在线、沟通在线和业务在线，让良品铺子这艘"航母"上的每一位员工的工作效率与沟通效率大大提升，与伙伴们同舟共济，扬帆远航。

7.1.5 基于数据重新理解"人、货、场"

如果说前面的工作都是为了将这艘"航空母舰"打造得更加牢固、敏捷、强健，那么基于数据重新理解"人、货、场"，则是良品铺子持续发展必须穿越的"暗礁"。

在15周年内部信中，良品铺子明确提出了一个问题：我们需要想明白，消费者对零食的要求是什么，对销售渠道的需求是什么，消费者的个性化需求不一定是要"最好"的，而是"更适合我"的。如何用恰当的渠道打造千人千面的产品并精准送达？这一系列动作离不开一个关键词：数据。

1. 基于数据，重新理解人

如前所说，良品铺子的特点是渠道多、覆盖广，目前，覆盖了2700多家线下门店、天猫旗舰店、饿了么、微信小程序、自营App等

100多个渠道。想要精准洞察全渠道消费者的需求，需要一个全域营销的数据中台作为底座。

早在2015年，良品铺子就开始建设数据仓库，2018年前后构建了整个数仓体系。2019年，良品铺子和阿里巴巴合作，基于阿里巴巴的整套方案重构、升级了自己的数据中台。前文提到，良品铺子一共建设了43个业务系统，每个系统由不同的供应商开发建设，结构、逻辑都不一样。数据中台首先需要解决数据统一化的问题，包括数据来源、数据格式等都要标准化。只有把这些业务系统的数据进行分类整理，会员、商品、订单、交易等业务数据都汇聚到数据中台，才能完整全面地分析用户的不同需求，最终实现以客户为中心的精准化全域营销，进而带动销售增长。图7-5所示为良品铺子的双中台架构图。

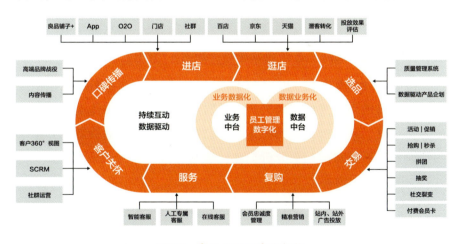

图7-5　良品铺子双中台架构

目前，通过把会员用户画像刻画得更加精准，数据中台已经实现了消费者运营、数字化营销和经营性分析的能力。比如，2020年5月的饿了么超级品牌日，良品铺子对近半年内在外卖渠道有消费、客单价大于69元，且以往爆点活动中高频购买的用户，利用短信进行唤醒。

高渗透、高毛利的单品置顶展示，低单价、高毛利单品设置1元秒杀活动以占领站内活动位，实现线上引流。最终，两天合计完成订单量21万单，创造外卖渠道2020年上半年销售峰值，相比于1月爆点活动访客增长108%，订单数增长90%，销售额完成1200万元。

随着数据中台的持续迭代优化，良品铺子的精准营销，成绩也将越来越好。图7-6为良品铺子的会员营销设计。

2. 基于数据，重新理解货

休闲零食的另一个普遍痛点是销量预测不准，渠道要货的数据粗放，进而导致生产的精准度不高，库存积压。要解决这一问题，就需要从销售到生产端，基于数据全面、高效地协同。

目前，良品铺子已经将数据化运营应用在新品开发环节。从产品规划到新品定型，都是大数据交互、分析的结果，良品铺子整个研发过程就是一边研发，一边做测试迭代，如图7-7所示。

比如，2019年年初，良品铺子推出了休闲零食市场首款藤椒牛肉零食。当时的创意来源于肉类产品采购经理收到的用户体验中心发来的一封邮件，这封邮件是用户体验中心每月随机抓取消费者上万条产品评论信息后进行的数据分析汇总，涉及良品铺子的产品、服务、包装、品牌等各个内容。

产品经理捕捉到了一点。有消费者留言：我想吃到一款藤椒味的牛肉零食，你们可以做出来吗？这给产品经理带来启发，他通过拉取后台数据发现，2018年，良品铺子藤椒风味零食（噜啦杯、藤椒凤爪等产品）同比增长超过100%。于是他果断决定打造国内首款藤椒牛肉口味的零食。产品上市三个月，销售额突破两千万元。

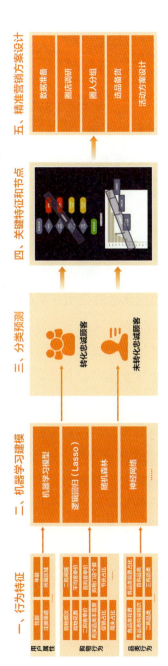

图7-6 良品铺子会员精准营销

图7-7 良品铺子基于数据的新品开发和定型

在消费者心目中，良品铺子擅长为消费者提供多样化、个性化的零食解决方案，通过数据赋能和场景挖掘，洞察新生代消费者的行为变化和决策场景，在不同场景下提供个性化产品和服务，从而为消费者创造丰富多样的美味体验。

2020年，良品铺子根据高端零食的品牌定位，圈定了儿童这个细分人群，决定切入3～12岁的儿童零食市场。在具体做什么产品时，通过天猫进行了产品方向上的数据分析和调研，发现儿童零食不能走多品类路线，必须更聚焦，家长购买时最关心的是健康、安全，其次是营养、好吃。最后良品铺子将儿童零食聚焦在鱼肠、果汁糖、益生菌酸奶豆等品类上。

相比于以往靠经验进行产品研发，数据的支持让良品铺子走得更加稳健。图7-8所示是良品铺子的E化能力。

图7-8　良品铺子的E化能力

3. 基于数据，重新理解场

全渠道战略也考验着良品铺子对每一个渠道、每一个销售场域的理解、洞察与把握。而基于数据中台的能力，及时调整渠道营销策略，给良品铺子带来了极大的价值。

比如，2020年"618"活动期间，良品铺子借助阿里云数据中台零售行业解决方案，对广州、深圳两座城市的潜在客户群体进行深度分析。完成人群特征的分析后，指导营销投放。"618"期间，良品铺子在爱奇艺投放了一个电视剧的广告，基于观看电视剧的人群，在各大电商平台进行二次触达，通过发放折扣券或者活动券等不同的方式，销售业绩有了明显提升。阿里云数据中台零售行业解决方案还进一步帮助良品铺子打通实体店、手淘轻店和饿了么，通过手淘轻店和饿了么的精准营销，为实体店引流。

电商直播是一种新的销售渠道，很多品牌都是一边摸索，一边沉淀经验。良品铺子曾在天猫旗舰店上做了两场儿童零食的直播，通过阿里巴巴后台的直播数据发现，家长们在买儿童零食的时候，很多情况下都是连带购买，专门给孩子买零食的家长比例不是很高。这与他们此前把儿童零食和成人零食分开销售的营销策略大相径庭。于是良品铺子很快调整了直播策略，打通了成人零食和儿童零食的购买链路。

零售行业的本质是"人、货、场"的链接关系，基于数据重新理解这三大要素，对于良品铺子的经营发展，意义重大。

7.1.6　决策智能是驶向未来的加速器

数据显示，企业数据智能化程度提高10%，则其产品和服务质量就能提高15%左右。通过将深度学习、优化技术、预测技术等算法模型，应用在人力调度、货物分配、资源优化等企业经营的关键场景中，实现众多生产要素和管理要素间的最佳匹配，能够大大提升工作效率，是企业驶向未来必不可少的加速器。因此，决策智能化是企业数智化转型"五部曲"中最难的一个关卡。

良品铺子在数智化转型中，也开始了决策智能化的探索。比如，在门店管理中，如图7-9所示，引入自动补货模型，自动根据数据分析，帮助门店判断每个店每天是否都要补货、补什么、补多少，由此来解放员工的生产力。

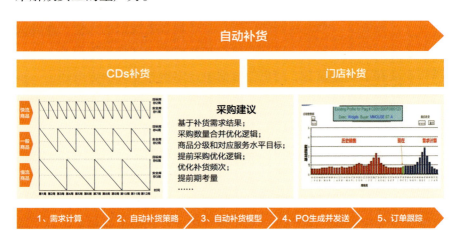

图7-9　良品铺子自动补货模型

以往，良品铺子在策划营销活动时进行销售预测，主要是靠人凭感觉来做的，比较粗放，也容易出现不准确的情况，给供应链体系带来负担。现在基于智能预测模型，从销售预测到产销协同，输出整个营销计划和供应链保障计划，细化到每个SKU，准确率能够达到70%以上，能够拉动整个供应链的产销协同体系提质增效。

在门店选址上，良品铺子通过智能化的定店模型，在新开一家线下门店之前，基于该商圈的人流量、周末及节假日的客流量、商圈人群的喜好和购买力，以及租金等数据，综合评估开店后的各种数据指标，例如，单店日均销售额能否支撑租金、人工等成本支出，从而能够降低线下渠道盲目扩张带来的风险。

在供应链管理上，良品铺子不断优化订单交付的智能路由规则，加入了各种策略和模型，自动高效地应对全渠道的大量订单，优化仓库匹配、拆单、最短路径、冷链等逻辑，降低物流成本。决策智能的落地如同好风凭借力，推动良品铺子驶向更远的彼岸。

【小结】

在休闲零食领域，良品铺子是一个特殊的存在。全品类、全渠道、多元化、不偏科，是大众、产业观察者、资本市场对它的一致看法。这种商业模式在集中度低的市场是一种降维打击式的优势。也因此，良品铺子的数智化转型过程也格外有标杆意义和借鉴价值。

第一，全面。在战略规划和实施步骤上，通盘考量、整体布局，良品铺子这么多年在数智化方面的持续投入和建设，整个体系是比较完整和健全的。

在基础设施云化、触点数字化、业务在线化、运营数据化、决策智能化的每一个环节，都有着坚定、全面、丰富的实践。这也使得良品铺子的数智化体系从一开始就实现了全流程业务闭环，环环相扣，打造了在全渠道服务用户的能力。

第二，细致。在技术落地和微观应用上，良品铺子的考量也无比细致。在几千个SKU、近百个线上渠道、几千家线下门店，以及遍布全国的工厂仓储中，通过数智化技术的在线能力、精准洞察、自动决策，实现了某一个产品在某一个渠道以某一种履约方式触达某一类客群的细致运营，进而带动销售增长。

诗人萧伯纳曾经说过，任何一种爱都不比对美食的热爱真切。而休闲零食的高频、刚需决定了它植根于生活，带着人间烟火气，成为一个能够给消费者幸福感的品类。良品铺子的企业使命是：提供高品质食品，用美味感动世界，何尝不是一种对全世界的深情。

但同时，商业又是理性而残酷的。幸运的是，良品铺子已经披上数智化的"机甲"，在竞争的海域中乘风破浪，勇往直前，驶向辽阔的彼岸。

7.2　周黑鸭：数智化的"根深"，卤味市场的"叶茂"

中国人喜食卤味的习惯由来已久。公元前221年前后，四川地区发明凿井取卤，辅以花椒调味，制作成卤味用以佐酒下饭。自此以后，这种集合了辣、盐、甜等丰富口味的肉食经过两千多年的配方改良，适配不同地方人群的口味，不断刺激着大众的味蕾，成为广受喜爱的休闲食品，超高的消费频次也催生了一个千亿元规模市场。

如图7-10所示，根据《肉类工业》和《食品开发与研究》的数据，卤味具有久远的文化积淀和稳定的消费基础，卤制品消费正在快速增长，2010—2020年休闲卤制品市场复合平均增长率达到8%，到2020年市场规模突破3000亿元。

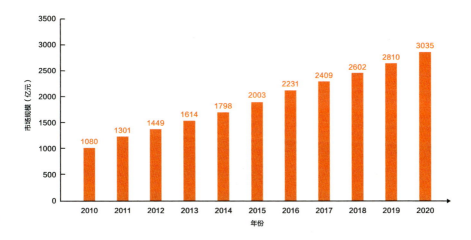

图7-10 2010—2020年中国卤制品市场规模

在卤味市场中，周黑鸭是毫无争议的头部企业。回顾周黑鸭的发展历程，主要经过了三个阶段。

第一次创业阶段：1994年，周黑鸭创始人、现任董事会主席的周富裕赴汉创业，致力产品研发，"周黑鸭"口味初具雏形；1995年自主创业，开展酒店配送业务，并在1997年开设首家"周记怪味鸭"店。2000年前后，周富裕实现了自己来武汉创业最初的梦想，在家乡修建了一栋全村最漂亮的房子。

第二次创业阶段：2009年，周黑鸭决定在异地开店，开始了全国扩张的历程。第一站在湖南，凭借口味大获成功，同时真空包装全面推广，为品牌走向全国奠定了基础。2014年到2017年，周黑鸭业绩表中各项营业指标都保持着不错的增长势头，凭借漂亮的毛利率与净利率，2016年成功在港交所敲钟上市。2017年，净利润达到7.62亿元，成为中国鸭脖领导者。

第三次创业阶段：直营模式为周黑鸭品牌积累了口碑基础，但面临激烈的竞争，高效高质地拓展到更大市场、提升份额、实现增长成为关注焦点。创始人周富裕表示"要受一点痛苦，重新崛起"。

周黑鸭开始积极求变。2019年上半年，周黑鸭将商业模式升级提上日程，并于同年11月正式宣布开放特许经营，自此形成"直营+特许经营"双轮渠道模式。

就在第三次创业的起步阶段，一个出乎所有人意料的"黑天鹅"袭来：2020年，在疫情的影响下，餐饮行业几乎全员停业。其中，成立于武汉、华中地区门店占比超过40%的周黑鸭是首当其冲的企业之一。疫情暴发后，周黑鸭全国共有约1000个门店暂时停业，华中工厂生产活动也暂停了49天。这期间，被迫按下业务暂停键的周黑鸭也没闲着，一直在为抗疫捐款捐物，看到新闻报道中医护人员想吃周黑鸭，立即想办法联系医护人员及援鄂医疗队，让一线防疫工作者吃上周黑鸭。

作为一座英雄城市，武汉过关了，那么周黑鸭是否也穿越了寒冬呢？2021年7月周黑鸭（01458.HK）披露的业绩报告如图7-11所示，2021年上半年，周黑鸭销售额达14.53亿元，同比增长60.8%；毛利由2020年同期的4.93亿元提升至8.57亿元，同比增长73.9%；净利率达15.8%。

截至二零二一年六月三十日共六个月中期业绩公告

财务摘要	截至六月三十日共六个月		同比变动
	二零二一年	二零二零年	
	人民币千元	人民币千元	%
收益	1,452,972	903,470	60.8
毛利	857,207	492,928	73.9
除税前溢利/（亏损）	318,638	(51,531)	718.3
本公司拥有人应占估期内溢利/（亏损）	229,556	(42,194)	644.0

图7-11　周黑鸭疫情背景下的2021年上半年收入利润大幅增长

这一成绩单背后，是周黑鸭在这两年来"刮骨"变革成效的显现。截至2021年6月30日，周黑鸭门店总数达2270家，其中直营门店为1161家，特许经营门店为1109家，已覆盖中国26个省、自治区及直辖市内的212个城市。稳步推进全国五大区工厂布局，已辐射全国门店。2020年美团点评发布的《中国餐饮报告2020》中，周黑鸭BMI（从人均消费金额、品牌分布区域、市场关注度、品牌建设、口碑表现等方面计算）得分81.76，排名稳居2020年度中国特色小吃排行榜第一。

而今，周黑鸭已然渡过疫情重击，逆势迸发新的活力，"第三次创业"的步伐稳健而有力。而数智化的根系也伴随着"第三次创业"在周黑鸭的体系内生长壮大。

对外，整个卤制品行业还在不断吸引新品牌、零食企业进入，其中，周黑鸭的品牌优势、标准化和现代化的生产流程，稳健加速的渠道扩张，在激烈的市场竞争中展现出了非常好的成长性与更大的空间，而这也提升了企业管理的复杂度与精益度，数智化转型刻不容缓。

对内，周黑鸭需要苦练内功，把握并满足新一代消费群体的需求，在店面形象、顾客体验、产品结构等多个方面实现创新，对品牌进行持续升级，提升会员体系的运营能力，这就要求能够从全渠道、全链路、全流程实现触点数字化、运营数据化，并引入智能、云计算等新技术趋势，为高速增长夯实数智化底座。

图7-12所示为周黑鸭的"六大战略"，周黑鸭的企业文化之一"树根文化"强调根深则叶茂，根深则苗壮，做企业只有根扎于地下，才能盎然挺拔，生生不息，搏击风雨，基业长青。在新技术风起云涌的当下，数智化转型升级正是现代企业的"根"，只有数智化根系不断生长，才能支撑业务增长的叶茂与果熟。

图7-12 周黑鸭第三次创业的"六大战略"

7.2.1 让数智化战略扎根在业务土壤

企业数智化转型升级成功案例的共通点，就是最高决策层的战略决心。利用数智化手段解决企业在发展过程中的问题，需要面对很多不确定性因素与风险，这就要求创始团队和执行管理团队有坚定的意志与高度共识，将数智化战略作为"一把手工程"来推进。

周黑鸭创始人周富裕对于学习与变化的渴求十分强烈。如图7-13所示，在周富裕看来，学习的目的是引发新的思想、新的思路，在互联网、大数据、云计算、人工智能相继涌现的今天，如果还用原来的思维、原来的习惯，就不可能拥有新的事业。

图7-13 周黑鸭创始人积极拥抱数智变化

在这种主动求新求变的思维推动下，周黑鸭的数智化理念自上市前就开始了。当时，卤制品行业普遍还很传统，除头部的品牌商外，中腰部、尾部的企业没有在线化的意识，周黑鸭已经开始了数智化探索。

2018年，周黑鸭系统战略升级项目落地，SAP系统全模块上线应用。前台支持周黑鸭B2C、O2O、线下门店、App，以及其他渠道的一些可拓展的售卖方式。中台建设系统八大中心赋能周黑鸭全渠道业务运营。后台保障各个模块的销售与分销、采购管理、库存管理、职能管理、生产计划、设备、财务等，并实现各模块的互通互联。底层则建立HANA高效执行的数据仓库，在此基础上自主开发了周黑鸭的商务智能平台，实现了数据移动端的展示、实时查看分析。

而真正从公司战略层面推进数智化升级则是在"第三次创业"的提出阶段。2019年12月，周黑鸭邀请阿里云研究院的肖利华博士进行游学沟通，交流探讨数智化工作。后续，围绕"第三次创业"的六大战略，包括商业模式升级、全渠道覆盖消费者、供应链能力升级，开始从集团层面和阿里云深度共创，推动全渠道数智化的开启，数据中台、业务中台、供给端数字化等建设全面启动。图7-14所示为周黑鸭参与阿里云游学现场。

确定全渠道数智化变革之后，周黑鸭升级数字零售事业部（之前叫电商事业部），并设立了相应的组织架构。横向上，所有和线上打交道、为线下门店进行数智化赋能的业务都集中在这一部门；纵向上，一些非电商业务只要和信息化相关，也归属这一部门。通过这一调整，把相关职能整合在一起，决策链路缩短，总部的决策想法能够高效地落实到一线，为数智化升级奠定了组织基础。图7-15所示为周黑鸭数智化变革战略图。

图7-14　周黑鸭高管团队2020年"双12"参加阿里云游学

图7-15　周黑鸭数智化变革战略图

　　数智化战略的大踏步前进，也催使周黑鸭IT系统升级迭代。2020年年底，周黑鸭企业服务器在阿里云完成了私有化部署，支撑全渠道、全流程、全触点的数智化业务。2021年，周黑鸭自主研发并上线了终端云控平台，可以在云端实现远程管理、区域管理、巡店等能力，让数智化步伐如虎添翼。

在"一把手工程"的推动下，周黑鸭数智化的庞大"根系"牢牢扎根在云化的土壤之上。

7.2.2　用数字化触点重塑线上与线下

对于休闲零食类的企业来说，数智化的首要需求之一就是重新建立对"人、货、场"的感知。

过往，周黑鸭的门店主要坐落在交通枢纽、购物中心这类高流量区域。这些区域能够放大品牌声量，打造高端形象，但人群流动性大，主要做的是过路客冲动消费的生意，新客来了又走，很难建立起对群体的感知、连接与反复触达。

周黑鸭数字零售事业部总经理张伟认为，线上和线下的结合是必然的趋势，数智化的发展与疫情的冲击，让周黑鸭这样的实体企业都开始感受线上带来的优势，尝试扩展触达消费者的关键节点。同时，线上与线下也是相互融合、相互成就的过程。线上更好地触达消费者，和消费者交流更通畅，线下是品牌的宣传和体验点。图7-16所示为周黑鸭扩展消费者触点示意图。

图7-16　周黑鸭扩展消费者关键触点

基于这一逻辑，周黑鸭一面保持线下店的触点优势，推动门店迭代和创新。在2016年和2017年与阿里巴巴合作尝试了同城零售、线上线下整合、旗舰店2.0等。

在管理上，周黑鸭引入了数字化系统，包括门店进销存管理、服务态度仪表、云巡店等能力，能够帮助督导人员高效地实现监管，确保门店服务和产品品质。对于保质期较短的货物，也能够通过数字化触点，做好信息协同和批次记录，为下一步产品管控回收打好了基础。

另一方面，建立在线化、全渠道触点。

作为行业头部企业，周黑鸭很早就开始探索线上渠道，包括天猫等电商平台、外卖平台等。电商渠道的增长速度是所有渠道中最快的，周黑鸭天猫、京东旗舰店的粉丝数量长期保持领先优势。与多个平台进行合作，携手饿了么、盒马等线上平台打造前置仓，在线上加大新品投放力度。《中国餐饮品类与品牌发展报告2021》表明，2019年，周黑鸭线上零售和外卖渠道收益为3.56亿元，贡献了23.8%的收入。与此相比，2019年绝味鸭脖线上收入729.37万元，煌上煌线上收入0.8亿元。

疫情冲击之下，周黑鸭迅速调整线上运营策略，积极布局短视频和线上直播渠道，拓展多元化销售新渠道。抓住线上社区团购的业务需求，在武汉尝试了线上线下融合的社区门店，加快与兴盛优选、拼多多、美团等社区团购平台合作，通过线上招募团长团购、线下提货的方式开展全员营销。

借助带货直播的流量红利，持续深耕线上自营店铺，直播上万场，销售额超1亿元，观看量超1亿人次，就连创始人周富裕本人都亲自下场直播，足见对这一数字化触点的重视程度。

线上更便捷地触达消费者，线下作为品牌的宣传和体验点，周黑鸭通过线上线下触点的融合互补，实现了对消费者的数字化触达。

7.2.3 以数据化运营重新理解"人、货、场"

在数智化战略的驱动下，如图7-17所示，2021年4月，周黑鸭开始了数据中台的搭建，到同年第三季度顺利完成，这被视作数智化战略的里程碑。数据中台之所以如此重要，是因为周黑鸭经营中涉及的"人、货、场"都需要被数据化重新审视一遍。

图7-17 周黑鸭阿里云全域数据中台正式启动

1. 周黑鸭需要找到新的消费人群

周富裕认为，周黑鸭的第三次创业机会还是在年轻一代身上。Z世代消费群体快速崛起，在消费选择上更加多元化且个性化，同时，消费者对传统单一品牌的忠诚度也明显在减弱。及时把握年轻消费者群体的消费习惯和需求是周黑鸭面临的重要课题。

数据中台上线之后，整合线上电商、线下门店、营销投放等全渠道消费者数据，快速构建周黑鸭的消费者运营能力，进而实现消费者全域精准触达。

数据中台的用户画像显示，15岁到23岁的年轻人全国有1.49亿人，他们有个性、爱表达、不趋同，经常展示自我的场所是微信、抖音、小红书、B站等。因此，周黑鸭开始与抖音、阿里巴巴、小红书、B站等大的流量平台合作，进行资源嫁接。比如，2018年联名御泥坊推出"鸭脖色"口红，2019年与潮流偶像合作投放"硬广"、组织"吃货全球之旅"等活动，结合线上营销、线下履约的协同模式，最大效率地发挥联动效应，实现拉新。图7-18所示为周黑鸭对会员客户人群的精细化运营。

图7-18　周黑鸭店铺区域客户人群精细化运营示意图

通过人群标签数据，可以进一步实现会员的精细化运营。比如周黑鸭就借助私域平台，对未购买的群体往往会在欢迎语中发送一张10元兑换产品的优惠券，并且设置"3天有效"，尝试激活首单购买。如果超过3天未消费，系统自动识别后，会及时发送优惠券到期提醒。用户下单后，则会发送"食用提醒"，做好贴心服务。一周后预估零食消耗得差不多了，系统会自动推送"1分钱秒杀大额优惠券"的活动，激活复购率。仅这一个运营手段的优化，两个月的时间，客单价提升149%，复购周期整体比其他渠道缩短1/3。

周黑鸭的理念是顾客第一，通过数据做好消费者运营，提升核心客户的黏性，是数智化升级的首要革新。

2. 周黑鸭需要打造产品差异度

卤制品市场集中度低，竞争激烈，新势力不断涌现，如何做出辨识度，打造出产品差异化，考验着周黑鸭的产品研发能力。

如图7-19所示，周黑鸭基于数据中台，建立了从"新品孵化"到"复盘&诊断"的整个新品链路数据化应用体系，提升新品上市成功率。通过大数据判断消费者喜好口味，在2020年推出超20款新品，均获得较好的市场反应，满足了消费者对不同口味、类型产品的购买需求。2020年下半年，周黑鸭新品贡献营业收入为1.88亿元，占2020年下半年营收的14.5%。

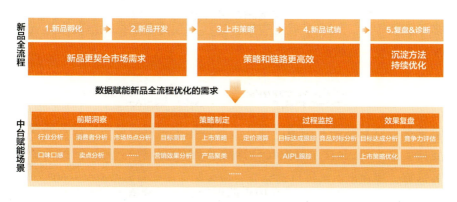

图7-19 周黑鸭中台赋能新品的业务场景

此外，数据化运营支持人群细分的差异化产品。通过去骨鸭掌、虎皮凤爪、香辣虾球等网红爆款新品类，抓住时尚潮人尝鲜的需求，多价格产品则满足了不同场景、不同消费人群的差异化需求。产品结构进一步丰富和多元，为增长奠定了基础。

3. 周黑鸭也通过数据化提升门店坪效

以前，周黑鸭的门店选址主要靠经验，通过面谈、参观考察等方式。现在，通过和阿里巴巴共同创新，一方面和阿里巴巴本地生活合作，通过征信资质的数据来考核企业的历史经营情况等。另外，周黑鸭信息数据中心于2021年正式引进门店智慧选址系统，为实际的门店选址工作提供数据参考，通过阿里巴巴公域标签对消费者画像进行更多维度的丰富，提供周黑鸭门店目标区域内消费者画像，提前探知目标客户，了解某区域的热力图，确定哪些地方更适合卤制品门店的选址，从而更大程度地规避亏损店的开设，提升开店成功率。

线上线下整合之后，直营、特许经营、便利店、电商等多种渠道也带来了管理的难度。比如，直营与特许经营渠道是否涉及位置的争夺，便利店渠道和门店渠道是否涉及窜货，尤其是气调保鲜装产品的保质期较短，而由于生产周期的原因往往需要提前下单，门店如果订多了就会浪费，订少了就会脱销。这些问题需要数据化运营来为管理层提供直观，有效的决策参考。

2021年，周黑鸭信息数据中心正式上线了经营数据分析平台，可以随时随地查看当前目标达成情况、各渠道的业绩情况、各产品的贡献情况，以及活动营销情况等，为管理层决策提供透明、高效的数据支持。原本每天4次、每次40分钟的手动库存计算与每月耗时5天的财务运算，现在也由系统自动完成，报表制作工作量减少50%～60%，大大提升了门店的管理效率，降低了员工的工作负担。

7.2.4　数据打通全链路环节，供应链走向数智化

对于链接"人、货、场"的供应链能力，数据化运营也起到了重要的提质增效作用。

周黑鸭气调保鲜装产品保质期短的特性，决定了其供应链的标准要比其他零食企业更高。因此，供应链能力是周黑鸭在转型阶段的核心竞争。2019年年报中，周黑鸭将供应链战略作为公司新的六大战略

之一，搭建从原料到门店的一站式全程供应链服务。

周黑鸭目前已建成四大生产供应链中心，分别位于武汉、南通、东莞和沧州，成都生产中心预计在2023年落成投产，将物流体系、生产体系和采购体系高效协同地组合在一起，必须用数据化赋能供应链管理。

据周黑鸭供应链首席官康鹏介绍，周黑鸭的供应链数字化主要有三大目标：一是最重要也是最大的需求——食品安全，要通过数智化手段，快捷稳定可靠地将产品呈现给消费者；二是端到端全链贯通，解决供应链上下游信息交互中的盲区，实现养殖户、原材料、生产、仓储、配送、门店等产业链的数据打通；三是借助数据提升精细化、标准化运营能力，优化计划、采购、生产、仓储、运输等整个作业环节的效率，实现整体降本增效。

康鹏提到，周黑鸭的供应链数字化从2016年开始，2020年和2021年也做了很多数字化建设，将各大供应链系统如WMS、TMS、MES等，与ERP系统无缝集成，使物流供应链各环节信息交互共享，整个链路更加透明化、可视化，作业流程得到了很大优化。

采购方面，通过供应商采购平台实现供货商生命周期的管理。借助大数据分析，优化采购计划并评估原料、仓储等资源需求。

生产方面，基于MES系统，实现了对现代化生产中心的生产过程实时监控，可以清楚地了解产品的原材料由哪家工厂什么时间提供的，接收人是谁，检验的参数，产品在生产过程中各环节的时间、技术参数、操作人员等信息，从而及时调整排产计划，将产品的质量问题以及生产线的异常状况消灭在萌芽状态。

仓储方面，打造了WMS仓库管理系统，对出入库情况、库存数据等信息都实现了透明化管理。同时与门店订单系统和主数据系统打通，实现了供应链端到零售端的数据洞察，目前可以已经可以做到仓库零库存，基于门店库存、销售预测、退货率等指标数据指导门店精准补货。

流通方面，周黑鸭已经做到了全程冷链，为每一辆车都装了GPS，以及温控、湿度等传感器，司机有没有休息、停留了多长时间、温度是否恒定、是否有异常等数据全部在TMS系统汇聚，再结合算法智能派车，提升物流及仓库工作效率。全国80%的门店供配可实现24小时抵达，100%的门店可实现48小时抵达。随着供应链数字化水平的持续升级，配送时效和用户体验还将进一步提升。

数据化运营优化供应链能力在确保食品安全和工艺稳定性的基础上，进一步降低企业成本，是周黑鸭的长期发展战略之一。

【小结】

大树之繁茂，皆因其根。梳理周黑鸭的数智化"根系"，会发现已经扎根在卤味市场的土壤之中，结出了业绩增长的果实。这仅仅是开始，下一步周黑鸭的数智化根须还将向三个方向伸展。

第一，组织进化。数智化升级离不开跨部门协同，打通数据的时候需要执行团队通力配合，未来周黑鸭将继续与阿里巴巴探讨业务中台建设的可行性，加速业务在线化、数据化，提升组织效率，为数智化加速生长注入动能。

第二，中台深化。随着数据中台的规模化应用，所有数据层面、服务层面、资源层面进一步整合，业务中台与数据中台双轮驱动，从数据生产到数据应用的全链路打通，让消费者能享受到更优质的全渠道服务和体验，实现数据驱动业务、业务反哺数据的螺旋式增长。

第三，智能延展。未来通过引入公有云的IaaS底座、SaaS应用，周黑鸭的数智化体系价值会进一步释放，让智能技术加速落地生根，赋能企业提质增效。周黑鸭供应链首席官康鹏提到，周黑鸭已经规划了2022年的机器人自动分拣，门店订单下发到生产平台和仓库平台，机器人会按门店需求自动化分拣。原本主要靠人、地图来完成的物流网络管理，也将通过智能化算法进一步优化，提升自动化程度。

周黑鸭总部企业文化墙上写着一句话：经营企业，逐利则败；逐产品精进，则得人心。管理逐身先则得拥护，逐放逸则失爱戴。2016年中央领导到湖北调研考察时，问周富裕这句话的由来，他解释道，希望周黑鸭能够成为百年企业，将这一思想精神传承下去。

卤制品已经红了两千多年，上到庙堂宴席之高，下到江湖村庄之远，群众基础始终强大。而随着数智化根系的不断生长，有理由相信，周黑鸭的业务体系也将愈加盎然挺拔，收获一个个枝繁叶茂的春天。

7.3　太古可口可乐：见证快消饮品变迁，端到端数智化剑指未来

1886年，美国的药剂师约翰·斯蒂斯·彭伯顿以古柯酒为灵感，创造出一种混合古柯和可乐果的葡萄酒，这也是可口可乐的鼻祖。后来经过对原材料及制作流程的各种改良，它逐渐成长为现在拥有各种口味的可乐。不论是逛街、吃饭，还是"宅家"，很多人都不能缺少这份口味独特的"快乐水"。

饮水不忘思源，回溯可口可乐的历史，其最早在1927年引入国内，后来因为时局原因退出中国，直到1978年改革开放后才重新进入。目前在中国的装瓶合作伙伴有中粮可口可乐和太古可口可乐两家企业。中粮集团与可口可乐的合作始于1979年，而太古可口可乐起步得更早。

太古可口可乐公司成立于1965年，当时收购了可口可乐在香港的

专营权，开始了生产与销售"快乐水"的旅途。1989年，太古可口可乐进入内地，在浙江省杭州市以及江苏省南京市开设了两家装瓶厂。经过五十多年的发展，太古可口可乐成为可口可乐公司全球第五大瓶装伙伴，年销量达17.43亿标箱，在全球为7.41亿名消费者服务。

太古可口可乐如今在中国内地11个省份和上海市、香港特别行政区、台湾地区，以及美国西部地区拥有生产、推广及销售可口可乐公司产品的专营权。如图7-20所示，通过位于中美两地的26家装瓶厂，生产超过60个饮料品牌，包括含汽饮料、果汁类饮料（包括维他命水）、茶饮料、能量和运动饮料、咖啡、饮用水及其他产品（如乳制品、植物蛋白及草本饮料）。太古可口可乐渠道能力强，在中国拥有400多万家门店，产品线丰富，通过遍及全国的强渠道输出，以及多元化的饮料组合可以满足不同市场、不同消费者的口味需求，这些优势也为其带来业务的不断增长。

图7-20　可口可乐大家族

业绩报告显示，2020年太古可口可乐年营收约为384.26亿元，较2019年增长2%；全年经常性利润为17.35亿元，较2019年上升31%，所有地区的利润均有增长。在中国内地的收入约为193.09亿元，占据整个太古可口可乐公司约一半的收入，中国内地市场销售利润已经实现连续两年双位数增长。而2021半年业绩报告显示，在疫情影响下，中国内地市场表现尤为亮眼，2021年上半年收入约合人民币134.71亿元，较2020年同期增长25%。归属股东净利润较2020年同期大增75%，为太古可口可乐贡献接近7成的利润。从香港购买第一个专营权开始启程，到2013年年销量首次超过10亿标箱，再到2021年快速增长的营收、触达全世界7亿多消费者，太古可口可乐这些年稳扎稳打的脚印和不断增长的业绩背后并不是平静得毫无波澜。

快消饮料行业是一个竞争充分的红海，在其中有深耕数十年以上的行业老兵。这些企业拥有丰富的产品结构、广泛的用户基础，以及消费者熟知的品牌形象，而新杀出的行业黑马如元气森林营销方式独特、产品新颖，种类更新迭代速率快，迅速占领部分市场。在消费端，消费者的消费观念与习惯也在不断变化，消费者对快消饮品的品类、口味、包装等愈发"挑剔"，对个性化、差异化的产品需求激增。外部环境和消费者需求瞬息万变，对于企业来说，如何在同质化竞争激烈的饮料行业中突出重围，如何更好地洞察用户需求，如何在细分领域中创新产品与升级品质，这些问题都成为企业需要面对和不断思考的难题。

对于太古可口可乐来说，随着消费端消费者习惯与观念的变化，在细分领域下如何运用数据精细化运营提高服务品质、效率以及产品创新，成为太古可口可乐主要的精进方向。饮料类快消品的特点是即时消费，随时消费，在线销售比例低，对传统的渠道依赖性强。太古可口可乐利用不同管理系统，从下单、生产、调拨、运输、配送、销售执行检查等不同方面，为约200万家不同渠道的客户提供各类服务，图7-21为自动化供应示意图。在消费者全面在线的同时，太古可口可乐也与时俱进，通过每天有乐+小程序和消费者商城等工具，实现与消费者直连，但在这些系统中还存在应用分散、数据割裂的情形，太古可口可乐希望通过数据打通，实现强时效性联合数据运营。

图7-21　太古可口可乐全自动化供应端

此外，在消费者洞察营销、自贩机选址、渠道选品等场景的落地方面，缺乏统一数据平台提供的数据支撑，数据资产使用率低，数据化能力相较薄弱。这些数字化软肋成为影响太古可口可乐运营、销售、周转的挑战。

面对这些挑战，太古可口可乐开始探索技术的革新精进。在数字化领域，与行业头部的阿里云、西门子等品牌达成战略合作，从生产制造端、销售市场端和企业管理端全面实现数字化战略落地。

7.3.1　数字化战略的确立与辐射

数字化一直都是太古可口可乐重视的领域。二十年前，IT部门就被列为重点部门，与时俱进，高度重视数字化是其比较鲜明的特点之一。数字化对太古可口可乐的整体运营非常重要，面对中国地域分布广泛的消费者及背后的企业管理运营，数字化是最佳的工具。

最开始太古可口可乐的IT系统都是各省份独立运作的，数据标准不统一。在2010年左右，太古可口可乐对组织架构进行了一次大的调整，将全国的核心业务系统集中到一起，变成一个中央化的IT系统。

中央化的IT系统将所有的业务系统运营变得更加专业与细分。最新的数字化战略调整是在2020年，公司总裁苏薇女士非常重视企业数字化转型，经管理层会议决议，将数字化调整为企业的核心战略之一。

太古可口可乐中国区IT总监冯柯在采访中强调，数字化涉及整个企业经营端到端的核心过程，数字化的战略已经成为企业的重要神经中枢。对于服务业务的数字化部门来说，技术与业务紧密结合的端侧就是数字化未来最核心的场域。而公司对数字化战略层面的定位也使IT内部推动的阻力变小，太古可口可乐每年会将销售额的2%以上用来支持数字化项目，这在饮料行业内非常少见。

在数字化成为太古可口可乐重要战略后，企业内部也自上而下地将数字化创新提升到了新高度。举例来说，从2018年起，太古可口可乐开始在内部启动数字创新大赛，以"季度+年度"大赛的形式实现全员参与创新并持续孵化创新项目。数字化创新大赛一经启动便有170个项目报备，当年经过多层选拔，共计产生39个微创新项目，33个企业级数字化创新项目，覆盖ToC、ToB、供应链和业务支撑的各个领域。

2021年，太古可口可乐的数字化创新项目从2018年的33个直接上升到258个，获得年度大奖的六强项目继续革新部分原有的体系，使得效率提升了158%，2020年十二强创新项目被复制的概率高达80%。数字化创新已在太古可口可乐全面爆发。

正如太古可口可乐总裁苏薇女士所言："在数字化领导力方面，在很多不同的场合，我都一再强调我们需要领先同行，特别是必须领跑快消品行业，我们需要利用高端科技发展战略伙伴坐在跑车上高速奔跑，而不是坐在大巴士上仅仅作为一个参与者。"

太古可口可乐的数字化战略理念从上到下的传达以及从下到上的创新反馈，都在显示着整体数字化战略理念的合一，面对外部的业务需求和变化，太古可口可乐开始了数字化革新的征途。

7.3.2 云计算为数智化转型提供沃土

太古可口可乐是一家发展了五十多年的饮料企业，完整经历了互联网发展的整个历程，因此在技术发展阶段积累了成熟的生产、管理等IT流程。IT技术像水电一样渗透进各类业务运作中，如生产、销售、物流、财务、人力资源管理等各个环节。应用层面包括SAP系统、乐销通、乐配通、乐客通、智付通、自贩机管理等前端业务系统及供应链管理系统。

太古可口可乐在2019年3月完成全面上云。全面上云不仅使得太古可口可乐的应用系统性能得以提升，也为其带来业务响应的速率提升。系统支撑的业务类型和用户数量都实现了指数级别的上升，为企业的数字化转型打下坚实的基础。

太古可口可乐中国区IT总监冯柯介绍说，太古可口可乐与阿里云的业务合作主要面向的是前端、客户、消费者。阿里云自带阿里巴巴整个生态的资源，比如天猫淘系的底层技术、广告营销、数据分析能力等，以及云业务方面的一些风险预估、安全防范等能力，是阿里云业务的优势。冯柯表示太古可口可乐已全面上云，但也会根据不同云厂商的生态能力及优势来区分太古可口可乐在云上的业务分布，使其势能最大化。

7.3.3 基于数据的运营效率升级

数据是驱动数字化进程的重要燃料，对于太古可口可乐来说，重要的数据资产来源包括生产制造与市场营销两大方面。生产制造的各类数据可以指导生产过程的全自动化生产，而市场营销方面的数据可以让企业的运营、管理更加科学、高效。

在营销获取用户方面，太古可口可乐在营销上有针对会员的运营，通过D2C小程序和自动贩卖机等直接触达消费者，并实现会员用户的私域留存转换。例如，2020年河南数字化UTC项目，打通B2B2C全链路，快速迭代，快速复制到太古可口可乐所有的厂房。截至2021年年底，揭盖扫码达1623万人次，招募消费者823万人，大幅节约了客户和消费者的兑奖时间。可以看到，企业数字化转型已不只是系统工具的数字化，而是用数字化工具不断赋能业务，解决行业痛点；UTC创新打通连接产品、售点和消费者的数据闭环，并为企业积累数字化资产。根据画像了解消费者喜好的迁移变化，通过计算、分析洞察消费者的需求得以提供更加精准的服务，并且更快速地更新迭代产品。数据驱动，再利用过往经验的二次验证，使得营销更加高效与精准。

另外，太古可口可乐将销售人员的经验标准化，列入分析计算模型，并结合销售数据以及高德周边人群画像数据，通过数据的集成与分析，开始尝试基于数据的科学选址与选品推荐，并希望未来可以为市场上超过180万台太古可口可乐的自贩机提供数据指引。

总体来说，数据中台的数据化运营为太古可口可乐带来了三个方面的改变。

（1）数据标准化：通过数据中台，构建了新的企业级数据模型，并实现了数据标准化和规范化，建设全域数据指标体系，实现指标体系统一化与规范化。

（2）数据资产化：面向太古可口可乐全域数据，构建数据资产全景图和数据地图，帮助业务部门全面了解业务数据及资源使用情况，实现可视化数据追溯功能。

（3）数据的业务化：将数据价值在业务中落地，对业务决策提供一定的参考依据。

7.3.4　智能生产，高效配送，精准铺货

我们可以看到，太古可口可乐在销售、配送、检查等各环节利用定制的数字化工具在线管理业务，为约20亿名客户提供24小时无间断的线上服务和在线互动。

供应链系统对于饮料行业来说，是最关键、最重要的部分，涉及原材料供应、仓储、物流、生产线等多个复杂流程，影响整个企业的生产与运营。太古可口可乐目前使用的APS供应链智能预测系统，其功能仍在持续进化，持续助益管理层决策。未来太古可口可乐的APS系统也会和阿里云进行深度合作，升级为具备智能预测功能的AI算法模型，更好地为供应链系统服务。从生产端以数字化促发展、助业务。

对制造业来说，生产过程的"黑盒子"问题是每家企业都面临的难题，比如会有这样的情形发生：在制造流程的某个环节出现故障后，故障检测和排除时间长，因为整个工艺流程的环节冗长复杂，故障的查找处理缓慢会影响生产效率。对于生产运维的管理人员来说，也会有无法实时查看关键工序、跟踪工艺流程和监视车间运行状况等情况发生。

为了应对这类黑盒问题，为企业提效增质，2021年3月，太古可口可乐联手西门子定制的制造信息系统（简称MIS系统）在杭州正式上线。为生产制造工艺流程的安全、环保、高效提供标准化的应用，为管理者提供智能化的决策支撑实现管理水平和经济效益的双赢。

MIS系统让定时抽检变为"常态化检测"，可在生产过程中实时采集设备及工艺数据，每一瓶饮料的含糖量、充气量等数据可以实时呈现于管理者面前，确保次品率大幅降低。在MIS系统赋能下，生产流程变得透明与可视化，可以将统计效率从"结果"统计变为"过程"统计，大大缩短了故障诊断时间，也为预测性维护提供了可能性，图

7-22所示为MIS信息化系统大屏。

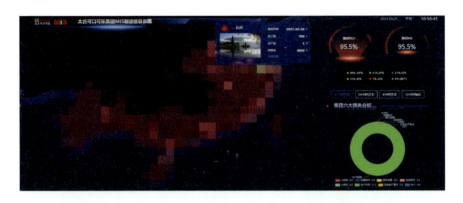

图7-22　太古可口可乐MIS信息化系统大屏

在瑕疵检测方面，太古可口可乐与阿里巴巴达摩院合作，用规模化的应用来降低瑕疵检测的成本。运用人工智能技术从高速的生产线中检测出有瑕疵的产品，提高整个产品的良品率。

从2021年起的两年时间内，MIS系统也会被推广至太古可口可乐在中国内地的18家工厂、近100条生产线。据预测，数字工厂的全面推广，降本增效成果相当于新增两条生产线，每年增加约5.5亿罐可口可乐系列产品的供应。

在配送端，太古可口可乐通过后台的业务系统为每辆车发送指令，基于定位系统与后台指令让司机的行程路线可视化。每辆车、每个人和每个店的状态实时在线，在大屏幕上可以实时观测到每一辆配送车辆的实时动态，科学地统筹与管理。

太古可口可乐除关注智能生产、高效配送、精准铺货外，还注重严格执行市场检查。在终端冰箱的管理方面，可以通过小程序或App拍照识别，系统会自动判断其中的商品陈列信息，并自动生成BI报表，包含产品铺货、渠道活动、价格沟通等多个维度。如图7-23所示，太古可口可乐的运营人员可以在线实时查看陈列的执行情况，掌握产品的市场表现，大幅提升执行与管理的效率，使终端的管理发生质的飞跃。

图7-23　太古可口可乐智能识别商品陈列信息

上百个业务系统的在线化，使得生产、物流、销售、检查、营销等业务协同流通起来，全链路的人、货、场状态清晰可见，全域的数字化打通与融合极大地赋能了业务的运行与效率的升级。

【小结】

太古可口可乐对数字化工具的应用已经深入市场、销售、生产、配送等每一个环节。生产物流、前线业务、执行检查实现了闭环管理。可以说在传统的饮料行业中，太古可口可乐走在了数字化变革的前端。

我们从太古可口可乐的数字化历程中也能感受到数字化在其企业的渗透速度。从全面上云到与行业内数字化排头兵阿里云、西门子等系统性合作，再到快速推进升级的数字化工厂，太古可口可乐从生产、物流、营销、运营、管理等全方位进行了数智化革新，作为标杆和领路人为饮料行业的转型和发展提供了可参考的样本。

第8章

商超连锁：线上线下的数智化融合

20世纪20年代，初步摆脱了经济大萧条的美国迎来了多种业态的全面创新。其中，最为人津津乐道的是连锁百货超市这种在当时看来非常新颖，极大提升了居民生活水平与生活便利性的零售业态。其后，著名的连锁百货甚至成为很多美国大城市的文化景观，令游客蜂拥而至。

直到1981年，中国才正式引进了连锁超市这一概念，比美国足足晚了60年。而在接下来的时间里，中国却在改革开放的浪潮下完成了追赶甚至超越。在新零售勃兴的几年中，中国消费者已经习惯了线上线下一体化的购物体验，连锁商超不仅坐落在物理世界中，更伫立在线上的虚拟场景中，随时等待消费者的光临。从下面两个关于连锁商超的案例中可以看到中国连锁商超的迅猛发展。

如今在一二线城市，租房或买房者会关心附近盒马的配送范围，并将之纳入房屋租赁或购买的考虑因素中，处于盒马配送范围内的地产被网友戏称为"盒区房"。

疫情发生之后，全球线下商超都面临着巨大的挑战，消费者更愿意聚集到线上进行采购。待疫情缓解后又开始慢慢恢复到线下，这种情况随着疫情反复拉锯。然而在中国，很多强化新零售体验、打造优秀数智化能力的商超企业早已超越了线上线下之分，而是通过全网、全链路、全渠道等一体化模式持续为消费者提供优质的服务。这一能力不仅仅是商超产业自身的发展趋势，更是以消费者为中心，消费体验至上的时代欢歌。

中国连锁商超的跨时代追赶和逆袭，得益于互联网和前沿科技的飞速发展，也得益于商超自身的新零售实践与对时代的洞察力。让我们奔赴这些带来美好生活的百货超市，看看连锁商超中的数智化风景。

8.1 盒马：脱胎数智化的新零售网红

自2016年1月在上海开出第一家标准门店以来，截至2022年1月，盒马鲜生（盒马）门店数已突破了300家，覆盖了北京、上海、南京、苏州等中东部27个一二线城市。

2019年，盒马销售收入突破了400亿元，位列全国百强超市第六名。在历年的生鲜电商App排行榜上，盒马稳居前三，在包含多（品类）、快（配送）、好（售后）、省（价格）等指标的买菜App综合服务水平排行榜上，则位列第一。

在阿里巴巴首席执行官张勇的支持下，侯毅关于新零售的设想成为现实，盒马首先在上海落地。

长久以来，生鲜一直被视为实体零售对抗电商扩张的法宝。生鲜具有高频、刚需、时效性强的特点：消费者每日三餐就是生鲜的需求高峰；同时保鲜要求高，保存周期一般在2~3天；单笔购买额较小，仅为满足一家餐食所需。

生鲜的这些特点导致对供应链、物流和包装的要求极高，这些正是实体零售所擅长的领域，实体零售一般开设在商业中心人流聚集地或社区附近，在地理位置上具有天然优势。生鲜本就是实体零售经营范畴，在应对电商的竞争时，实体零售扩大了生鲜的经营，来作为线下引流的一个关键举措。

生鲜零售市场规模巨大，2020年市场交易规模达到了5万亿元。这么大的市场却长期受到低毛利的困扰，生鲜易损耗的特性直接影响其利润率。生鲜损耗无处不在，一方面是对管理的高要求，在流通的各个环节，处置不当都会产生损耗；另一方面是对时效的硬约束，过了保鲜期，生鲜就成了损耗品。

在实体零售业内，生鲜的利润贡献是远远小于其销售额贡献的。盒马通过线下开设实体店解决物流仓储问题，但同样需要"破题"生鲜的高损耗、低毛利困境。盒马给出的答案是全价值链的数智化赋能与重塑。

盒马线下线上融合的O2O模式，在其背后支撑的是阿里巴巴的新零售理念。在2016年的云栖大会上，阿里巴巴创始人、董事长马云首次提出"新零售"概念，阿里研究院定义"新零售"为以消费者体验为中心的数据驱动的泛零售形态。

盒马是阿里巴巴新零售的一号工程，上海店开创了超市+餐饮的新业态，从消费者需求出发，线下实体店主打消费体验和品牌效应，采用前店后仓模式，覆盖3千米范围内的生活圈，通过以悬挂链系统为核心的智能物流系统，盒马为新零售树立了一个标杆——从下单到送货上门时间最快可以控制在30分钟内。

通过智能物流系统来提升配送效率，再根据需求数据动态调整商品品类、数量，同时将门店开设在一二线城市商圈、社区附近，来服务相比于价格更注重品质的中高收入人群。盒马在降低损耗的同时，提高了客单价，从而提升了利润率，盒马上海门店证明了这一模式的可复制性。

推出仅一年，盒马的坪效（门店每平方米每年创造的收入）就达到了同行业的3～5倍。研究报告显示，中国零售卖场的坪效大约是1.5万元，而侯毅在2018年公开表示，经营时间在1.5年以上的盒马成熟店坪效可达5万元。

疫情期间，盒马的线上流量进一步增长，线上订单比例增长到80%，流量转化率达到了传统电商的10倍。通过数字化精准营销的促进，盒马的平均月度复购率达到了4.5次，极具性价比的自有生鲜品牌复购率超过了5次，同样远远高于传统电商。图8-1所示为盒马的数智化逻辑。

图8-1　盒马的数智化逻辑

盒马的成功引发了零售业内的效仿，市场涌现的诸多生鲜电商都能看到盒马的影子。盒马的一举一动受到行业内的高度关注，已经成为零售行业的公认网红。

立足数智化基因，盒马一面洞察消费者需求，不断提升消费者体验，一面重构产业链，提升效率与品质，从消费者出发，盒马还在不断进化出新业态。

自2019年开始，在持续扩张标准店的同时，盒马又发展了盒马mini、盒马邻里、盒马X会员店等10种新业态，在精耕细作满足消费者需求的同时，扩展盒马业态的适用地域。如盒马邻里用来拓展一二线城市的外环、城乡接合部，以及三四线城市；盒马mini则以较小的门店面积，满足1.5千米范围内社区日常三餐需求。

同时，盒马还建立了农业基地直采体系，通过与前端消费者需求相匹配，用大数据、物联网来改造农业生产，构建盒马智能农业供应链，在提升商品品质、供应效率的同时，也降低了成本，同时惠及更多农户。图8-2所示为盒马冷链全过程监控。

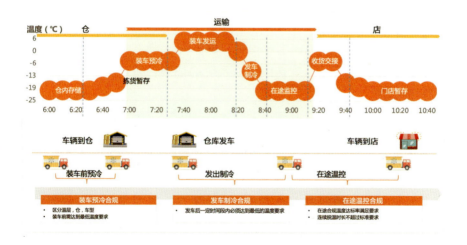

图8-2　盒马冷链全过程监控

经过5年多的发展，盒马从单一的标准店模式，变成了多业态协同发展模式。作为一个大量投入、快速扩张的新零售商业体，盒马全面盈利、实现自我造血已经在计划中。盒马的诞生和发展离不开与生俱来的数智化基因。以数智化为手段，高效高质满足社区消费者需求为目标，盒马还在不断进化中。

8.1.1　云上的盒马具备创新基础

不管在物理世界还是虚拟世界，盒马都是在"云"里诞生的。

2015年3月，侯毅在阿里云的上海办公室创立盒马。盒马用9个月的时间搭建起了包括物流、门店、支付等在内的新零售系统，这一系列系统都是建立在阿里云之上的，可以说，盒马是一个成功的云原生案例。

盒马从一开始就把服务器和数据库放在云端，省去了自己投资线下IDC（互联网数据中心）的开支，可以把资金集中在线下门店，同时可以享受云端巨大的算力和存储资源。

电商在大促期间往往会产生算力需求峰值。阿里巴巴每年的"双11"活动是典型的算力需求峰值期。2020年天猫"双11"峰值订单达58.3万笔/秒，刷新了全球在线交易系统的记录，背后支撑的阿里云经受住了考验。

盒马的业务聚焦在生鲜和快消等品类，属于高频需求，算力需求高峰在每日三餐时，2020年疫情期间，盒马网上订单同比激增220%，阿里云在背后起到了很好的支持作用。

如果盒马自建数据中心，其一是成本高，其二是数据库必须按照每日尖峰需求来配置，造成其他时段资源浪费，其三是疫情期间需求激增，数据中心扩充不及时会影响消费者网络购物体验。

阿里云业务不仅包括IaSS（基础设施），还包括PaSS（平台）、SaSS（软件）一站式服务，企业可以很方便地选择适合自己的PaSS、SaSS服务。盒马基于阿里云业务打造的新零售系统如图8-3所示。

图8-3 盒马新零售系统

　　盒马基于阿里云业务打造的新零售系统亦可以和阿里巴巴旗下业务无缝衔接，得以顺畅共享集团资源，作为阿里巴巴旗下的新零售企业，盒马自然是钉钉的重要用户。钉钉强大的办公管理和二次开发功能，敏捷支撑了盒马的数智化运营。

　　阿里云上还有很多阿里巴巴开发的数字化产品，供企业根据需要选择适用。比如盒马应用阿里巴巴2019年3月发布的数据库新产品图数据库（GDB），基于门店、人群、商品、食材、菜谱等数据，以及相互间的关联数据，构建商品图谱知识引擎，来优化菜谱搭配、生鲜搭配，以及标品搭配等，沉淀盒马图谱数据，完善盒马推荐和导购能力，提升了转化率。

　　阿里云的全系列产品和服务都对外公开，但相比于传统的零售企业，云原生的盒马从一开始就基于云端构建数智化能力，具有数字能力的比较优势，并消除了后顾之忧，可以进一步洞悉和精细运营消费需求，并从消费端反推重构供应链，持续进化，为盒马的成功打下了坚实的云基础。

8.1.2　全价值链触点数字化沉淀数据资产

盒马的数智化运营，需要全价值链的大量数据，从供应端、运营端到消费端，数据越多，匹配智能算法，可以提质增效，更精细地运营。

盒马构建的是线上线下一体化的O2O模式，推出了基于地理位置的App，并在门店内引导用户下载App并注册会员（见图8-4），消费者会员在盒马App上浏览、下单、支付、评论，留下相关消费信息，这些数据沉淀为消费数据资产，为盒马更好地知悉消费需求做参考。

图8-4　盒马门店内引导用户下载App

在已建成的300多个线下门店中，盒马通过数字化手段和消费者建立了连接，其中的一个重要手段是电子价签。盒马的电子价签是一个动态屏，相当于SKU级（单品级）智能硬件，可以逐一对应到每个单品。每个单品上有专属的动态二维码，消费者可以扫码了解商品信息，进行产品溯源，查看促销活动，也可以将商品加入购物车线上支付。盒马的电子墨水价签如图8-5所示。

图8-5　盒马的电子墨水价签

通过电子价签，盒马将实体零售的商品数字化，拓展了消费数据。盒马线下支付系统也要求消费者通过App线上支付，这就使线下的消费行为数据化，并入数据库。

在盒马的线下消费场景中，最重要的是支付系统的数字化。消费者在盒马门店消费，需要通过盒马App或支付宝等进行支付，盒马门店配备了扫码抢，通过自助扫码支付来汇聚会员消费数据，为后续的个性化营销打下基础。盒马的自助扫码收银台如图8-6所示。

生鲜是一个高损耗的产品类别，这就要求运营管理、物流生产的标准化和高效。盒马通过移动手持终端、传感器、摄像头等设备在全价值链布置数字化触点。盒马为每一位员工都配发手持终端

（PDA），上面开发了钉钉功能，同时和电子价签配合，还可以显示商品具体位置信息，待拣商品在价签上会有亮灯提示，这就实现了运营端的数字化，既提升了管理水平，又提高了从仓库到消费者手中的配送效率。

图8-6　盒马的自助扫码收银台

在物流及生产端，盒马打造了一个基于IoT（物联网）的供应链监管溯源方案。从种植、养殖环节到加工、包装环节，再到物流、配送，直至最后的零售门店，通过在不同环节加装不同配置的传感器、摄像头，来实现全价值链在线可视可追溯。比如在大棚养殖上，涉及温度、湿度、光照度等13个环境参数。对加工包装、物流配送和零售门店来说，温度都是重要参数，决定了生鲜产品的保鲜效果。所有这一切，都可以通过屏幕实现在线可视，发生异常会自动预警，推动线下及时修正。

全价值链的触点数字化帮助盒马实现了全价值链的数字采集，为盒马进一步洞察和高质高效满足消费者需求提供了数字支撑。

8.1.3　全流程业务在线实现全渠道一体化

盒马从一开始就在云端构建了包括物流、门店、支付等在内的新零售系统。围绕这一系统，盒马构建了业务中台，中台的功能是将企业的核心能力、数据、用户信息以共享服务的形式加以沉淀。中台化架构是把平台按能力、服务、实体进行管理，具体业务由业务部门自行接入。

随着盒马的新零售系统的不断发展，盒马于2018年对外推出了ReXOS操作系统。ReXOS系统是盒马为零售业定制的操作系统，从盒马的新零售经验出发，功能扩展到门店ERP系统、生产作业系统、门店配送DMS、门店销售POS系统、线上App系统、门店后台作业系统（物流、配送、中央厨房、加工中心系统等）。

传统商家线上和线下是分割的，往往预先计划好哪些货物在线上销售，哪些在线下销售。盒马业务中台打通了线上和线下，做到了线上线下同价，不管消费者是在线上还是线下下单，都是同一个仓库、同样的配送效率。

盒马的整个物流、履约和门店经营，包括会员、商品、价格、库存等，全部实现了线上和线下的一体化。比如，在业务中台的支撑下，盒马通过全面推广电子价签，做到线上线下实时调价。生鲜产品具有强时效性，在保鲜期内，价格根据保鲜期和库存量实时调整，对次日过期商品大幅打折，过期商品只能作为损耗处理。

线下超市的价签系统一般都是非电子的，一旦要调价，需要在内部零售系统调价之后，人工去货物区重新调整纸质或塑料价签，费时费力，导致线上价格和商品库存在App中和店内不能同步，这既影响了效率，又影响了消费者体验。

电子价签是一种带有信息收发功能的电子显示装置，每一个电子价签通过有线或者无线网络与盒马云端数据库相连，将线下货架数字化，取代了手动更换价签，解决了传统零售线上线下难以同价的难题。

盒马通过构建业务中台，支撑推进全价值链业务在线。不仅在前端的消费侧、中端的运营管理侧，盒马的业务在线化还拓展到了物流、生产环节。图8-7所示为盒马的物流管理系统示意图。

盒马正在增加原产地直采的力度。2019年5月，盒马在上海召开生鲜直采战略发布会，披露已和全国500家农产品基地签署直采协议，并计划在全球范围内拓展更多优质农产品基地。

盒马在全国范围内自建冷链物流配送体系。截至2021年年底，盒马已经建设了48个多温层多功能仓库，其中包括33个常温和低温仓库、11个加工中心和4个海鲜暂养中心。物流配送的数智化包括运力预测和智能排线功能，在满足订单时效的前提下选择合适的线路、车型和承运商，使运输距离最短、成本最低。图8-8为盒马物流配送的运力预测示意图。

通过连接农产品直采基地和自建的物流体系，盒马根据消费需求对上游提出生产订单和物流需求，都可以很顺畅地通过在线系统实时到达。

通过自建农产品直采基地和物流体系，盒马的业务在线化拓展到了物流、生产环节，根据消费需求对上游提出的生产订单和物流需求，都可以通过在线系统实时送达。

盒马的全价值链业务在线提供了全链路的大量数据，为进一步挖掘数据价值并用数据在线驱动业务创造了条件。

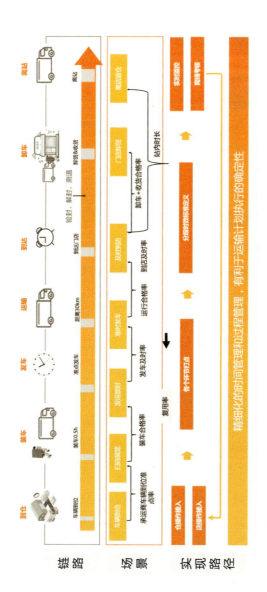

图8-7 盒马物流管理系统示意图

图8-8　盒马物流配送的运力预测示意图

8.1.4　基于中台的数智化全业务运营

盒马从一开始就用数字化手段来提升运营效率。盒马的选址是数据决策的结果，意向选址点区域5千米范围内利用阿里系业务（如淘宝、支付宝、饿了么、高德等）的沉淀数据，比如从通勤人流、路线轨迹、购物品类、客单价等相关数据；还通过第三方获得区域附近商业用地地价、住宅楼盘均价等信息进行综合对比。

盒马的目标用户为一二线城市的较高收入人群。2020年的一份用户数据分析报告显示，盒马的男性用户占比达到53.2%，有76.9%的用户为已婚状态，其主要特点是高收入、高学历、有房有车，购买力水平较高，更注重产品品质。可以说，通过大量数据支撑科学选址，盒马在起跑线上就确立了优势。

盒马的数据中台建设稍晚于业务中台，但也在2016年就开始了数据中台的构建。盒马基于阿里云的大数据治理开发平台DataWorks来自建数据中台。DataWorks本身自带阿里巴巴数据中台与数据治理实践，盒马在此基础上开发了适用于零售业的数据中台。

数据中台主要可以将企业内部数据标准化，并通过分析模型来挖掘数据价值，驱动业务提效。图8-9所示为盒马基于数据中台的数智化用户运营示意图。

图8-9　盒马基于数据中台的数智化用户运营示意图

会员用户在盒马App购买会产生消费数据；在线下门店，通过店内外的智能系统、货架传感器等，都会沉淀会员用户的购买行为和偏好数据，形成购物数据闭环。在经过会员同意后，盒马的数据还会和阿里系其他业务单位数据进行交叉认证，进行精准用户画像，再根据年龄、性别、收入、购物偏好等不同维度进行个性化推送，将用户需要的商品在合适的时间进行恰当的展示，精准触达目标群体，提高转化效果。图8-10所示为盒马基于会员的全渠道运营图。

盒马的数字化运营贯彻了整条价值链。有了数字支撑，盒马将线上用户下单时间、品类和数量与线下门店同类商品销售情况进行平衡，同时根据销售商品类别、数量与库存数据，做出商品预测，向上游供应商发出补货需求。

图8-10　盒马基于会员的全渠道运营图

根据用户所下订单，在数据驱动下，通过智能物流系统来提升货物流转效率，到店、拣货、打包、上架、配送等流程都可以通过智能设备进行识别，降低了错误率，提高了效率。

工作人员根据订单信息捡货，利用智能分拣悬挂系统高效传递货物（见图8-11），及时调货；盒马会利用数据算法，根据门店配送需求的集中时间段、需求分布位置、所需时长等，调配阿里系其他业务线下快递运力。最终结果是，盒马创下了生鲜电商的配送标杆——3千米生活区最快30分钟送货上门。

数字化运营推动盒马在活跃用户数、线上转换率、用户黏性等多个指标上表现突出。

根据2021年9月的数据，盒马的线上转化率达到了35%，也达成了线下为线上引流的目标。2021年上半年以来，盒马门店线上订单占比达到七成。

图8-11 盒马店内的物流分拣悬挂系统

此外，盒马还构建了数字化的农业基地，通过传感器、摄像头等设备实现农业生产数字化，大力发展数字农业。

其一是发展订单农业，用盒马的巨大需求直接对接农产品原产地实现直采，以需定产，提前约定采购数量和金额，避免"菜贵伤民、菜贱伤农"。

其二是基于物联网的数字农业，生产全程在线，确保产品品质，再和数字物流、线上线下一体化的盒马对接，实现产供销全链路的数字化。

近年来，盒马新业态不断丰富，从盒马的标准大店复制扩张，到发展盒马邻里、盒马里、盒小马、盒马mini等多种业态，其背后是数据支撑的对消费者需求的精耕细作，通过构建多种业态体系，从满足3千米内消费者的日常需求，到为建设15分钟便民生活圈而努力。图8-12所示为盒马基于多业态的全链路解决方案示意图。

图8-12　盒马基于多业态的全链路解决方案示意图

比如，盒马标准店一般选址在核心商圈的购物中心，模式混合餐饮、超市和外卖，竞争对手是世纪联华等中高端超市；盒马X会员店则面积更大，一般选址在城市外环地区，模式为全家购物场景，满足一家人一周所需，商品包装更大，竞争对手是国际知名的山姆会员店和Costco；盒马mini面积则较小，选址一般在郊区、城镇或县城，和盒马标准店形成补充，对标的是卜蜂莲花等超市；盒马邻里则是"盒区房"服务的延伸，今天下单，明天自提，填补空白，也更靠近周边用户。

利用盒马的数字能力和积聚的品牌、流量，盒马还发展了商场业务，即盒马里。盒马里定位服务社区，提供更丰富的商品和服务，吸引了大量外部商家入驻。与其他商场不同的是，盒马里入驻商家都经过了盒马的数字化改造，实现了整体线上线下一体化，统一了支付系统及物流配送系统，商家的系统都要接入盒马的系统，借力盒马的数字化能力，入驻商家也可以更清晰地看到会员的行为、需求，来更好地数字化运营，提升效能。

8.1.5 基于数据和算法的决策智能化

全价值链业务的在线化和数字化为盒马的智能化奠定基础。事实上，高度数字驱动的盒马价值链已经部分实现了智能决策。

从根据消费数据向用户推送"千人千面"的个性页面，制定针对性的促销方案，到数字驱动下平衡线上线下订单与库存，再到消费需求数字预测，帮助上游的农业种植和养殖进行生产决策，实现真正的订单式农业，盒马已经迈入了智能决策的新阶段。

在线下门店，盒马超市+餐饮的模式，能带来比传统商超更多的人流，更高的坪效，保障消费者的购物体验，其核心支撑就是数字支撑下的智能调度。

盒马同时承担门店和仓储的功能，配送的成本和效率是核心能力，这也是盒马能推行3千米生活区最快30分钟到达的关键。

举例来说，一个订单（包裹）经过智能分拣、店内智能悬挂系统打包装车后，剩下的就是直接送到3千米半径内的用户家里，但在实际配送中，并不是这样简单，其中涉及多个影响配送效率的因素。如配送员熟悉的配送区域、所在的具体位置（门店、路途中、用户家、返程中）、订单的不同批次、品类（常温或冷链）等，都需要做最优智能匹配，才能达到智能效率的最大化。

另外，盒马鲜生店内仓储面积有限，如何订购、存储最大化满足消费需求的商品呢？盒马的做法是先基于全品类做精选，缩减全品类商品数。同时，盒马会根据自己的历史数据和阿里巴巴的大数据做智能的订货和库存分配，达到库存、销售和用户需求满足的最大化。

盒马的新零售实践，走在了零售业数字化、智能化的最前端，这也是盒马一直是零售业"网红"的原因，不管是不假思索的模仿，还是对盒马进行审视取己所需，盒马的一举一动总能引发关注。

当然，这不仅是一个单向影响的过程，盒马出自阿里巴巴，具有传统零售难以比拟的数字化基因，但在实体零售上，盒马也在向传统零售学习。

盒马的打法是以强大的数字化、智能化能力为支撑，以高质高效满足社区半径内消费者日常需求为目标，来重塑一整条价值链，达到成本、效率最优。盒马的新零售实践注定要颠覆传统零售行业。

【小结】

盒马的诞生和发展是新零售全环节落地实践的标杆案例，全网全流程全渠道的数智化让盒马的坪效发挥到极致。后续从智能化到无人化都是盒马探索的方向。盒马在2018年已经试水了盒马无人店，采用全机器人操作的餐厅和超市，并启用自动化设备，据称效率远超人工系统。但受制于成本和机器人技术的成熟度，无人零售目前不是盒马发展的重点，仍然有待相关智能硬件的进一步成熟。

盒马已经构建了多业态协同的生态系统，盒马模式也已经跑通，接下来要做的就是继续"舍命狂奔"，进一步扩张盒马各业态门店，做大规模，随着规模进一步增大，盒马数字驱动的全价值链将发挥最佳边际效应。

8.2 银泰蝶变：一个百货产业样本的崛起之路

1900年1月，在香港皇后大道172号，一位名为马应彪的广州人宣布要开设一家特殊的"门店"，一层是商场，二层是仓库，这家借鉴了悉尼风格的商场被命名为"先施百货"。这是中国20世纪第一家现代百货公司。在随后的一百多年时间里，百货商场成为人们新的购物场所，但互联网向这种古老的模式发起了冲击。在2000年左右，随着电子商务等线上购物模式的兴起，新生代的购物群体越来越倾向于在线上完成购物过程，相较于线下繁杂冗长的消费过程，电商成了越来越多人购物的最佳选择。

和电商的轻量级相比，百货商场的线下成本高，对地理位置和客流的依赖性较强。更为关键的是，相较于电商等新型零售业态的小步迭代，百货商场的模式更类似于大象，尽管实力强劲，但要做到迅速转身却很难。

随着新型业态及综合购物中心的出现，传统百货开始显出疲态。2016年，华堂、百盛等老牌百货在北京关闭部分门店，全国百家重点大型百货零售企业零售额同比下降0.5%。行业的寒潮在2019年来到了顶峰：万达百货易主苏宁，世纪金花被"卖身"，西安曲江系"接盘"，王府井百货2019年前三季度净利润下跌14.33%，茂业百货相继闭店，增收不增利。

在这个行业的至暗时刻，一个外界共同的疑问是：百货行业到底能不能成功转型？这个古老行业的下一步应该怎么走？有没有人走出新的百货商场模式？

对于这些问题，在众多百货商场的尝试中，有不少人都看到了同一个答案：银泰百货（银泰）。

在中国连锁经营协会公布的2018年百货零售业增长榜单中，银泰百货在20强中销售增长第一名，仅杭州武林银泰百货化妆品区，一年销售额达10亿元，21个单柜品牌卖到全国第一。此外，在2020年"双11"期间，银泰百货线上线下齐爆发，其中线上销售增长数据尤其亮眼，如图8-13所示。

图8-13　银泰百货2020年"双11"的增长数据

数智化是银泰百货的增长密码。在过去几年时间里，银泰百货已经与阿里巴巴共同打磨出一整套集线上线下于一体，商品交易全链路数字化的新零售模式，也恰是这种模式为银泰百货提供了逆势增长的原动力。

1998年，银泰百货正式成立。与其他百货公司"进货卖货"的模式不同，银泰最开始采取的是平台模式，这种"不走寻常路"的形态推动了银泰的迅速发展，当年营业额高达4.8亿元。到了2000年，银泰百货销售额已经超过了6亿元。2007年，银泰在香港上市，成为中国内地民营百货中首个港股上市公司。值得注意的是，在香港上市的招股书中，银泰已经将互联网业务加入IPO之后的规划之中，这种规划在2009年被确立为基准方向。在之后的几年时间里，电商之风盛行，伴随着O2O等概念的风靡，诸多百货商场都开始尝试在既有的线下零售的基础上，重新开辟一块新的线上业务，这也带来了百货商场很长一段时间的"线上线下不同价"的问题。

银泰同样是探索者，2013年"双11"购物狂欢节期间，银泰宣布与天猫达成战略合作，线下35家实体门店在"双11"期间为天猫提供相关资源支持。其实，在此之前，银泰已经进行了相关尝试，商场内数万件商品全部实现线上化，与此同时，与天猫在营销、支付体系逐步打通。

在之后的几年时间里，银泰与天猫的合作更是紧锣密鼓地推进。2014年"双11"期间，银泰全国门店首次尝试和天猫全渠道会员体系打通；2015年"双11"期间，银泰实施"银泰天猫价、天猫银泰货"，部分银泰货与天猫实现线上线下同时同款同价。据2015年年报显示，银泰百货年度全国门店总体销售额增长0.5%，总销售额为167.6亿元，同比增长6.0%，零售收入51.5亿元，同比增长12.3%。

与银泰"微弱"增长对应的是，零售业门户网站"联商网"披露的数据显示，2015年，全国179家商场、百货类项目的下跌更加普遍，业绩下滑的95个项目中有87家是百货，占比达92%，而这些百货中跌幅超过10%的有40家。

尽管银泰成功维持了稳步增长的现状，但危机仍然存在。几个一直困扰百货商场企业的难题是如何真正实现"人、货、场"的全面统一，外部表象至少是线上线下一体化，商品价格、服务都保持一致的模式。这是银泰亟待解决的问题，更是彼时一众百货企业的共同难题。

新的银泰模式悄然成型，即以银泰商业基础设施和阿里巴巴商业基础设施为底层，在其上构建"喵街"的新商场操作系统，而在这个数字中台之上，则是一众业务层，其中包括终端的智能POS、软件侧的喵街App、手淘App、天猫旗舰店，以及一众软硬件ISV。银泰百货数智化操作系统如图8-14所示。

图8-14　银泰百货数智化操作系统

在这个系统的驱动下，银泰逐渐实现会员、商品、服务、消费者履约供应链路、仓配、物业、内部工作台、决策系统等的全局数字化。百货的内在运行逻辑正在从"人找货"变为基于多个入口和数据技术的"货找人"。

2017年，一组来自中国百货商业协会与冯氏集团利丰研究中心公布的调研结果显示，在90家中国百货企业中，销售同比增幅超过20%的只有9家，而银泰百货年度同店销售额增幅达37%。

银泰百货的数智升级主要体现在"人、货、场"三个方面。在人的层面，银泰会员系统与淘宝、天猫、支付宝打通，使会员在没有临柜的情况下同样能享受服务。在货的层面，银泰对销售的商品进行数字化管理，建立商品与消费者之间的双向互动关系，使好的货能通过实体商场、喵街App、天猫旗舰店等主动"找"到喜爱它的消费者。在场的层面，银泰百货在商场内部署了14 000多台云POS机，使专柜收银时间缩短到原有的三分之一，并分层分析顾客在场内的动线，优化商场专柜的规划设计，帮助品牌提升效率。

这种新零售数字化改造带来的是效率的绝对提升。2019年，银泰不仅数字化会员破千万名，还创造了25个"全国第一柜"，百万级销售额的单品上千个，千万级销售额单品44个。2019年"双11"期间，武林银泰销售额增长达到30.8%，银泰销售额总体增长24.2%，喵街App交易订单量是2018年的7.5倍。

转型效果在疫情背景下也愈发明显。2021年6月3日，银泰在百货美妆盛典上，晒出过去三年的成绩单：依托新零售，银泰百货美妆品类量质齐升。在过去三年中，银泰百货美妆销售额翻了一番；在疫情严重冲击之下的2020年，仍然逆势增长，诞生了13个"全球第一柜"和18个"全国第一柜"。

关于银泰的新零售模式，银泰商业CTO鄢学鹍曾总结道，在数字升级过程中，银泰发生了三个变化：一是变成服务数字化会员的互联网商场；二是变成基于数据驱动的货找人的商场；三是变成一个有规模化部署新零售能力的商场。

如果说新零售的第一阶段是苦练数字化内功，强化自身，那么第二阶段则是整合抽离数字化能力，向产业外界输出。如今的银泰，正在走上第二个阶段。

8.2.1　数智化，银泰的"CEO工程"

数智转型，理念先行。对于银泰的数智化转型而言，尽管在之前就和天猫营销、支付、会员体系进行了打通，但转型仍然仅在产品层面，并未触及架构和组织层面。换言之，治标不治本。

在银泰CEO陈晓东看来，数智化转型必须"躺下来"。即新零售部门应该像人力资源、财务部门一样，成为各个业务开始的最底层，只有这样，才能完成转型的目标。"必须让前端能够听到炮火的、灵活的作战单元，去召唤后台炮火，这是现代化战争的必然的模式，而不是每个前端的部门拖着两挺小钢炮就出去打仗了"。

之前在银泰内部，"0号店"业务是核心电商部门，其独立于各个部门之外，独自成军，承担着银泰的整个电商指标，这也恰是银泰之前的数字化路径。不仅银泰，在阿里巴巴提出"新零售"模式的2018年前后，根据不完全统计，有200多个品牌商纷纷成立了新零售部门，将自身的电商、线上业务整合到一个部门中来。

不过这种模式并不可取。新零售不是一种"新业务，新单元"，更应该是一件CEO亲自抓的事。只有这样，才能自上而下完成数字化改革。

事实证明，这种观点在数智化进入"深水区"的当下被强有力地认证，即数智化转型。不论是早年的IT运维转型，还是后来的ERP等企业内部改造，还是后来的新零售，如果没有企业一把手的参与，最终转型都收效甚微。因为相较于业务层面的变动，这种企业全局的变动更是一种基于企业定位、内在本质的变动，一定会涉及业务流程、组织架构和人员岗位的变化，需要企业的掌舵人来坚定支持。

2018年前后，银泰最核心的变化是，技术中台部门迅速"躺下来"，并逐渐成为银泰所有业务的底层支撑。

8.2.2　夯实数智化底座，重塑商业元素

阿里巴巴集团CEO张勇曾经说过，阿里巴巴在新零售探索这条路上，盒马是平地起高楼，而银泰是旧城改造。旧城改造的首要任务就是重塑商业元素。客观来看，数字化的本质是对数字元素进行固有的串并联，基于不同的排列组合模式构建出新的上层业务。

银泰的数智化转型首战，也正是基于此。从大的角度来看，银泰对于元素的数字化改造主要集中在三个方面，即会员、商品、交易过程。从本质来看，这三者分别对应的恰是新零售时代的"人、货、场"。

1. 会员数智化

2017年5月，银泰百货的数据系统和阿里巴巴数据库正式打通，同年，银泰会员完成和天猫、淘宝系的会员账号互通，以及与支付宝的支付体系打通。同年，银泰百货推出定价365元的付费会员权益，成了行业内"第一个吃螃蟹的人"，几年过去，"一天一元钱，折上再9折买遍全国银泰"已经成了银泰百货的消费者们最熟悉的事。

从模式来看，除了固有的深度服务之外，银泰百货的"喵街"会员体系更大的特点是线上线下一体化，而这种模式为会员体系带来了多种可能。而行业内传统的会员卡对消费者识别维度简单，缺少电子化沉淀，因此也无法进行数据价值的发掘。通过电子会员的形式，借助阿里巴巴电商生态，可以基于会员线上线下行为进一步培养和区分优质客户、提升企业的盈利能力。此外，通过给予核心用户更大权益的方式，实现健康的、不以补贴为前提的线下流量增长，提升坪效。

比如，INTIME365会员每月可领130元的福利包，以及1元洗车券、1元奶茶券、1元洗衣券等；到店吃饭，全年6折起；商场内洗衣、洗车，全年5折；停车费9折，部分门店前两小时免费；出门不能少的充电宝，也能一天免费租6小时。

再比如，银泰百货在行业内首推的"60天无理由退换货"（服装、鞋靴类商品），以及每月12次"喵街"退货订单的免费上门取件，让INTIME365会员在银泰百货的购物得到了360度的保障。

更深度的价值在于，借助会员体系，银泰百货可以对入驻品牌提供脱敏增值的服务，指导品牌进行更有效率的推广。会员数字化是商家想要增加对客户的了解、实现"以人为本"服务最基本的一步，也是百货深度触达客户、做超前引流的基础。

在2019年9月的云栖大会新零售生态峰会上，银泰百货数字化会员已突破1000万人。同时，银泰百货的会员客单价提升了210%，会员交易占比提升了81%，会员复购率提升了283%。图8-15所示为银泰百货INTIME365会员部分会员权益。

图8-15　银泰百货部分会员权益

2．商品数字化

客观来看，商品数字化是零售百货转型过程中需要迈出的最大一步，非标品经营和非直营的商业模式都会为商品数字化带来巨大挑战。其实，商品数字化是银泰一直在做的事。即一方面是单品的数字化管理，将商品信息的颗粒度细化到SKU，从笼统地知道哪个品牌好卖到知道哪款商品好卖，还可以判断品牌商有没有将最受欢迎的款式拿来出售，有助于商场对销售贡献大的重点商品进行重点运营，实现精细化管理。另一方面从源头入手，银泰将供应商的商品库存系统与百货商场系统对接，将型号、款式、颜色、尺码、标牌价等商品信息进行数字化，方便对商品进销存管理。

从本质来看，商品数字化为百货商家带来的价值是无限的。从百货角度，商品数字化配合直营模式可以帮助百货实现货品优选，配合后端供应体系整合，提升商品质量把控，通盘改善运营效果；从入驻品牌角度，商品数字化可以帮助品牌依托商场资源自动实现库存的同城、同域统一调配，提升客户体验的同时也改善了库存水平；从消费者角度，商品数字化形成的知识图谱可以展现以"场景"而非"种类"为中心的货品销售方式，提升购物体验。

如图8-16所示，银泰数字化商场从消费者进场、选货、付款、提货到出场的全流程设计，其中商品数字化带来巨大价值。

图8-16　银泰数字化商场示意图

3. 交易过程的数智化

一方面，银泰百货联手阿里云，在云端建立数字化的百货大楼，将分布在全国各地的60多家门店都搬上了云端，让用户即使身处4000千米以外，也能轻松买到杭州西湖边的货品。另一方面，通过云POS技术打破百货商场线下收银的局限，真正克服了传统空间要素的限制。

银泰在全国门店里布了14 000多台云POS，平均每单收银时间仅需要58秒，杜绝了高峰时的排队现象。对于线上下订单的顾客，5千米和10千米以内，银泰都能够做到两小时送达。这相当于银泰将商场转移至线上，努力让消费者可以实现"云逛街"。

基于会员体系的打磨是对于"人"要素的数字化定位，基于商品的数字化是对于"货"的数字化对标，基于线上商场和云付款模式则重新定义了"场"。可以说，在这个阶段，银泰百货已经做到了数字元素的全面重构。

8.2.3 从数智化的"点"到新零售的"面"

如果说"人、货、场"是数字化点层面的颗粒元素，那么在这些点元素的基础被夯实之后，数字化的"线"和"面"被迅速铺开，从具体形态来看，则是银泰提供的百货商场的数智化全链条模式。

首先是基于商品元素和会员元素的消费一体化。在过去，顾客只有实地走进一家商场，才能获得品牌与商品信息，这个过程不仅带来极大的信息不对称，还延长了消费者的决策时间。银泰百货的做法是，在消费决策前期，消费者可以通过喵街App，提前获取商场品牌信息，甚至可以提前查阅对应优惠活动和商场车位。

打造"银泰式购物"体验，专柜货躺着买。用陈晓东的话来说，他所希望打造的"银泰式购物"模式就是"货好品全高效买"，线下体验线上发货，临时需要定时配送，匠心服务安心购物。

具体模式是在银泰购物，消费者不需要"拎大包小包"，只需将心仪的货品通过喵街App加入购物车，在挑选完成后直接下单，即可发货包邮到家。同时，银泰百货还推出了最快能实现两小时送达的定时达服务，可以让用户足不出户，躺着就能买到专柜货。

与此同时，这些数据被进一步沉淀到银泰的商业操作系统内，成为分析会员用户喜好，商品售卖的关键要素。不仅如此，在此过程中，顾客产生的商场消费轨迹、动线、热力图都被转化为经营者经营决策的参考，进而构建出一个正向可循环的百货商业模式，最终构建出人与货的精准匹配。

新零售后，银泰从过去"人找货"的"物以类聚"，变成"货找人"的"人以群分"。其实，早在2017年6月，银泰百货就已经可以根据数据对消费者进行分层管理，通过给予不同品牌经营上的指导进而给不同的消费群体推荐相应的商品，做到人、货之间的个性化匹配。

在对消费者的交易过程数字化之外，其他链条的服务也跟着持续推进。2019年8月8日，在固有的会员权益之外，银泰又添加了一项新的权益：24小时发货。

24小时发货，对于电商企业而言，这并不是一件太难的事情。因为电商企业一般都有自己的仓储物流系统，通过一个个靠近消费者前置仓的模式来迅速完成商品的配送。但对百货企业而言，这并不是一件容易的事。在此过程中，银泰百货做了三个突破性尝试。

（1）在货品端，银泰百货打破了百货行业"不碰货"的传统，实现银泰专柜货、线上线下一盘货，保证有货可发。

（2）在仓配方面，银泰对商场中传统的存货空间进行改建，参考菜鸟仓配模板，建立了百货业首个门店仓；同时，银泰也建立了百货商场的首个数字化库存管理体系。

（3）在物流端，由顺丰在商场中驻点，同时门店仓中有银泰配备专人统一发货，提升发货效率。

三管齐下，分别对应着仓储环节中的货物端、仓储端、配送端，这三点从某种程度上更代表了银泰在帮助百货商家和品牌完成体系化的数字化改造。比如，银泰百货会根据品牌针对特定区域的消费习惯进行针对性配货，通过前置仓的模式提前进行配置，缩短配送时间；再比如，银泰通过把传统手写面单改为电子面单，从而缩短整个配送流程，完成收银、会员、交易、专柜、商品、服务、仓储、配送的一体化，中间不需要人员干预，降低成本，进而提高单店坪效。银泰百货的仓储配货、送货匹配客户需求如图8-17所示。

图8-17　银泰百货的仓储配货、送货匹配客户需求

在交易环节数字化之外，场的延展也在持续推进。纵向上，在阿里巴巴全商业生态的助力下，银泰在百货"场"内为消费者提供愈加多样化的需求满足，比如，超市、餐饮、物流、配送、影业、娱乐

等在内的多样一体化服务，让消费者/会员充分享受到OneID带来的便捷。横向上，银泰百货在线下不断增加非坪效区顾客的体验，开发了扫脸支付、天猫智慧母婴室、智能洗手间、天猫试装魔镜等黑科技设备。根据用户分布，进一步调整室内动线，通过与菜鸟、饿了么数据打通，引导10千米范围内的用户到店消费。

银泰百货也实现了喵街App用户基于地理位置的商品折扣和优惠信息推荐，不但将银泰百货的用户覆盖范围由于原来的1～3千米扩大到周边5～10千米，更实现了线上到线下的拉新引流，进一步增加线下坪效。

不难看出，这一阶段，银泰在阿里巴巴的帮助下，真正完成了线上线下一体化的模式，其中涵盖面向消费者的交易过程、仓储一体化，面向品牌方的数据指导和智能货物管理及面向场的重新"定义"。一条线上线下一体化的"消费—履约—供应"链路正在银泰百货内部架构起来。

这种新零售的链路带给银泰巨大增量。疫情严重的2020年，在百货业艰难前行的情况下，银泰百货业绩不降反增，截止到2020年10月，创造了超41个销售额破千万元的单品，数字化会员人数翻了一番，达到2000万人。2020年天猫"618"当天，银泰百货销售额同比增长了85.8%，远超去年同期。在"618"当天，"喵街"订单是去年同期的5倍，其中，杭州武林银泰、杭州中大银泰城、合肥滨湖银泰、芜湖银泰城、海宁银泰城等多家门店的销售额同比增长超过了300%。

在这个成绩背后，银泰的另一个布局也更为值得一提：直播。截至2020年3月，中国直播平台用户规模达5.6亿人，即40%的中国人、62%的网民是直播用户。其中，直播电商用户占总直播用户近一半，达到2.65亿人。抓不住这里的流量，用户就会被其他快速兴起的商场、品牌直播抢走。图8-18所示为传统百货和百货直播的差异性。

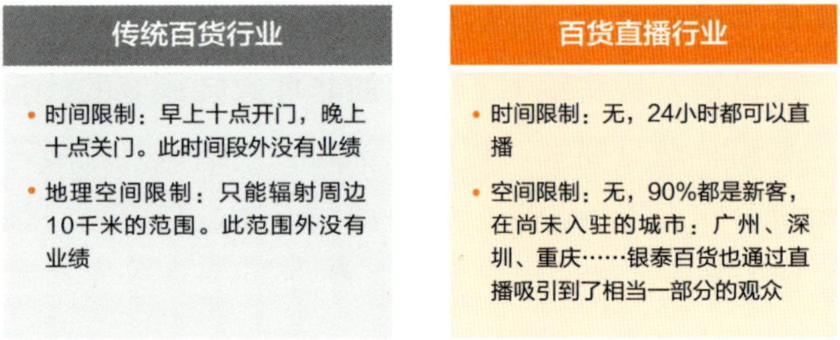

传统百货行业	百货直播行业
• 时间限制：早上十点开门，晚上十点关门。此时间段外没有业绩 • 地理空间限制：只能辐射周边10千米的范围。此范围外没有业绩	• 时间限制：无，24小时都可以直播 • 空间限制：无，90%都是新客，在尚未入驻的城市：广州、深圳、重庆……银泰百货也通过直播吸引到了相当一部分的观众

图8-18　传统百货和百货直播的差异性

早在2019年，银泰百货就启动了直播项目，2020年与淘宝直播团队达成了共识，把淘宝直播作为一个重点战略推进。疫情期间，银泰百货联合淘宝直播，邀请导购线上开播，截至2020年6月底，有超过5000名导购参与其中，日均开播超200场，目前有超过6000名导购成为淘宝主播。

从时间线来看，银泰百货也是最早把直播作为公司重要战略的百货公司，在直播带货大潮兴起的当下，它享受到的是提前布局的红利。截至2021年底，银泰喵街会员人数超过2500万人。

值得一提的是，在银泰喵街消费最多的20个城市中，上海、广州、重庆等近一半城市没有开设门店。与此同时，银泰14家云店过去一年销售额同比增长273%，大量消费者来自下沉市场。

8.2.4　从新零售的"面"到百货产业的"体"

线面结合之中，银泰百货正在成为越来越多品牌的首选之地。即在百货下行，购物中心上行的今天，品牌仍然愿意选择一个有真正实力的"百货"，而非购物中心。

随着银泰线上线下一体化模式的跑通，以及"银泰式购物模式"的备受青睐，越来越多的品牌开始呈现回流的态势。在最近一年银泰百货的柜台上，前有"海蓝之谜"大放光彩，2019年，"海蓝之谜"

在武林银泰的销售排名全国第一，而且两年来，这个专柜一直保持双位数增长，2020年，不仅超越了北京SKP的专柜，还跑赢国际市场成为"全球第一柜"；后有"茵芙莎"，2019年年底，"茵芙莎"开始在武林银泰爆发，2020年，"茵芙莎"武林银泰专柜在"喵街"的销售额占比达到了45%，线上线下销售占比接近1∶1，正式超越北京汉光百货，跑赢国际市场成为"全球第一柜"，也成为全国"茵芙莎"专柜中面积最小、坪效最高的店。

除此之外，还有"HR赫莲娜""植村秀"等国际大牌的"第一柜"都出现在银泰百货的门店。资料显示，2020年，银泰百货共诞生了13个"全球第一柜"、18个"全国第一柜"。

在传统品牌之外，银泰百货更成为新品牌的争抢之地。如调色师，截至2021年上半年，已经有近50个国产化妆品品牌在银泰百货开设专柜，销售额同比增长58%。此外，还有另一个化妆品牌"毛戈平"，于2005年首次进驻银泰百货，在杭州武林银泰开出第一年便成了千万级柜台。如今，专柜的平均复购率在50%以上。

除了他们，近年来还有"CommeMoi""完美日记""UOOYAA（乌丫）"内外"卡拉美拉""妖精的口袋""裂帛""MORRELLMAXIE""锦鲤拿趣""泡泡玛特"等国产新兴品牌扎堆入驻银泰百货。

基于线上线下一盘货的独特"人、货、场"模式，作为百货企业的银泰已经具备复制爆款和扶持品牌的能力。而从更广的视角来看，这种基于商场层面的"面"正在成为百货产业的"体"，即银泰的新零售模式正在成为百货产业的新范本。银泰的梦想是成为一家以数据技术为驱动的消费解决方案提供商。

从当下来审视银泰，这个百货企业已然不仅仅是百货产业的标杆和范例，它更是一个B2B的百货产业解决方案提供商。在它的解决方案里，不仅包括一个涵盖仓储物流、营销获客、培训经营、线上线下一体化等环节的面向百货企业的新商场操作系统，更拥有直播等一系列与时代接轨的深厚的产业内功。

在古老与新知的结合中，银泰百货探索出的是一个全新的能够支撑百货产业未来持续发展的新型业态。实际上，这种模式已经取得了一定成果，"新商场操作系统"已在西安开元、厦门国贸美岁两大百货上线，并建立了资本合作关系。目前，一个商业百货集团复制银泰新零售模式的时间大约为3个月。陈晓东表示，接下来只要1个月。

【小结】

在研究银泰转型的过程中，我们见证了无数个"第一次"。如今在银泰，技术团队是最重要的部门之一。2019年年初，银泰成为第一家尝试前置仓的百货公司，并迅速给前置仓建立起适配百货企业的仓储配送模式。2019年10月12日，随着最后一台服务器的光荣"退休"，银泰百货实现了100%云化，成为全球首家完全架构在云上的百货公司……

在近20年的数智化转型过程中，银泰成功完成了从一个传统百货企业到一个现代数智化百货公司的转变，在自我革命中实现新生。银泰的成功在某种程度上也代表着百货产业正在跨过低谷，重新站上和购物中心同台竞技的国民经济新舞台。

第9章
服装服饰：数智化洞察的供需平衡

当我们装扮自己时，我们在装扮什么？

生物学中有个著名的理论——高成本信号理论（Costly Signals Theory），该理论认为动物（包括人类）会选择用高成本的行为来传递某些重要信息，而这些信息往往是高价值的。比如，雄孔雀会生长出华丽而无用的长尾巴用来吸引心仪的配偶，中国社会自古以来都有"服章之美谓之华，礼仪之大谓之夏""垂衣裳而治天下"等理念，通过服装饰物来展现一个人的审美、修养与魅力。生物本能进化而来的消费行为也让服装服饰行业始终有着巨大的商业机会。

时移事易，社会文化的演变也让消费者借助服饰所传达的"信号"不断地发生着变化。比如，随着中国国力与民族自豪感的提升，数亿名消费者渴望借助服装表达对传统文化的热爱，国潮热因此崛起；Z世代消费群体中，很多女性穿衣打扮的目的不再是"为悦己者容"，而是"悦己"，舒适度更高的服饰单品快速增长；全球环境保护意识的崛起，让人们对"快时尚"、不环保染料等对自然资源的破坏愈加重视，这些直接影响到对材质、设计、品牌的选择；随着社会对多元化包容性的提升，更多群体敢于展示个性，带动小众设计品牌服饰开始走红……

在很长一段时间内，许多中国服装服饰企业都因为没能及时把握到重要的"信号"变化，及时调整设计思路与经营模式，导致产品缺乏创新，同质化严重，陷入产能过剩、库存积压、客群流失的危机。

能否捕捉千人千面、日新月异的消费者"信号"，设计出具备"高成本信号"的产品，赢取高价值增长，成为服装服饰企业在数智时代的必修功课。

在这趟旅行中，我们将抵达历久弥新的服装服饰行业，看到特步、波司登、斯凯奇等企业如何通过基础设施云化，应对大数据时代喷涌的数字"信号"浪潮；借助业务在线，提升组织"信号"的穿透效率；利用全域数智化触点，全面捕捉"人、货、场"的变化"信号"；全渠道数据化运营，让品牌、产品和服务能够精准触达客群；智能技术的落地应用，实现全链路的高效决策。

借助服饰传达重要的"信号"，是人类最根本的消费动机之一。服装服饰行业的数智化探索，对于"以人为中心"的新零售来说，具有重要的参考价值。

9.1 特步：破局与腾飞，特步的数智化转型实践

当下，以"90后""95后"为代表的"Z世代"人群已经成为消费市场的主力人群。这群拥有强烈民族、文化自信的年轻人不再追捧国外名牌，而是认可国货，"国潮"，也在近两年成为消费市场中热度最高的话题。

"国潮"的流行，带火了一批以服饰、运动时尚系列为代表的国货品牌，回归到商业层面，很多鞋服品牌的发展却并不如想象中那么

一帆风顺。一些过去红极一时的鞋服品牌，在近两年逐步淡出人们视线，有的甚至连官网都没有留下。

在消费市场快速变化的今天，消费者需求越发显得难以捉摸。尤其在服装时尚领域，潮流的更迭越来越快。要想适应如今的市场节奏，抓住国潮崛起的时代机遇，利用数智化手段实现企业内外部的协同和产业链效率升级，早已成为鞋服品牌的共识。

特步这个从中国最大的鞋服产业集群晋江走出来的鞋服品牌，在经历了创业初期的高速增长之后，也曾一度陷入传统服装模式的发展困局。但特步凭借坚定的数智化转型战略，如今已成为晋江系鞋服的代表品牌之一。

正如特步集团信息管理系统高级总监林俊所说，数智化体系的建设已经成为特步驱动产业协同，引领"国潮"的核心。

9.1.1 数智化转型助推特步破局

20世纪90年代，归国的南洋华侨给晋江带来了发展鞋服产业的信息与资本，晋江开始出现了家庭作坊式的鞋服加工厂，并逐步演变成为中国最大的鞋服产业集群。1987年，17岁的丁水波在晋江创立三兴公司，主要生产和销售旅游鞋。短短6年时间，三兴就成了中国外贸销量最大的鞋业公司，产品远销美国、智利、西班牙等40多个国家和地区。和晋江系其他鞋服企业类似，早年间，三兴公司也是依靠外贸代工业务快速发展壮大。2000年后，丁水波敏锐地觉察到外贸代工这条路开始下行。与海外市场相比，当时的国内市场需求正逐步升温。2001年，丁水波果断创立特步品牌，并以"时尚+运动"的差异化营销策略迅速占领市场，在竞争激烈的体育用品市场中崭露头角。2007年，特步年度营业收入超过13亿元。2008年，特步在香港联交所挂牌上市。

随着市场竞争的逐步加剧，虽然特步的业绩依旧保持着较高的增长水平，但传统鞋服产销模式的弊端却悄然显现。2013年，特步营业收入出现下滑，从2012年的55.5亿元骤跌至43.4亿元，还曾陆续关闭了上千家线下门店。当然，出现这种困局的并不只有特步，事实上，当时包括运动鞋服在内的整个服装行业都爆发了关店潮，其背后的原因正与中国传统的鞋服产销模式密切相关。

在过去很长一段时间，中国的鞋服品牌都是以经销商为主、直营为辅。品牌商在产品生产出来之后，会根据生产前与经销商签订的订货量，直接把产品发给总代理，由总代理向下分销。这种产销模式对于品牌商来说投入少、资金回笼快、经营风险低，产品可以快速占领市场，实现扩张。20世纪90年代的中国，刚刚由计划经济转为市场经济，国内市场完全是一个"广告一响，黄金万两"的增量市场。在那个年代，企业需要依靠经销商快速"跑马圈地"。这种经销商模式的最大问题在于，品牌商与消费者之间是被隔离的。品牌商并不能真正在第一时间把新品送到消费者手中，也无法真正了解消费者对产品的真实反馈，更无从知道市场变化和消费者需求。

与此同时，随着国内经济的发展，人们的消费水平不断提高，消费者的需求日益细分、多变，进一步导致产品和消费者需求之间的脱节。2008年以后，国内鞋服产业的扩张速度高于市场需求导致供给过剩，随后几年逐步演变为整个产业库存危机的爆发。

其实，面对传统模式的弊端，加上来自国际快时尚品牌的压力，在鞋服产业摸爬滚打20余年的丁水波早已察觉到了危机，并且希望通过技术手段来帮助特步渡过难关。实际上，特步早在2011年就开始进行信息系统建设，是鞋服行业中最早与SAP合作的公司。建设ERP系统，是特步信息化建设的第一个阶段。

虽然特步很早就开始了信息化建设，但当时的信息系统基本都是根据业务部门需求进行建设的，各个系统之间都相对孤立，并且线上线下的系统也无法打通，"系统烟囱""数据孤岛"问题随着系统建设的增多而越发严重。为了打破信息化建设的桎梏，2015年，特步决定进行数智化转型，从粗放式批发模式向以消费者为核心的零售模式转变。事实上，信息化与数智化的最大区别，就是企业由以业务模式为核心，转变成以消费者为核心，这正是特步从信息化迈向数智化的重要一步。为此，丁水波提出了"3+"战略，即让产品升级换代的"产品+"、将产品和服务融为一体的"体育+"，以及线上线下数智化赋能的"互联网+"。

2017年，特步与阿里巴巴合作打造的业务中台"全渠道零售平台"正式上线，成为体育用品行业第一个真正建立业务中台的企业。全渠道零售平台的上线，也标志着特步三年战略转型圆满收官，完成了从批发模式向零售模式的转变。伴随着模式的转变，特步开始从流量和会员的视角来审视自己的零售生意。恰在此时，阿里巴巴提出了新零售概念，特步随即启动了新零售项目，并与阿里巴巴合作，引入了智能导购、智慧门店、云店、钉钉等新零售工具和方案，实现了"六个在线"，即组织在线、店员在线、服务在线、支付在线、店铺在线、商品在线。

2018年对特步来说是值得自豪的一年。当年，特步实现营收63.83亿元，显著超越了2012年的历史最高水平，而且全年净利润增长高达61%。2019年，特步再接再厉，全年营收增长28%，达到81.83亿元，净利润7.28亿元，同比增长11%，稳居国内体育用品行业前三位。同时，在主品牌持续走强的大好形势下，特步再次踏上新的征程，在2019年开启了多品牌、国际化的新发展战略，陆续收购了帕拉丁、盖世威、索康尼、迈乐4个国际品牌，致力于成为全球运动时尚第一品牌。

截至2021年6月30日，特步上半年营业收入增加12.4%至41.35亿元，集团毛利率增加1.3个百分点至41.8%，净溢利飙升72%至4.27亿元。其中，盖世威、帕拉丁两大品牌2021上半年收入为4.62亿元，占集团收入的11.2%；索康尼和迈乐占营收的比重也从2019年的0.1%提升到了2021上半年的1.8%。图9-1为特步2016—2020年的业绩走势示意图。

图9-1　特步2016—2020年业绩走势图

无论是特步主品牌的复苏，还是新品牌的崛起，数智化转型在其中都起到了不可替代的巨大作用。那么，特步的数智化转型到底是如何一步步展开的？它给特步的零售运营和组织能力带来了哪些深刻的影响？未来，特步的数智化转型还将如何深入？

9.1.2　重构竞争力，拆解特步转型实践方法论

1. 公有云支撑数智化系统安全稳定运行

数智化转型，首先需要选择IT基础设施建设方式。特步在建设全渠道零售平台时，采用的是阿里巴巴的中台系统。后者是基于分布式部署的云架构来规划的，可以保证系统的稳定性和快速运算。

对于如今的零售品牌来说，上云已经成了建设全渠道零售平台的

自然选择。但在2017年特步刚开始与阿里巴巴合作时，并没有直接把中台放在阿里巴巴公有云上，而是采用私有云的模式，把中台部署在特步自己的IDC上。根据时任特步信息总监唐坤军回忆，当时采用私有云模式部署中台，主要是担心数据泄露问题。"但后来发现我们多虑了，因为阿里巴巴公有云提供的安全技术其实更多更完善。"唐坤军坦言。

与私有云相比，公有云的优势在于，阿里巴巴不断迭代升级公有云上的中台中间件技术，并且在IT运维方面也不需要企业进行额外投入。如果把中间件都部署在私有云上，就无法享受与阿里巴巴同步升级所带来的最新技术成果，并且在运维层面由于云架构运维对IT人员要求较高，所以一旦中台系统出现问题，还得求助于阿里巴巴的技术力量。

2019年，特步开始把原本部署在本地IDC的整个中台系统（包括所有中间件、应用服务器、数据库等）都陆续迁移到了阿里巴巴公有云。如今绝大部分业务都已经上云，公司的会员、订单、库存、物流、结算系统等原本孤立的63个业务壁垒早已打通，供前端业务调用。图9-2为特步的整体云架构。

"未来，我们的中台系统在功能层面会越来越强大，越来越稳定；同时，在运维层面也会越来越放心，不用担心在最重要的营销时段，像'双11''618'、国庆假期等，系统出现问题。"唐坤军说。

2. 销售全链路管控与智慧门店运营

除了基础设施云化之外，数智化转型的另一个重要环节就是数据沉淀。因此，企业各业务运营，以及消费者触点都需要实现在线化、数智化。鞋服产业传统的产销模式，让品牌商与消费者被经销商隔开，但要想改变这一现状，也并非仅有直营这一种选择。事实上，经销商在鞋服产业链发展中至关重要，如何通过技术手段来实现对经销商的管理与所需的数据采集，是鞋服品牌数智化转型的关键。

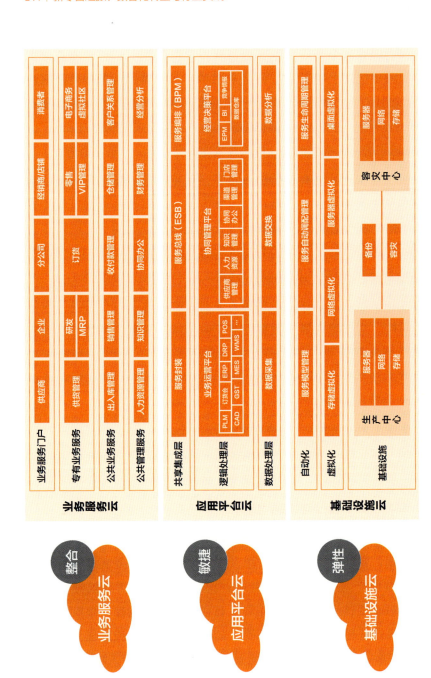

图9-2　特步整体云架构图

其实，早期特步要从批发模式转型为零售模式，并非要推翻多年建立起来的代理经销商模式，而是通过引入数智化系统，实现对经销商、终端门店的统一管控。在这样的思路下，特步给所有门店建立了统一的POS系统，里面集成了会员、收银、库存等功能模块，并且由于特步的基础设施搭建在阿里巴巴公有云上，这些POS订单、ERP、库存等系统都与钉钉实现了打通，让全球各区域门店的经营情况等都能在钉钉呈现。

在这套系统的支撑下，特步就可以掌握各门店的运营数据和报表体系，所有门店都实现了数据层面的透明管理。这样一来，特步不仅清楚了门店运营情况，还能够清楚地了解产品的具体销售情况。"我们不只要看今天卖了多少钱，还要看这些钱是怎么卖出来的，什么产品卖出来的，是新品还是旧品，是鞋子、服装还是配件，是高价卖的还是低价卖的，是老店卖的还是新店卖的，哪些产品卖得快，哪些卖得慢。"时任特步线下零售管理、现任特步海外事业部总经理李波说。

与门店数智化运营密切相关的就是消费者触达与运营。2017年，特步零售转型圆满完成之后，就开始了新零售探索。特步创立了新零售运营中心，特步的新零售从一开始就聚焦在会员运营上。尽管特步拥有各种各样的用户触点，但在沉淀会员及后续的会员互动上，在过去很长一段时间都没有很好的办法。尤其是在门店这一块，因为这里是特步最主要的用户触点。

特步引入了阿里巴巴的"智能导购"新零售方案，不仅实现了消费者触点的数智化，让会员画像更为精准、清晰，而且让门店的服务、会员运营、营销、售后等做到了在线化。

这个方案主要包括两个部分：一部分是导购二维码，另一部分是基于钉钉的导购客户端。当顾客进入门店后，店员在接待顾客的过程中，可以适时地拿起挂在胸前的导购二维码，邀请顾客用手淘扫码加入会员。顾客扫了码，就成了特步的会员，同时拥有了自己的专属导购，也就是说，这个店员与这位会员建立了一对一的专属关系。

在店员与会员建立专属关系之后，店员可以在钉钉上管理和运营自己的会员。他可以给会员打标签、做备注，如年龄、生日、工作、鞋码、颜色偏好、穿衣风格、生活习惯、身材、宠物等；也可以给会员推送内容，如促销活动、优惠券、生日祝福、节日礼品、服务提醒等。会员在自己的手淘上会接收到这些信息。如果会员需要售后、咨询等服务，只需在手淘上搜索附近的特步店，然后直接点击"我的专属导购"，就可以跟导购在线沟通。

除了通过导购二维码、钉钉等数智化手段与会员建立互动关系外，特步还和阿里巴巴一起对自己的门店进行了智慧化改造，实现了店员、服务、支付、店铺和商品在线，并在一些核心大店布设了智能硬件设备，如人脸识别、客流计数、互动大屏、3D试衣、云货架、云POS等。目前，特步6800多家门店中，已有超过4000多家门店完成了智慧化改造。据悉，在跟阿里巴巴合作新零售的所有品牌商中，特步的新零售智慧门店数量是最多的。

3. 业务中台打破系统孤岛加持线上渠道

特步在向零售模式转型时，一方面要抓住终端，掌握门店的运营情况，另一方面要将线上零售与线下门店进行融合，实现全渠道零售。前文提到，特步原有的信息系统基于业务需求建立，每个系统独立对应一个业务，系统之间相互不连通。各自垂直独立的系统无法满足特步全渠道要求，线上线下订单、商品、库存、物流、会员等都无法打通。

这些系统就像一个个老旧厂房的烟囱一样，业务需要依赖其运行，但又无法让业务实现更敏捷的优化。"我们之前一共有80多个系统，这些系统跟业务一个扣一个，都是扣死的。而且，它们就像老破拖拉机，已经跑不动了。"唐坤军说。图9-3所示为传统IT建设的系统蓝图。

图9-3 传统IT建设的系统蓝图

除了"系统烟囱"和"数据孤岛"问题之外，传统IT系统的另一个问题是数据时效性。通常，以往的IT系统数据都由人手工录入，所以大家看到的都是一两天以前的数据。这种数据时效性根本无法支撑因市场需求快速变化而做出的强时效性业务分析。当时，为了解决这些问题，唐坤军和团队把国内外那些知名的软件商都"捋"了一遍，但是它们的IT架构大都是基于批发模式来开发设计的，无法很好地响应未来的零售业务需求。

特步把目光聚焦在了中国零售业巨头阿里巴巴身上。彼时，阿里巴巴也在推广自己的业务中台与数据中台。唐坤军带领团队去阿里巴巴总部参观交流，交流之后，唐坤军迅速决定特步要"上中台"。唐坤军的逻辑很简单，在他看来，能够支撑阿里巴巴巨量异构业务的中台技术，支撑特步肯定没问题。他把这个想法告诉了时任特步集团副总裁兼电商总经理的肖利华博士，后者很支持他，并亲自全程参与了整个中台的建设和交付。

就这样，特步将自己具有相同属性、稳定不变的业务流程分离出来，然后基于阿里巴巴的中台中间件技术，建立商品、渠道、库存、会员、支付等中心，形成公共资源，供不同的业务前端调用。这部分业务流程大约占整个业务流程的70%～80%，而剩下的部分则是各系统独有的功能，只需以SaaS应用软件的形式开发即可。这些应用软件形成一个个"小前台"，从中台的共享服务中心调取所需的资源和服务。

在这样的架构下，2017年，特步的业务中台"全渠道零售平台"上线。"整个中台开发、上线、推广，前后一年多时间，这在行业内是绝无仅有的。"唐坤军说，"而且，我们当时采用了休克疗法，把原来的系统彻底推翻了，一点都不给自己留退路。"图9-4所示为特步全渠道零售平台的整体架构。

业务中台上线后，在收到来自天猫、淘宝、官方商城、官方App等不同线上零售端口的订单后，系统会根据"先就全，再就近"的智能算法，将订单自动分配给最近的店仓一体化门店，并自动通知物流公司进行配送。在中台上线当年的"双11"期间，特步20多万笔线上订单几乎都是通过这种方式实现自动派送的，不仅发货效率大大提升，物流费用也大幅减少，还显著降低了库存水平。目前，特步的6800多家门店都已全部接入全渠道零售平台。

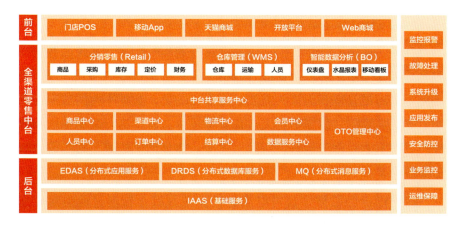

图9-4　特步全渠道零售平台整体架构图

正是得益于中台的支撑，特步线上渠道近两年表现亮眼，电商业务比例也逐年攀升，约占2020年集团收入整体比重的25%。整个2020年，特步在各类线上平台与135名网络红人共同完成了151场直播。这些举措有力地促成了线上销售额的亮丽增长。2020年"双11"期间，在天猫特步旗舰店销售额同步增长40%的带动下，特步的线上销售额同比增长约50%，超过5.2亿元。

4. 基于门店数据赋能终端销售实现业绩提升

通过中台实现业务在线化之后，系统的数据时效性得到了大幅提升，而与数据时效性密切相关的，无疑是企业内部基于数据的运营管理。实际上，特步在数据应用方面做得非常早，2008年就引入了SAP的BO（业务对象）系统，并在2012年部署了当时堪称一流的基础数据平台。

与传统IT系统积累的一个个只能独立应用的数据池不同，这个基础数据平台把特步的数据做到了分类整合，既可以独立应用，又可以整合应用。通过这个平台，特步可以查询所有数据，并对数据进行整合分析。

但是，早期的特步数据平台并没有打通当时60多个系统的数据，它只是从各个系统抽取数据进行分析，分析结果以报表形式呈现，主要是为了满足管理和决策的需要。更重要的是，数据平台的数据与业务系统是隔离的，数据平台无法在业务运营过程中进行数据抽取和分析，更谈不上对业务运营进行数据赋能。这显然无法满足特步的数智化转型需求。

阿里巴巴的数据中台可以满足特步在数智化转型过程中对数据的诉求。阿里巴巴数据中台是业务运营过程中的一套数据管理机制。业务系统产生的数据都存储在数据中台，形成一个统一的数据源，业务系统也从这个数据源调用数据，数据中台则制定权限和访问机制，对数据的存储、调用、分配进行统一管理和控制。所以，特步在开发业务中台"全渠道零售平台"时，在阿里巴巴提供的中间件基础上，同步建设了自己的数据中台。业务平台产生的所有数据沉淀到数据平台，业务中台上的前端应用可以随时调用数据平台上的数据资源，从而形成了业务中台和数据中台的双中台闭环。

如今，特步所有门店的运营数据基本可以做到实时更新，与此前一两天的数据时效性相比大大提高。实时数据的价值在平时可能并不明显，但在国庆节、"双11"等重要的营销节点价值巨大。因为品牌商需要关注大促活动是否有效，销售目标是否达成，如果没有实时数据，就无法做出指导，而现在都是实时看到数据，随时调整运营策略。

例如门店巡店，以前服装品牌巡店，可能不知道门店老板是谁，商品卖得怎么样。现在，通过手机看板，可以实时监测门店的运营数据，如流水分析、商品分析、销售情况等。特步巡店神器应用如图9-5所示。

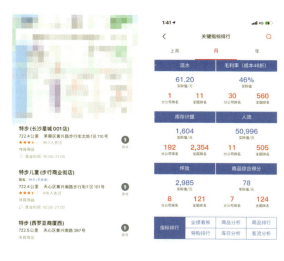

图9-5 特步巡店神器应用

有了门店运营数据，可以指导分公司及时进行货品调拨或促销。现在，特步可以跟踪每款货品的销售速率，看在单位时间内，一款货品卖出了多少。如果发现某款货品的销售速率高了，就赶紧提醒分公司补货，甚至通知后台快速返单；如果销售速率低了，就建议区域之间或门店之间进行调拨，或者进行打折促销。调拨、促销的建议或指令会从总部发出，下达给相应的分公司。

举例来说，有几款鞋出现滞销的迹象，总部的商品部门就会制定一个促销方案；然后，零售部门会针对这几款鞋，确定在门店的陈列方式及POP设计方案；同时，培训部门会设计促销话术，并通过手机端导购App，对店员进行在线培训。等所有方案和物料都到位了，就分发给各个分公司开始执行。在执行过程中，门店还需要对促销情况进行拍照回传。这套流程这已形成了一套非常完整、成熟的链路。

这里值得一提的是特步的导购平台。为了实现零售模式，特步要深入终端，除了掌握门店运营情况，还想帮助所有店员提升他们的工作体验、业务能力和执行效率。特步的6800多家门店分属几十个分公司。以前，每次总部有什么政策、活动或指令，都是从总部到分公司到区长（负责所在片区的所有门店）再到门店逐级传递。在逐级传递过程中，难免会产生信息误差，导致信息根本到不了店员那里。很多总部下达的指令最后变成没人指挥，更没人执行，结果不了了之。

李波分析了一组数据：一个普通店员进店3个月后，在一般情况下，每单交易的货品数量能有1.3件，6个月后大概是1.8件，1年后能到2.2件。而店员通常留存时间在8个月左右，如果能够让他留存到1年以上，同时加快店员的成长速度，就会让门店生意有很快地提升。店员的频繁流动会影响门店日常运营和顾客体验。某位店长反馈说，如果店里的同事流动少，彼此就很默契，不会出现什么差错；如果总有新人进来，在重新培养过程中，就会出现很多状况，比如找错鞋、找错服装、货品解释不当、跟顾客产生分歧等。这样的意外会对生意造成不小的影响。

因此，特步希望把2万多名店员聚在一起，可以快速沟通，以解决上传下达、店员培训、店员留存、市场反馈等问题。于是，特步引入的导购App，通过手机端使公司与所有店员连接起来，同时也为所有店员构建了一个属于大家的社群。手机端几乎覆盖了门店运营的所有相关环节和问题，如培训、会员激活、销售技巧、问题、大节、陈列道具、形象、促销、退残，等等。此外，还有店员的互动消息，如"我们的小咖秀""我们一起来跳操"等。

时任特步品牌事业群CEO李冠仪对手机端导购平台非常认可："通过这个平台，跟门店运营和店员有关的所有资源，都直接落到了门店。这个系统已经运营4年多，对线下门店的赋能是非常有效的。"如今，特步的手机端导购平台还在钉钉上开设了一个入口，因为钉钉已经成为特步所有员工统一的办公平台。大家在钉钉上建了各种各样的工作群，可以随时在线沟通和协同。公司的OA系统也接到了钉钉上，工作审批、考勤打卡、请假、知识管理、远程会议等事务都可以在线处理。

特步还把特步大学的在线学习平台"特智汇"集成到了钉钉上。员工在手机端或PC端，打开钉钉上的学习平台，或者用钉钉扫描课程二维码就能学习各种课程，比如"如何制定有效的项目计划""如何应对员工的抱怨""团队的法则""新经理管理误区"等。如今，特步在钉钉上通过钉钉低代码平台，仅用两个月时间就完成了数智化知识、经营计划、审计管理、人事管理、流程审批等100多个应用的搭建，并通过集成各类软件及内外部信息系统，搭建出统一的移动办公平台，公司整体经营效率提升了20%，纸张、人力等各项成本支出缩减了10%。

5. 基于数据的企业决策优化及精准销售预测

一直以来，绝大多数企业在做管理决策和业务决策时，虽然有一定的市场和内部运营数据作为依据，但更多时候决策依靠的是人为的洞察和经验。这样的决策在合理性和有效性上往往会大打折扣，甚至产生失误，从而影响企业的经营效率和发展进程。所以，能否借助技术手段减少决策失误、提高决策成效，是所有企业长久以来共同的愿望。

互联网、大数据、云计算、物联网、人工智能、智能算法等技术的出现和成熟，正在让企业的这种愿望变为现实。数智化转型的重要方向就是要让企业拥有一个"数智大脑"。依靠基于复杂智能算法的推荐、预测、决策等结果，企业可以直接采取相应行动，并根据实时数据反馈不断完善和补充，形成良性的学习反馈闭环，最终帮助企业实现端到端全链路的高效决策。

如今，特步从店面选址、会员管理，到商品管理等方面，全面尝试应用数智化能力来代替传统的人工决策。以鞋服品牌最重要的消费者洞察为例，随着市场风格和消费者喜好的变化，如何研发出符合消费者喜好的产品是所有鞋服品牌的课题。数据应用的目的大多正在于提高产品研发成功率，提高库存流通速度。特步集团信息管理系统高级总监林俊表示："因为库存是鞋服行业重要的风险点，因此更准、更快尤为重要。更准指的是要准确把握市场风向去研发产品，更快指的是商品的流动，包括快反机制。"对于特步而言，现在他们在思考的是如何能够通过算法去做线上的销售预测，反向指导生产。

为此，特步启动了消费者运营中台（CDP）和商品智能运营系统，意在瞄准两个方向：一个是以消费者为中心，另一个是商品流动性管理。"比如，通过大数据能够得出今年流行什么颜色、什么款式、什么风格的裙子，这只是一个元素，背后的组合可以有很多种，包括鞋、服装可以用3D建模来做，我们在思考能不能通过达摩院的M6算法，通过智能的设计，呈现出相关的样子。"林俊表示，通过达摩院的M6、3D设计软件进行智能研发能够很直观地呈现。

现阶段，特步正在建立智能补调系统，门店根据自己的销售历史，再结合天气、区域喜好等数据，可以预测未来一周的销售情况，并能精确到SKU数量。目前，销售预测的准确率能达到80%。而生产端可以根据前端的销售预测，及时做出SKU调整，从而使原来的"收到订单后生产发货"变为"基于预测提前备货"，出货时间由平均45天缩短至20天，也极大减少了缺货情况，提高了门店收益。

除此之外，特步还拥有自己的大数据平台，能把网红、短视频平台的视频转换成图片。林俊表示："通过大数据、智能分析归类网红的穿搭等，然后汇总给设计师，助其研发出精准的商品，这样做比销售预测更前置。"

9.1.3 数智化转型是鞋服产业未来的必然趋势

从鞋服产业的发展来看，特步的数智化之路在行业内是比较靠前的。首先，特步的基础信息化系统比较完善，数据积累时间长；其次，特步很早就关注数据的应用，并建立了数据平台，对数据进行整合分析，数据应用能力较强；最后，特步愿意尝试新的技术和工具，在业内最早引入中台技术，构建双中台闭环，还大规模探索新零售模式。

特步的数智化转型之路，可供其他国内鞋服品牌借鉴。当然，每个服装品牌所处的阶段和面临的问题都不尽相同，各个业务板块的数智化建设深度和完备性也不一样，数智化解决方案不能照搬照抄。但无论如何，以消费者为中心，建立全链路数据洞察与业务协同，实现全面数智化经营，都是服装品牌未来脱颖而出的关键。

目前，特步正在进一步探索以消费者为中心构建数智化业务。回顾特步的数智化历程，10年前与SAP的合作开启了特步的信息化建设，2017年选择阿里巴巴打造中台弥合"系统孤岛"问题，而2021年才是特步更加以消费者为中心的数智化元年。在林俊看来，阿里云就像一个大脑，而钉钉就像业务系统的神经网络，实现了系统和业务之间全链路的数智化，把系统中的数据快速、智能地推送到相关人员手中。特步选择阿里巴巴数智化转型的云钉一体战略，为自身的发展奠定了技术基础。

未来几年内，数智化之于所有鞋服品牌来说都势在必行。谁能更快、更准确地去发现市场的增长机会，快速迭代，全体系高效协同，谁才能走得更远。

【小结】

在特步整体数智化转型升级的过程中，通过基于云计算打造的业务中台、数据中台等一整套体系化建设，特步打破了原有信息化时期IT系统的"数据孤岛""系统烟囱"等桎梏，连通了线上与线下渠道，让特步从生产端到销售端再到消费者运营的全流程闭环实现基于数据的全链路管控与精细化运营。

未来，特步将继续升级自己的数智化体系，打造包括精准选品、爆品研发、销量预测等能力，进一步为业务赋能，让数智化技术真正成为特步领跑国潮鞋服品牌的核心增长引擎。

9.2 斯凯奇：用数智化焕活舒适科技新能量

斯凯奇（SKECHERS）源自美国南加州的俚语，意为"坐不住的年轻人"，它代表着追求时尚、个性张扬的年轻新生代。1992年，斯凯奇品牌诞生于美国加州，品牌创立之初以销售多用途工装靴为主。经过30多年的不断发展与突破，斯凯奇每年研发设计超过3000款时尚潮流且舒适的专业男鞋、女鞋、童鞋产品，在美国市场是仅次于耐克、阿迪达斯的第三大运动鞋服品牌。随着服饰配件产品的推出，如今的斯凯奇品牌能够从头到脚满足顾客的需求，遍布全球超过170个国家与地区，向成人及儿童提供涵盖运动功能、时尚潮流、生活休闲风格的鞋履、服饰及配件，已成为全球最受欢迎的运动休闲品牌之一。

斯凯奇诞生于20世纪90年代，这个追求时尚和个性张扬的年轻品牌以工装靴起家，创始人罗伯特·斯特伯格起先设计男士休闲运动鞋吸引城市年轻人，在1993年推出"Chrome Dome"休闲鞋取得了空前的成功，并迅速被诺德斯特龙等主要连锁店采用。

1998年，斯凯奇宣布正式进入运动鞋市场，与耐克和锐步开始正面竞争。斯凯奇选择不强调其运动鞋的专业性能，而是强调其舒适的穿着体验，差异化的打法也让斯凯奇崭露头角。1995年，斯凯奇的销售额达1.84亿美元，而在1999年上市之时，其年销售额达4.25亿美元。在美国获得成功后，斯凯奇开始开拓海外市场，进军东南亚和东欧市场。

1999年，斯凯奇在纽约证券交易所上市，一年后，迅速把国际版图扩张至英国、德国、法国和日本市场，并邀请好莱坞巨星Rob Lowe和Matt Dillon为全球形象代言人，进一步地提升品牌在全球的知名度和影响力。2001年年底，创立不到10年的斯凯奇销售额达9.64亿美元，几乎进入10亿美元俱乐部。

国外业务的风生水起，也让斯凯奇开始考虑进军中国这个大市场。2007年，斯凯奇与香港上市公司联泰集团旗下联泰企业有限公司签订合作协议，正式建立合资公司，共同发展斯凯奇品牌在中国的业务，2008年斯凯奇首家店铺正式进入中国。凭借合资模式自主灵活的优势，斯凯奇进入中国十几年间一直保持增长，复合增长率达57%，斯凯奇（中国）2020年零售总额高达184亿元，截止到2021年年底，在中国已有近3000家门店，目前中国已经成为品牌的战略市场之一。

除了线下实体门店的销售外，电商也成为斯凯奇重要的销售渠道。在2021年"双11"活动中，斯凯奇电商销售额为12亿元，同比增长20%。据悉，天猫"Skechers运动旗舰店"销售额增长23%，在运动鞋服行业排名第六；"Skechers童鞋旗舰店"销售额增长38%，跻身行业三强；"Skechers男鞋旗舰店"与"Skechers女鞋旗舰店"也分别冲进了行业榜前十，分别拿下第三和第九名。在国际运动品牌行业经历舆情，国货运动品牌崛起的环境下，斯凯奇作为国际品牌逆势增长的"双11"成绩可圈可点。2021年"双11"期间，斯凯奇零售总额达到184亿元，同比增长11%。

在运动品牌竞争激烈的格局中，斯凯奇的扩张与营销增长并不是一件容易的事情。从行业挑战而言，运动服饰品牌大多是期货制的模式，这种模式在面对行业变化时存在系统性风险，尤其生意规模大、店铺多的品牌，压力会更大。而对国际品牌来说，也面临着复杂的国际舆情形势与国潮崛起的现状，消费者的审美与需求多变，对服务与效率的需求越来越高，洞察用户对企业来说变得越来越难。

从业务挑战而言，斯凯奇当前全渠道业务场景覆盖不全面，线上线下库存无法有效共享；对经销商来说，在创新渠道发展快，经营组织多变的情况下，全渠道的销售、成本、结算业务等支撑灵活度不够；在IT信息化建设方面，系统架构简单清晰，但各系统相对孤立，数据壁垒和场景孤岛的现象依然存在，非端到端实时在线，企业IT技术与资产管理的能力有限。面对这些困境，用数智化技术提升抗风险和经营管理能力，是鞋服运动品牌行业的共性选择，也是鞋服品牌在面临消费变革浪潮中站稳脚跟和全速前进的机遇。

9.2.1 国际品牌的本土适应与用户触达

斯凯奇在中国建有产品研发中心，以满足多样化、本地化的设计需求，为斯凯奇深入中国市场的长期发展赋能。2020年7月，斯凯奇投资约4000万元在广东东莞建设的超过10 000平方米的斯凯奇亚太产品研发中心正式启用，除了针对既有产品的升级革新，加强服装和配件的产品研发，也推进更多品类的产品开发。

从产品定位来说，许多运动品牌皆以特定功能或运动项目如足球、篮球、跑步作为设计方向，斯凯奇产品以年龄和功能性作为划分标准，包括定位年轻时尚的D'Lites复古运动鞋、备受老龄消费者喜爱的GoWalk健步鞋、带闪光装饰的S-Lights童鞋系列、针对专业跑步的GoRun系列等。秉持着在舒适和专业性能方面做到极致的研发精神，以家庭为目标群，瞄准所有年龄段的消费者，设计适合全年龄层日常穿搭的优质舒适鞋服产品，提供全场景的生活穿着需求。

全场景与覆盖整个年龄段的需求，也意味着对品牌渠道与业态多样化的要求。斯凯奇在中国采用多渠道发展策略，拥有滔搏运动、胜道体育等众多经销合作伙伴，并开设了包括超级大店、奥莱渠道、运动渠道、儿童渠道的线下多元店铺渠道，以满足不同消费者的需求。

在三四线城市开设超级大店是斯凯奇在中国市场的本土策略体现。斯凯奇（中国）CEO陈伟利表示，斯凯奇中国正在进行市场下沉，而超级大店正是重要落地载体之一。超级大店店铺面积有优势（通常为1000～3000平方米），可以囊括运动功能、时尚潮流、生活休闲、孩童专区四大产品线，一般常规店铺只能容纳150～250件的产品，超级大店有可以容纳1500～2500件的产品，为消费者提供从头到脚的一站式购物体验。图9-6所示为斯凯奇中央外滩超级大店。

图9-6 斯凯奇中央外滩超级大店

从2017年开始，斯凯奇加速渗透西南地区，在成都开设了品牌旗舰店，占地面积达到1300平方米。在沈阳开设了接近3000平方米的超级大店，成为目前亚洲最大的旗舰店。当然，在这些门店中也增加了新零售互动体验区，消费者可以在部分门店中使用3D足部扫描仪了解自己的足部信息，选择最匹配的舒适鞋履，极大提高了购物趣味及消费者黏性。截至2020年年底，斯凯奇全国超级大店超过150家。而在线上，斯凯奇也通过多触点，如主流电商平台天猫、京东、唯品会等完成收藏、关注、认购、复购等行为，通过社交媒体如小红书、微信小程序、微博、直播平台等载体触达用户，打造产品口碑，获得用户对品牌的认同。

陈伟利表示，未来两到三年，斯凯奇在中国计划继续新开超级大店，向三四线及以下城市下沉，并与电商平台打通，实现线上线下整合，为消费者提供更便利的服务。斯凯奇电商与线下超级大店的整合能够突破渠道沟壑和地域界限，打开品牌的商业版图，这延续着其创立之初就具备的全球征伐野心。而能否实现较高的电商占比，洞察年轻消费者的喜好，提高货物流通与供应链流转效率等取决于品牌的数智化能力。

在斯凯奇中国资讯科技部副总裁刘兆贵看来，行业环境千变万化，企业的应变能力是核心。面对如疫情这样的变化如何及时调整和做出响应，面对抖音、快手等新流量平台如何尝试和开拓，无时不在考验品牌经营能力，而用数智化能力应对则是最好的方法。

9.2.2 业务中台升级全渠道系统

数智化是鞋服类品牌企业底层的基础建设，不仅能够提升企业的运营效率，也能让企业提高经营决策能力，快速进军市场。但大部分企业在构建IT信息系统时没有形成体系化建设，自有的IT技术能力薄弱，基本上是业务提需求，IT找供应商来做的模式。最终造成系统架构错综复杂的问题，企业IT资产管理缺失，品牌急需构建数智化中台实现对线上线下全渠道业务的转型升级。

斯凯奇与阿里云在2020年达成合作，开始加速供应链数智化的升级。斯凯奇每年开发超过3000款鞋服产品，丰富的单品对库存的周转提出了更高的要求。据陈伟利介绍，阿里云帮助斯凯奇建立更灵活的渠道策略，通过打通线下不同门店、线上各大平台的销售与仓储数据，阿里云中台可对货品做智能调配，让库存处于动态平衡，从而提高各渠道周转率、售罄率，降低缺货带来的损失，保证销售量最大。

斯凯奇通过业务中台建设实现了全渠道业务升级：通过统一的库存业务共享中心打破渠道库存壁垒，加强了集团库存经营管理能力，提升库存周转率、销售正价率；通过全渠道运营可视化，实现线上线下商品、订单、库存、结算一体化，支撑未来全渠道多样化场景需求；通过业务中台共享服务中心，实现业务实时在线，借助数据实现决策驱动；通过互联网架构升级，强化IT能力，满足业务的快速创新诉求。

在引入阿里云中台后，斯凯奇推动全渠道优化，进一步提升运营效率和供应链管理能力。初步效果也较明显，在2021年"双11"活动中，斯凯奇电商业绩超出了预定目标，其中，电商和线上业务约占整体业务的50%。

斯凯奇在中国市场的快速增长跟公司坚定的数智化战略分不开，陈伟利表示，中国消费者非常重视购物体验与效率，斯凯奇期待引入阿里云数智化方案，真正打破各渠道间的数据壁垒，以更流畅更智能的方式与消费者沟通。

2021年"双11"的"预售前置"创新模式，离不开物流中心的赋能。如图9-7所示，投资超过12亿元的江苏太仓斯凯奇亚太物流中心一期在2021年开始投入运营，以先进的自动化设备、精细化的仓储管理与顶尖物流企业强强联手，为消费者带来全新的物流体验。斯凯奇采用阿里云中台的预售下沉技术，把订单推送到全国九大仓和前置仓，保证订单第一时间发货。相较往年的"双11"，将配送时效平均缩短了15～22小时，部分订单最快可两小时送达，24小时内发货的比例达到98%以上，第一时间为消费者带来愉悦的购物体验，有效降低了订单流失率。

图9-7　江苏太仓斯凯奇中国物流中心

搭配阿里云的新一代库存模型，按斯凯奇的整体规划，将天猫旗舰店的逻辑仓在半年内减少到200个以内，不仅降低了管理难度，也提高了运营效率。江苏太仓物流中心的启用，为斯凯奇的物流配送领域全速赋能。为了应对未来激增的业务量，物流中心的二期项目也已拿地并开始建设规划。

9.2.3　安全稳定的云化让大促更加平稳

我们知道，对于IT技术比较薄弱的鞋服零售企业来说，每年的各类大促都是大考，基于传统IT架构的系统无法支撑业务短时间内高速增长的数据量与计算量。为了满足大促需求，企业需要提前几个月进行相关系统扩容的准备，但是在大促之后，IT资源的使用率则非常低，投入产出比较低。

选择第三方服务商上云成为企业的必选项，基于多年应对"双11"峰值的经验，斯凯奇引进了阿里云的公有云服务。对于斯凯奇来说，第三方云服务能够使其专注于核心业务，减少云设施运维的成本，提高云端系统的稳定性和安全性。此前让人头疼的大促瓶颈逐渐消失，平台与企业应对大促愈发从容。

在2021年的"双11"活动中，斯凯奇迎来了史上最大的订单量。在2021年10月20日预售就有50多万单涌入订单后台，在11月1日凌晨的第一个小时有107万单。这些订单洪峰都被阿里云系统稳稳接住。从九月份开始，阿里云的技术服务团队便为斯凯奇的大促护航做准备，进行扩容规划与性能压测等工作。阿里云的飞天技术服务平台提供了全链路巡检、压测与自动化运维的能力，让云上业务的护航保障体系更健全、保障流程更敏捷，"双11"护航也从简单的风险评估、故障排查，逐渐演进至性能优化、精益运营。

阿里云为斯凯奇提供了针对性、体系化应对重要节点的云上保障解决方案。公有云服务会按照客户的业务目标，进行整体资源的容量规划和架构梳理，再根据场景进行整体压测、调优、演练，并根据实际业务场景进行全局技术风险识别，设置应急预案，最终，云上系统完美地抵御了一波又一波的订单洪峰。

在斯凯奇的业务上云之后，渠道策略也变得更加灵活。打通了线下不同门店、线上各大平台的销售和仓储数据，基于云上架构的中台可对货品进行智能调配，让库存处于动态平衡，保障优化供应链的销售最大化。

9.2.4　数字战略的延伸及未来规划

并不是每个企业都有足够的技术能力和认知能力去支撑数智化转型。刘兆贵也坦言，在数智化转型中，品牌方的IT基础相对薄弱，全渠道中台的构建过程充满了挑战，在这个过程中，每一步走下去都很难。在管理运营模式、企业文化存在差异的情况下适合自己的数字转型路径是什么以及怎么做，都需要顶层规划和落地。企业自上而下对数智化的认知及决心要足够强，这也是推动数智化进程快速发展的重要因素。

企业应对高速发展与变化的外部环境，以及快速应对市场的跟进、策略能力都需要随着环境变化不断精进。目前的业务中台与公有云服务是运用数智化技术手段的开始，未来智能预测、智能铺货、补货等都需要高度灵活的数字技术应对，系统技术能力的提升空间还很大。

刘兆贵将斯凯奇的数智化建设总结为四个阶段：1.0阶段完成财务系统数智化；2.0阶段实现分销系统数智化；3.0阶段是企业资源管理系统的数智化；如今所处的4.0阶段则是搭建"中台"，完成更为彻底的数智化布局，构建数据体系、商品管理体系、供应链协同体系、会员运营和营销等全渠道体系，以应对灵活的线上线下拓展和业务方式，缩短应对市场的周期。刘兆贵透露，未来一年，斯凯奇将继续完成线上线下一体化构建，搭建会员营销体系，完成数据的联通和集成，在整合内部数据的基础之上，结合外部的趋势数据建立更好的数据洞察和分析能力。

从业务布局的层面，斯凯奇接下来的产品重心会在服装产品加大投入，在渠道端，在一二线城市会开设更多的斯凯奇精品店、品牌旗舰店，而三线到五线城市则以超级大店为主要的策略。在细分的市场中，会加大对儿童鞋服产品的发展规划，如图9-8所示。同时也会更多关注线上线下的联动，注重用户感受和数智化创新，打通全渠道并推进沉浸式的消费体验。对于传统鞋服零售商而言，过去品牌通过商品、价格、渠道和消费者沟通，未来，品牌靠数字技术赋能下的信息交换、数据洞察、无缝衔接的协同能力，可以完美契合供应商、消费者的需求。企业将有机会通过完善的数字能力重构消费者体验，重构平台运作，甚至重塑商业模式。

图9-8　斯凯奇儿童鞋服

迄今为止，斯凯奇在中国已经走过了14个年头，开设了近3000家店铺，建立了成熟的线上销售渠道，成为中国消费者认可的休闲运动品牌。斯凯奇在中国的成功运营模式，也会促使其业务版图向其他亚太区域扩大，包括新加坡、马来西亚、泰国、韩国等地。在数智技术的赋能过程中，斯凯奇会将多元化、舒适的产品与数字科技融合下的优质体验带给更多的消费者，不断精进并迈向成为中国第一休闲品牌的目标。

【小结】

斯凯奇将自身的数智化建设归纳总结为4个阶段，逐一完成后，将形成更为完整的数智化布局，构建数据体系、商品管理体系、供应链协同体系、会员运营和营销等全渠道体系。

在数字化建设战略指导下，斯凯奇大力加码全渠道布局，发展电商直播、小程序购物、私域销售模式等多形式线上营销方式；搭建品牌会员体系、精准客户画像和对应标签模块，提升顾客的精细化运营，打造品牌认同感；结合大数据应用，拓宽推广内容和客户边界；通过数字化创新手段，提升客户体验，打造线上线下的零售闭环，迈向成为中国第一休闲品牌的目标。

9.3 波司登：攀登数智化"珠峰"的进阶之路

1976年，年仅24岁的高德康带领11位村民决定一起创业，仅有8台家用缝纫机的山泾村村办缝纫组成立，这是波司登的前身，比改革开放还早两年。在此后的时间里，这家企业逐步发展为国内规模最大、设备最先进的品牌羽绒服生产商，拥有"波司登""雪中飞""康博"三个中国驰名商标，连续25年全国销量领先，如图9-9所示，波司登产品畅销美国、法国、意大利等72个国家。

图9-9　波司登产品畅销全球72个国家

波司登的发展历程，也是一个中国服饰品牌崛起的传奇故事。

从中国向世界拓展。2002年9月，波司登作为唯一一家纺织服装企业，被中国工业经济联合会、中国名牌战略推进委员会推举为"向世界名牌进军，具有国际竞争力"的十六大中国名牌企业之一，开启了国际化之路。2007年，波司登获得服装行业首个"世界名牌"称号，同时在香港主板上市（HK03998）。在高端羽绒服品牌聚集的国际市场上，波司登的成绩毫不逊色，天猫海外联合CBNData发布的《2019出海市场研究白皮书》显示，波司登是美国市场最畅销的中国羽绒服品牌。

从制造向美学延伸。20世纪90年代初，很多羽绒服企业都以贴牌代工为主业。波司登创始人高德康认为，"中国服装出口最大的短板就是品牌，不能只看产能，更要关注价格、价值"。在发展过程中，波司登打破了"中国只有厂牌没有品牌"等外界对中国服饰品类的认知。2018年，波司登将中国神韵融于设计之中，以"牖"为系列主题，运用窗格、水墨古画等中国元素和形式，登上纽约时装周，得到了主流消费人群的认可。随后，又相继登上米兰时装周、伦敦时装周等全球舞台，与国际殿堂级设计大师保罗·高缇耶合作发布新一代羽绒服，推动中国羽绒服引领世界流行趋势。联合知名IP推出的"漫威系列""星战系列""迪士尼系列"，将潮流元素融入设计之中"玩"出新花样，受到年轻一代消费者的喜爱。如图9-10所示，波司登早已成为各大时装周常客。

图9-10　波司登成为时装周常客

从大众向高端进阶。加拿大鹅和Moncler等高端羽绒服产品在中国市场的热销，说明高端羽绒服市场正在快速增长，而高价格需要尖端科技、顶级设计、精工制造等一系列硬实力来支撑，向高端进阶既是波司登的机会，也是其担当与责任。高德康提出，"要聚焦尖端、时尚引领产品研发，创新采用高科技面料，适应消费者在户外、商务、时尚等不同场景的需求，开发出高端户外、极寒、设计师系列等多个全新品类"。

此后，波司登在科技研发上不断投入，截至2021年12月，已拥有专利271项，包括奢侈品级鹅绒、防钻绒科技、专业级防护面料等多项专利技术。在此基础上，波司登打造了极寒系列、设计师系列和Gore-tex高端户外系列等高端产品线。2021年11月，波司登联合中国航空工业文化中心首次将航空材料技术应用于服装领域，推出登峰2.0系列羽绒服，最高售价超过万元，被认为可对标加拿大鹅，改变了中国品牌中低端的传统认知。

通过这些努力，波司登交出了非常亮眼的成绩单。图9-11所示为波司登近五（财）年的财务数据（波司登财年是每年4月1日到次年3月31日）。根据2021年波司登公告显示，截至2021年9月30日，波司登半年实现营业收入53.9亿元，同比增长15.6%，实现净利润6.39亿元，同比增长31.4%，连续4年实现营收和净利双增。

（除另有指明外，所有金额以人民币千元为单位）

截至3月31日

	2021年	2020年	2019年	2018年	2017年
收入	13,516,513	12,190,535	10,383,453	8,880,792	6,816,599
毛利	7,924,266	6,708,646	5,513,514	4,119,102	3,163,204
经营溢利	2,224,606	1,598,678	1,370,765	923,410	660,007
以下人士应估溢利：					
本公司权益股东	1,709,566	1,203,184	981,316	615,478	391,844
非控权股东权益	(4,600)	(7,908)	24,244	24,043	(22,723)
每股股息（港仙）：					
中期	3.5	3.0	2.0	1.5	1.0
末期	10.0	6.0	6.0	3.5	0.5
特别	–	–	–	2.5	–
总计	13.5	9.0	8.0	7.5	1.5

图9-11 波司登近五（财）年财务数据

支撑这一成绩的是过去三年波司登在品牌、研发、制造、营销、管理、供应链、IT等企业价值链的"关键环节"上，进行了全面地改变和调整，将数智化技术应用到商流、物流、资金流、信息流等各个方面，通过数智化转型的链式连锁反应，牢牢抓住技术红利。

9.3.1 为什么数智化升级对波司登如此重要

首先，是羽绒服行业的天然限制。羽绒服是典型的"靠天吃饭"的服装品类，黄金销售时机只有深秋和冬季，旺季一般从11月中旬开始，到元旦接近尾声，其他时间基本都是打折和清货期。波司登集团执行总裁助理兼CIO戴建国提到，羽绒服的销量与气温关联很大，消费者需求爆发性强，可能第二天的销量是前一天的10倍甚至20倍，传统服装企业采用的订货会模式难以应对这种弹性波动极大的销售周期。

这就要求企业有极强的预判能力，抓住天时地利高效完成铺货、补货、营销等工作来确保销量。早在2016年，波司登便携手阿里云打造了一个1.0版本的"零售云平台"，将原本分散在各地的仓库、门店的库存数据，以及和线下割裂开的线上库存数据全部打通，使其融合为一体。通过数智化高效联动，波司登进一步实现了"全国一盘货"，打造了7天交货的供应链能力。

其次，是市场竞争的不断加剧。羽绒服行业由来已久，但市场机会依然很多。近年来，全球出现了冬季延长、降温等现象，突如其来的气候变化打破了羽绒服市场的季节性限制，华南等温暖地区的消费者也开始购买更多的羽绒服。同时，山地徒步旅行等运动越来越受欢迎，对功能多样化、能够展现个性化魅力的羽绒服提出了诉求。根据图9-12所示CBNData与天猫合作发布的《2019年线上羽绒服消费洞察报告》，2019年中国羽绒服市场规模近1210亿元。一些非羽绒服产品服饰企业在向羽绒服市场延伸，海外羽绒服品牌也在加大进入力度，导致羽绒服市场整体竞争加剧。

在这种情况下，波司登面临保住存量市场、拓展增量市场的双重压力。与此同时，服饰行业的数智化转型趋势开始明显化，不管是李宁、安踏、特步还是太平鸟都在做各种尝试。波司登在2019年提出和阿里云合作，利用阿里云数据中台的技术和经验，在消费者研究、精准营销、商品一体化运营、导购运营等方面进行探索。

图9-12 《2019年线上羽绒服消费洞察报告》

此外，是企业自身的战略抉择。2009年，波司登也曾遭遇过经营危机，销量出现了大幅下跌，2013年年底，库存额曾高达27.03亿元，企业濒临破产。危机之下的波司登开始改变经营策略，进行渠道调整，并在2018年明确提出了"聚焦主航道，聚焦主品牌，收缩多元化"的新战略目标，创始人高德康称之为"二次创业"。

在这种局面下，波司登的转型是必然的，但如何转、向什么方向转，却存在着很大的不确定性。波司登集团执行总裁助理兼CIO戴建国分析此前波司登零售转型的痛点是"对消费者信息的了解有限，在信息不充分的情况下，做出的产品很难满足市场的需求，进而导致高库存的出现"。所以零售转型需要从整体上提升运营效率，首先是顶层战略的转型。2019年年底，波司登创始人高德康看到飞鹤在阿里云的帮助下全面转型成功，主动与提出与阿里巴巴深入沟通，开启了全面转型之路。

在波司登创立45周年发布会上，中国登山家、中国无腿登顶珠峰第一人、73岁高龄的夏伯渝先生说道："我是穿着波司登登峰系列成功登顶'欧洲之巅'厄尔布鲁士峰的，我们中国人自己的产品，不论是工艺还是技术研发，都已经达到了世界级。"

对于传统企业来说，数智化转型升级也是一场在新时代占领高地、攀登珠峰的旅程。接下来，我们沿着波司登领先的数智化旅程，共同探寻企业的进阶之路。

9.3.2　明确数智化转型的战略与战术

数智化转型是一项综合工程，需要快速覆盖企业最迫切的业务需求，因此具体实施就要根据实际情况充分考量、分步推进，实现转型价值的最大化。

波司登的数智化战略具有以下特点。

1．战略上，文化先行

在企业中，领导人的战略眼光与思维模式，决定了企业文化的基因。波司登创始人高德康就是一个对市场保持敏锐洞察力和创业激情的人。将近70岁的年龄，热爱"速度与激情"的摩托车，在接受知名媒体人吴晓波采访时，一时兴起，俩人骑着摩托车绕着波司登园区转了一圈。在快速迭代的市场环境中，高德康也敏锐地洞察到了数智化转型的必要性。2019年，高德康参加了阿里巴巴的数智化转型总裁班，考察了行业和其他竞争伙伴的动作之后，推动波司登在数智化转型上全面拥抱阿里生态。2019年1月，波司登成为阿里巴巴A100战略合作伙伴，开始从前端销售向后端制造覆盖，进行整个供应链的改造。2019年年底，波司登又主动提出与阿里云共同建设全域数据中台，提高消费者洞察及商品营销运营两大能力。

为了保证转型顺利，波司登进行了数智化相关的组织架构调整，在内部成立了数智化战略委员会，由高德康担任第一负责人。据阿里云零售线服饰行业负责人玄默分享，波司登高层非常重视数智化项目，不仅从企业内部广泛海选，寻找理念、技术和业务都合适的人参加转型项目，而且具体项目均落实到相关KPI考核指标中。领导人的敏锐与重视，让数智化转型成为全公司的重点战略。

2. 战术上，业务驱动

很多企业的数智化转型是IT驱动的，但由于波司登CIO戴建国以前就是做业务工作的，他清醒地认识到，数智化一定不是技术思维下的IT驱动，而是用户思维下的业务驱动。在他看来，从技术思维来进行零售转型是行不通的，也偏离了数智化转型的本质——以用户体验为中心。"我们实实在在地以业务来驱动数智化。"戴建国分享道，"我会要求商品部门告诉我，他们在数智化转型当中对商品做了哪些动作，尤其是重构了哪些业务流程，然后集团来归纳提炼总结纠偏，一对一地讨论拉通订货、铺货、补货、调退换等具体业务问题，这时候就不是务虚讲概念，而是让数智化战略真正落地。"

业务变革的核心就是一个：提升用户体验。在戴建国看来，物流的数智化是为了把产品更快速地送到消费者手里；面料研发优化是为了让消费者穿着体验更轻、更暖，感觉更时尚舒适；业务流程再造是为了提升运营效率，研发出好的产品来满足消费者……

正是这样战略与战术相互适配的内部变革，从根本上保证了波司登数智化能力的全栈引入与切实落地。

9.3.3 底层系统架构全面云化

IT系统是支撑业务的底座，因此，波司登与阿里巴巴的合作也从"零售云平台"开始。一方面，随着数智化的推进，波司登IT系统承载的数据规模越来越大，据戴建国分享，仅2020年产生的数据量就是过去5年的总和，靠物理服务器扩容很难跟上数据量的几何级增长。另一方面，波司登的大量数据分散在各个系统、门店、渠道，内部有超过100套系统，数据报表、统计口径都不一样，无法在内部实现数据资产共享，也就很难支撑后续的全链路数据化运营。

波司登开始不断将业务系统迁移上云。通过基础设施云化，实现了原有数据的统一，将分散在各地门店仓库、线上线下割裂的库存数据全部整合在一起，改变了多个系统各自为治的局面，减少扩展及运维的后顾之忧。

目前，波司登除了财务模块之外，其他所有业务都已经上云。以前，波司登的工艺技术文档都需要在总部先打印出来，工厂派人拿回去使用，现在直接通过云端下发到数智化平台上，进一步提升了运营效率。

9.3.4 数智化带来的组织变革洗礼

波司登的数智化战略由业务驱动，因此，业务部门的组织架构与工作模式变革就成为最先被改变的对象。

首先，层级减少。目前，波司登有直营、加盟、代理等多种方式，从总部到每一个门店都实现了一级管理，也就是总部直接领导门店，扁平化管理减少了中间层级，企业的运营成本大幅下降，同时总部能够更好地感知和触达消费者。试想一下，如果企业发现某华南地区即将降温，三天后进行一轮精准化推广会收获非常好的业绩增长，这时候如果业务不在线，需要逐级联系大区经理、区域经理、门店经理、导购员等安排部署，最终销售时机可能会和天气一样"凉凉"。

其次，流程再造。消费者个性化需求越来越多，波司登将研发单位进一步切削，不再是由常熟研发中心、上海研发中心带领的大兵团作战，而是针对某一细分群体的小组式作战，通过深入了解用户需求，设计出更适合消费者的产品。

再次，业务在线。在组织架构和流程变化之后，自然需要工作模式的变化。戴建国认为，未来消费者是随时随地都可能消费产品的，所以企业必须打破时空概念，实现在线化、移动化。比如，一个会员晚上22:00突然想起天气预报说第2天会降温，询问店员能不能寄件衣服到家里，这时候如果导购能够在线，将信息推送给物流部门，让就近门店想办法在第二天早上消费者出门前就配送到，这就是典型的内部业务系统在线带来的极致体验，但也必须涉及后端的库存、订单和配送系统的在线打通。

所以在2021年，波司登和阿里巴巴基于钉钉开展了合作，将以前需要通过电脑网页查询的功能和应用都搬到钉钉上，如访客登记、员工打卡、人资管理、会议管理、OA审批、订单查询、库存查询、质量管理、生产管理、营收分析、合同管理、商旅服务、用车管理、维修服务、供应商管理等。

通过业务在线化，波司登的内外部管理效率有了保障和提升。"所有客户在线了，业务在线了，数据在线了，往后做更多的事情就觉得不难了。"戴建国说道，"比如现在，从原材料到半成品再到成品检验，每一个环节都是有QC把关的，这些信息都要在线上报表中共享，通过大屏看得到，有问题直接推送到手机上，效率会提高很多。"

9.3.5　跨越"人、货、场"全面变革的"珠峰"

在创始人高德康看来，新零售不等于简单的线上+线下，而是与大数据契合，以消费者为中心的能力升级，可以提升企业的整体核心竞争力。

从以企业为中心到以消费者为中心，意味着一系列业务流程和动作的变化。在消费者触达方面，需要与终端消费者建立有效对话、有效互动；企业经营中的经销商、代理商、店长、店员等也需要围绕消费者开展一系列品牌营销及服务创新。在货品管理方面，如何提升人货匹配、商渠匹配的效率与精准度，让适当的货物在适当的时间、适当的场景下，出现在消费者面前，都需要被重新思考和构建，而触点数字化与运营数据化，成为重构"人、货、场"的前提。

只有有了一个个网状的触点数字，才能实现数据化运营。为此，波司登在线上与线下渠道进行了全触点数字化的升级。在线上，董事长高德康十分关注淘宝直播、抖音、快手、小红书和哔哩哔哩等年轻人喜欢的平台，不断尝试让波司登贴近年轻人的诉求，通过新的技术和渠道触达消费者。在线下，通过门店客流与巡店系统、门店看板分析系统、微商城、微信游戏与会员、无卡支付等门店+消费者系统，不断沉淀有效数据，打造了快闪店、智慧门店等新的消费体验，加强与消费者的互动。

波司登通过触点数字化，形成了大量的数据积累，再借助阿里云数据中台，持续支撑运营策略的优化。

首先，通过数据中台梳理波司登数据资产，构建"人、货、场"标签体系。戴建国提到，波司登以前"数据烟囱"太多，因为业务部门有需求，就有针对性地建一个系统，久而久之，发现各个报表的数据都不一致，逐渐形成了"数据孤岛"。

通过数据中台建设，波司登规范了数据标准，在源头上把数据元素控制好，通过数据打通解决了"数据孤岛"问题，数据质量慢慢提高了。例如，针对两三千万名会员，建立线上线下一体化的数字会员体系，按照不同的地域标签，生成了羽绒服品牌专属的用户画像，再进行有针对性的精准运营。

接下来，基于数据标签重新理解"人、货、场"，提升运营效率。

1. 基于数据的货品洞察

对波司登来说，率先需要被梳理的就是货品数据，波司登CIO戴建国对此深有体会。2015—2016年，波司登希望打通各渠道的货，实现全国"一盘货"动态调拨，最大限度地减少库存风险。但变革最大的阻力就来自于渠道，在销售旺季，各个渠道都不愿意把货分给别人。有很多门店店长反问戴建国："系统只给我门店三件安全库存，卖掉一件就只剩两件了，万一临时补不到货怎么办？销售机会损失谁来赔？"而戴建国之所以有胆量做变革，正是依靠数据中台支撑的供应链体系。

按照惯例，服饰企业每年都会开订货会，各个渠道都想要新款，但波司登产品款式比较多，有的需要搭售，有的是老款，还有的是试验款。现在，波司登会通过数据中台对订货会上收集到的订单需求和产品款式进行数据匹配，同时用数据预测每个门店的变化，如天气数据、历史数据和今年的数据，提前做好生产安排。

在销售中，通过数据分析，波司登可以实时查看全国所有区域的销售状况，知道哪些地区消费者喜欢哪一类款式，哪些产品卖得一般。这些订单数据也会与原材料供应商、生产工厂、各级仓库共享。基于数据，从源头就可以快速把材料提前准备好，比如，市面上消费者普遍比较喜欢的款式用的是黑色的尼龙面料，那么供应商就会把这批坯布染色，提前做好半成品，一旦接到订单，三天就能制作完成。

在配送调拨方面，通过数据中台的统一管理，可以实时看到订单、库存、门店、原材料等诸多信息。系统根据各渠道的情况自动进行逻辑库存的匹配，比如，在天猫、抖音、京东、门店分别分配多少，然后根据销量波动状况，将实际库存实时分配到卖得较好的渠道，这样货物的利用效率就会高很多，同时保证了各个渠道都不会缺货。三周时间卖不出去的货物，会从渠道及时调回，转放到动销量大的地方卖，避免影响门店的陈列效果和库存压力。

目前，利用数据中台，波司登已经实现了全国数千家门店的动态补货。供应链的数据化管理不仅做到了安全、快捷，也大大减轻了员工负担，店长不需要再跟其他门店和渠道为争库存而扯皮了。以前向戴建国质疑补货不及时的店长，后来跟他说："这一点真的很好，九点半商场闭门我就可以回家了。"

2. 基于数据的消费者洞察

通过精准的人群圈选，波司登可以不断提升在线营销的精准度，实现消费者洞察与商品的关联，根据数据中台的大量会员用户标签和数据分析，可以准确找到哪些活跃用户推广介绍新客到哪个门店，把这些用户分到线下门店的不同导购手中，一对多进行触达，有针对性地发送折扣和优惠信息。

比如，数据中台感知到"加购未买"的用户后，会直接用短信触达，给予优惠折扣，成功地把这部分用户提升到8%的转化率，平均客单价850元，每天增量营收约24万元，相当于多开了一家旗舰店。

在营销方式上，通过消费者洞察可以有针对性地发送折扣和优惠信息，比如"免费洗衣""温暖礼遇""生日福利"等促销福利，增加新老会员的购买率。波司登内部数据显示，借助"免费洗衣"这一服务触达用户并引导到线下门店之后，消费者的复购率达到62%。仅波司登南京公司从2020年12月底到2021年3月底，就通过数据中台的营销功能新增了600万元营业收入。

3. 基于数据的场域洞察

波司登在全国拥有近4000家门店，通过数据化运营，可以有效提升门店的管理效率。

以往，羽绒服的线下门店需要存储上千件货物，并没有太多空间可以用来陈列展品，在观感上很难吸引追求品质、审美的群体。

而波司登借助动态补货，改变了门店的商品结构，有了更大的空间去营造氛围感。在线下门店（见图9-13）通过对过往销售货品和渠道进行大数据标签聚类，基于地域、商圈、地理位置、业态（竞品）、周边的人群特点，帮助门店提升陈列效果，可以针对不同的门店，通过数据分析建议放置更合适的货品，给消费者带来更好的感受，明显提升了商品与门店渠道的匹配度与动销率。

图9-13 基于动态补货的线下门店

波司登通过数据业务化，具备了快速感知、匹配、响应消费者需求的能力，提供更优质的消费服务和场景化的体验，翻越了"人、货、场"变革的"珠穆朗玛峰"。

9.3.6 逐渐清晰的智能化风景

智能技术伴随着数智化进程，在波司登的业务版图中日渐清晰起来。

在生产制造方面，波司登引入了大量的智能化、自动化工具。比如，利用AI机器视觉实现生产线的瑕疵检测。戴建国分享，利用智能摄像头，就能发现原材料瑕疵点，及时将其剥离，避免了裁剪后检查处理导致的成本和浪费。

在供应链方面，波司登设置智能配送中心，搬运、分拣、配送、储存、清点全部由机器人完成（见图9-14），自动化程度接近90%。2020年"双11"当天，发完180万件货仅仅用了24小时，创造了"双11"订单当天全部发清的行业先例。

图9-14　波司登供应链智能机器人分拣

在门店优化方面，波司登的研发团队开发了渠道、用户、商品的组合算法，可以自动形成门店陈列模型，比如，A类型门店的墙上应该放a组合，模型再根据门店动销情况不断迭代优化，实现"千店千面"。

在销售预测方面，羽绒服的黄金销售周期很集中，销售预测不准会直接带来销售业绩损失。传统的经营方式主要靠人工经验和订货会，精准度不高。有了数据中台之后，结合阿里云的算法能力进行销售规划，可以精准预测未来3~7天的变化，比如，天气、地域、门店历史数据等，从而快速安排调货、补货和备货。

戴建国认为，未来任何一家传统企业都会变成一个人工智能公司，借助智能技术，企业可以从枯燥工作中解脱出来，永远盯着用户，更好地服务消费者。

【小结】

波司登的数智化进阶之路，让我们看到了服饰行业的变化与新机。

视角在变：以消费者需求为首要出发点，站在消费者的视角推动产品和品牌创新，对用户的关注贯穿在波司登数智化全链工作中。

模式在变：将靠经验驱动改为由数据智能驱动，高效的数据中台让消费者洞察和运营洞察成为现实。

思维在变：在全域数据中台建设过程中，阿里云技术团队引导波司登员工参与到全部过程中来，培养数智化思考模式，为组织变革和品牌战略转型奠定基础。

波司登的数智化行旅，不是朝夕之间抵达的，变革需要打破原有的组织模式、工作惯性、利益结构，全链路的数智化蜕变也让波司登的"二次创业"走得更稳、更远。

中国纺织工业联合会会长孙瑞哲这样评价波司登："波司登向极寒挑战，向更高迈进的实践探索，诠释着温暖全世界的初心，塑造着中国品牌的全球影响力，树立了文化自信、民族自信。"在数智化的自我变革过程中，波司登也得以更自信地拥抱未来。

第10章
消费电子：基于数据智能的网络协同

进入家用电器大卖场后，琳琅满目和选择困难相信是很多人的共同感受。消费电子产品在改革开放后迎来了飞速发展，过去消费电子的发展模式是由供给端影响消费端增长的，例如，空调、抽油烟机等家电单品，市场生产什么，消费者就只能买什么。

在技术与产品渗透率和市场不断扩容的背景下，消费电子行业逐渐走向成熟，品类与功能大量增加。尤以小家电为代表，酸奶机、豆浆机、养生壶等细分类新型产品不断涌现，呈现出类似"快消品"的特点：价格低廉、更新换代快、品类丰富。整个消费电子行业的消费渠道也走向分散化、多元化，市场竞争日趋激烈。

对消费者来说，消费电子类产品的技术复杂、产品丰富，需要理解与学习成本，适合引入数智化技术提升消费体验；对企业来说，在技术飞速革新，以及消费观念与需求瞬息万变的背景下，从消费电子产品同质化日益严重的趋势中突围而出，需要从生产、物流、销售等流程中全面引入数智化技术进行赋能，用数智化技术升级家电企业的"人、货、场"，驱动企业在竞争中增长。

在消费结构与观念的不断变化中，我们的旅行来到消费电子产业这一站。在这里，我们会看到家电行业中的龙头企业九阳电器与老板电器如何在竞争白热化与消费体验升级的挑战中，用数智技术拓宽"护城河"，以及他们站在数智技术前端的实践，为整个家电行业的数智变革带来哪些启发与影响。

乘上这趟数智化快车，我们一起浏览一下这两家企业的数智新零售旅程，感受这场数智化技术驱动下的消费电子产业变革风景。

10.1 老板电器：见证"食代"变迁，未来工厂开启数智化成长

1979年，老板电器创始人任建华为了带领村民致富，与几个朋友凑了2000元钱，再加上从信用社借的2000元，买了三套老虎钳、榔头等工具，成立了余杭县博陆红星五金厂——这就是老板电器的前身。刚开始成立的五金厂什么活都接，客户要求什么就做什么，如缝纫机底盘、电风扇、冰箱的配件等。虽然不缺活儿，有饭吃，但任建华也有自己的迷茫："总是代工做配件肯定行不通，生意要想做得长久，必须要生产自己的产品，但做什么呢？"一时间也没个主意。

机缘巧合下，任建华发现，当时只有一家上海无线电厂在做抽油烟机，厨房里的这块"地盘"还未被全面占领，有很大的发展机会。于是余杭县博陆红星五金厂（以下简称红星五金厂）决定开始着手建立自己的技术体系，最好最快的方式就是与上海无线电厂合作。经过几轮谈判和多次协商，双方最终敲定了合作协议：红星五金厂可以在完成舒乐牌油烟机生产任务之余，生产少量自己品牌的油烟机。就这样，老板电器开启了自己的抽油烟机发展道路，为上海无线电厂的贴牌代工，让其积累了原始的技术与资金。有了资金和技术累积的红星五金厂开始走上了自主品牌的道路，并于1987年与航空航天部八〇四

研究所合作，研制开发了我国第一代抽油烟机。

企业是时代的产物，品牌内涵是时代精神和时代价值潮流的体现。最早出产的油烟机品牌为"红星"，创始人任建华及一众领导班子想要为品牌更名。商标"老板"背后代表着勤劳、智慧、果敢、财富等寓意，名字不仅特别，也是当时时代的商业潮流，给品牌赋予了自主、自信、追求成功的精神。这个名字的寓意美好，但是注册的时候却没少走弯路，最终历经8个月的奔波努力，"老板"这一品牌名得以确立。到了1998年，任建华对"老板"品牌进行了持续、系统的整合提升。老板电器开始了品牌年轻化运动，提出了"老板，更懂生活"的新品牌核心价值广告语，给予老板品牌"品质生活的标志"的定位，并对外输出产品的价值观：以人为中心和尺度，以消费者为根本，从时尚、品质、娱乐、便捷等各方面入手，满足消费者的生理、心理、物质和精神需要，使目标消费者的生活品质得到全面提升。

通过品牌迭代与产品升级，老板集团的销售额在1997年到2007年间，奇迹般地增长了十几倍，也开启了自己的"开挂之路"：2005年，老板电器成为全国首批"标准化良好行为"试点企业；2006年，荣膺亚洲品牌500强；2007年，国内首台顶级奢华型9508抽油烟机发布……到2010年，老板电器成为首家挂牌上市的厨电企业。截至2021年，创立于1979年的老板电器，经过42年的发展，已经实现了从传统烟灶向全品类厨电品牌的跃升。老板电器连续7年入围"BrandZ最具价值中国品牌100强"，连续15年荣膺"亚洲品牌500强"，是厨电垂直领域的领军企业。目前已经形成以抽油烟机、燃气灶、消毒柜为主的第一品类群，以一体机、蒸箱、烤箱为主的第二品类群，以洗碗机、净水器、热水器为主的第三品类群。

进入21世纪第二个10年，老板电器的脚步并未停歇。2011年，中国高端厨电技术趋势发布会召开；2012年，全球首个有机形态厨房文化科技体验馆"厨源"揭幕；2013年，创新研发出行业领先的"极速洁净"技术平台，为行业科技树立了新标准；到了2018年，老板电器更是获得了中央电视台授予的"CCTV全球领先民族品牌"称号。2020年公开财报显示，老板电器业绩营收为81亿元，增长5%，其中，抽油烟机、燃气灶依旧是老板电器营收的主力军，占总营收的74.15%，市场份额排名第一；主推的蒸烤箱同样占据行业第一，占净利润的8.42%。老板电器自2013年开始，ROE（净资产收益率）连续7年在20%以上，2020年的ROE受疫情影响虽然略有下滑，但依然保持在20%以上。这样的辉煌业绩和行业地位是老板电器这些年踏踏实实一点一滴的积累，在老板电器成功的背后，也走过弯路，在这些年的快速奔跑中，也积累了一些"成长的烦恼"。崛起的老板电器如图10-1所示。

图10-1　崛起的老板电器

10.1.1 数字时代的困境

改革开放以来，中国居民的油烟排放经历了自然通风排放、机械辅助直排和排气道加机械辅助集中排放三个阶段。如今，市场上每年要诞生数百种形态各异、功能多样的抽油烟机，而老板电器在这个竞争白热化的行业内也面临诸多难题。

在人口红利逐渐消失和多轮房地产行业收紧政策的背景下，厨电领域原本在新房厨电安装阶段的这部分市场受到严重影响，此前驱动厨电市场快速增长的因素收紧，整个行业在房地产产业紧缩的大背景下的增长势态放缓；行业内部竞争日趋白热化，新老玩家不断更新涌现出各类细分的新产品，企业在这个趋势之下急需差异化产品的结构升级与品类创新，而这些需求也是驱动市场增长的关键。消费升级需求下，消费者对产品的需求从实用性转变为追求高技术、高质量、高颜值的新产品，对厨电产品的品质、功能及个性化体验提出了更高的要求；生产制造方面，行业人工成本逐渐增高，同时整个制造业共同面临招工难的困境，年轻人不愿意在又苦又累的工厂上班，更加倾向于去相对轻松、自由的服务业工作。

在严酷的形势与环境下，主流厨电品牌也在从传统产品中寻找突破，无论是方太、华帝，还是美的、海尔等，都在不遗余力地升级产品、创意研发，期待从新兴品类中创造出新的机遇与生机。不少厨电企业开始转型中高端或者通过差异化寻找溢价空间，从传统"烟、灶、消"三件套，转换为现如今"烟、灶、洗、微、蒸、烤"厨房新六大件，新品类的持续火热，给厨电行业带来了诸多新的市场机会。企业选择从产品和创意方面升级，虽然有成效，但在数智化时代，酒香也怕巷子深，市场品类的丰盛也会掩盖掉真钻石的光芒。对于老板电器来说，在复杂多元的环境下，需要从零售的基础三要素"人、货、场"进行全面重构，为品牌带来新机遇。

人的重构：从以企业为中心到以消费者为中心，不仅品牌自身需要转变观念，与终端消费者建立有效互动，企业经营中的经销商、代理商、店员等也需要围绕消费者开展一系列营销及服务创新。

货的重构：在消费电子领域最核心的就是"产品至尊"，这不仅是电子消费设备的专利，对于厨电领域市场同样有效，最终主导消费者决策的依然是"货"，其中，既包括货的品质是否能够满足消费者在功能性、审美创意等方面的基本诉求，也包括货的生产、制造过程是否能够高效环保，能否做到"千人千面"的定制化，物流能不能根据消费者装修进度做到货物的精准送达等。

场的重构：当下厨电产品的交易场景已经不只是线上传统电商、线下专卖店这样简单的场所，线上还包括直播、VR/AR、小程序等新的技术及场域渠道，以及内容平台抖音、快手、小红书等年轻人常驻的平台，老板电器需要紧跟时代的潮流贴近主流消费群体及年轻人的诉求。此外，工厂制造端也急需升级，利用数智化手段降本增效，提升柔性制造和定制化制造的能力。

在升级变革经营策略的需求驱动下，主导新零售的阿里巴巴进入了老板电器的视野。在双方更进一步的研讨和沟通中，老板电器与阿里巴巴展开了深入合作。老板电器的数智化转型也参照全链路数智化转型"五部曲"方法论，形成了从感知到行动的智能化闭环。

10.1.2 全链路数智化转型

1. 基础设施云化构建技术底座

我们知道，想要打通数据、业务间的"烟囱割裂"效应，实现高效率、高协调度，完成供应与营销侧的准确统一，最好的方法是企业IT基础设施全面上云。

老板电器的大数据平台、工业互联网平台等核心业务都部署在阿里云上，利用阿里云高可用、安全合规、高弹性能力助力老板电器数智化转型。

举例来说，我们知道庞大的工厂高效自主运转的背后，意味着海量的数据和任务需要处理。对工厂来说，处理数据是一个难题。老板电器通过引入阿里云的边缘计算，构建了"云边一体"的技术架构，依赖算力的数据分析在云端处理，并对多套异构系统进行统一的主数据管理。通过边缘设备云端与本地的协作处理，可以做到实时处理，大幅缩短设备的响应时间，达到质的飞跃。基础设施的云化是老板电器生产、运营、营销的基础技术设施底座。

2. 触达用户与生产的每个角落

触点无处不在，数智化时代，老板电器需要与消费者建立连接触点，及时满足各种需求。生产端设备包括芯片、传感器、生产机器，以及数据库、生产管理软件等，这些复杂系统的各个环节都需要触达和控制；组织协同方面，需要在内部建立广泛连接的触点，提升组织和员工的效率……

在市场营销侧，营销运营的触点触达消费者和供应商，主要包含：线上的触点，如天猫商城、京东商城、苏宁等主流的电商渠道；线下的触点，如各大卖场的门店；商业触点，如广告等；社交触点，如小红书、抖音、微博、微信等平台。

在生产制造端，老板电器在未来工厂中引入边缘计算，实现了工厂无人化，如图10-2所示。边缘计算设备运行的前提是各触点采集数据的完备。工厂从接单到数据处理、生产，再到发货、安装等所有环节都有系统，每个系统都有各种触点数据，生产触点数字化可以对生产的各个环节进行控制。例如，在冲压环节，想要实现无人化作业，对重型机加工设备的信号响应需要准确且低延时，传统的数据上云计算后再回传无法满足现场业务，采用边缘计算设备各触点对数据的收集，能实现实时快速地处理和响应，以前这些情况只能做到大约70%的响应率，现在可以实现100%响应。现在，整体业务数据存储和处理通过边缘计算可以达到毫秒级。

图10-2 老板电器无人工厂一角

3. 业务在线提升管控效率

老板电器一直非常重视信息化建设。2004年，老板电器就采用了ERP系统，十多年陆续建立了PDM、MES、HRM、SRM、分销、CRM、EBD等业务和管理系统，搭建了集团ERP整合管理平台，实现了生产、供应链、财务一体化，形成了完整的管理闭环，全方位提升了企业的集团化管控效率。

在办公自动化方面，老板电器的第一代协同办公系统于2005年上线，实现了线上协同办公从0到1的过程。2013年，老板电器上线业务流程管理系统OA，强化了企业流程管理的功能性，将门户、自定义表单、流程引擎、文档管理作为核心建立了第二代协同办公系统，如图10-3所示。

图10-3　老板电器的第二代协同办公系统

2016年，老板电器仍处在企业高速发展阶段，但信息化建设已经不能很好地支撑业务发展。老板电器决心实施组织数智化转型，进行自我颠覆，2016年，老板电器全面推动业务流程移动化。2017年，老板电器采用钉钉作为统一协同办公门户上线，实现了基于"云钉一体"的数智化转型，如图10-4所示。

图10-4　老板电器基于"云钉一体"的数智化转型

在数智化转型过程中，老板电器把钉钉定位为"企业操作系统"，发挥的是企业基础设施的作用。组织数字化是管理数智化的基础，2020年老板电器有超过12000名总部员工与代理公司员工上线钉钉，百分之七八十的管理系统都通过钉钉完成。过去，组织的协同十分不方便，老板电器传达企业经营与管理共识，需要86个分公司通过定期进行视频会议传达。现在，企业思想共识基本上通过钉钉日志形成，大大提高了传达效率，节省了沟通成本。通过使用钉钉视频会议、群直播，实现了沟通数字化。在疫情期间，老板电器全员使用钉钉考勤，实现无接触、免排队快速打卡。通过钉钉健康打卡，智能填报疫情情况，实现员工健康的精准管控，防疫复工两不误。

如图10-5、图10-6所示，借助钉钉，老板电器告别了传统的PC办公，实现了移动办公，从组织、沟通、协同数字化到业务和管理数字化升级，从基层员工、中层管理者到领导效能都得到了大幅提升；实现了组织数字化、在线化，办公、会议、协同效率大幅度提升，全面支撑敏捷组织转型。老板电器节省了超过40%的建设成本，降低了超过55%的运维成本，提升协作效率超过50%。

图10-5 老板电器用钉钉实现组织在线

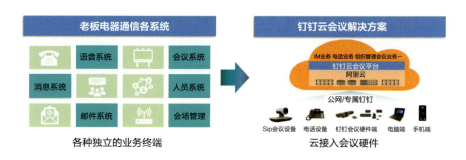

图10-6 老板电器的钉钉云会议

实现组织在线化后，老板电器将生产制造的在线化全面铺陈。在实现"未来工厂"之前，老板电器经历过两次关键转型：第一次是2012年的"机器换人"，第二次是2015年的"智能化"。转型的目的是提升生产效率与产品质量，也是为了应对逐年增加的人工成本。老板电器意识到需要从货物的源头（制造端）开始变革，于是初步做了"机器换人"的尝试。"机器换人"的背后是整个制造业共同面临的"招工难"困境。据老板电器行政总监俞佳良介绍，仅在2021年上半年，老板电器就面试了近5000名员工，最后实际到岗人数只有1800人左右，截至采访的日期（2021年9月中旬）已离职1400人，离职率在70%左右。一线工人的工资并不低，平均年薪超过10万元，这样的收入超过杭州的人均收入水平，但仍然无法留住年轻人。

2016年，老板电器投资7.5亿元建设了首个厨电行业的数字化智能制造基地，打造了行业内数字化、智能化、自动化程度较高的制造基地，打通了智能生产、智能仓储、智能物流一体链的全链路，生产效率提升了30%以上，多个环节的不良率下降了50%左右，产品一次优良率达到96%以上，人工规模大幅精简，生产成本大幅下降。2018年，老板电器又投资15亿元启动智能制造二期项目，将智能工厂升级为智慧工厂，升级了"六个全"生产链，即调度指挥全统一、计划执行全精确、物流准时全配送、制造状态全透明、质量追踪全流程、能源利用全高效。老板电器通过构建智能化生产系统，全面实施网络化分布式生产系统，建立应用信息物理系统（CPS），打造数智化全价值链，实现横向集成，实现客户市场、内部结构、供应商等多方面的数字化互联，全面提高生产效率。

2019年，老板电器开始携手阿里云等企业，着手打造行业内首个无人未来工厂，突破半自动化的局限，让整个工厂全自动运转，不需要额外的人为干预。

从2020年开始，未来工厂项目从立项到交付一共用了8个月时间，老板电器建立了5万平方米的无人工厂。未来工厂是全链路的数字化、机械化和智能化，核心是柔性定制，对所有产品通用。对企业来说，已经不是一条生产线生产一个产品了，而是对各种产品共性的生产环节做自动化和无人化的改造设计。无人工厂的生产集中在所有产品生产前端的共性部分的钣金、冲压、焊接、折弯、减版等环节。在共性生产部分建设好的基础上，用AGV小车送到喷涂车间、组装车间、装配车间和包装车间，进入不同的流水线。

如图10-7所示，基于阿里云IoT平台搭建的"九天中枢数字平台"，接入了工厂全部自动化设备生产线和上万个点位的数据。这些设备数据经过处理、智能分析后汇集到九天中枢数字平台。这个可指挥整座工厂全流程调度的"大脑"，帮助工厂实现了不同设备间自主的协调运作、灵活响应，在产线内部和产线之间的运作、协同等都不再需要额外的人工干预，一线工人被彻底解放了出来。此前需要238名一线工人两班倒，现下只留下33人，他们的工作内容也发生了新的变化，从工人变成了运维工程师、设备保养工程师、技术开发工程师这样的知识型蓝领工人。

图10-7 老板电器九天中枢数字平台

在九天中枢数字平台之上，模具管理、产品质量管理、设备管理等智能应用也陆续上线，进一步提高设备的生产效率和良品率。如图10-8所示，20米宽的数字大屏实时反映产线的作业情况，滚动的数据实时向设备下发指令，并对异常情况提示预警。产线还通过数字孪生技术完整地3D还原出来，即使不在工厂里，工厂里发生的一切也都可视、透明。产线内需要人工干预处理的任务则由钉钉预警推送，工人们在钉钉上收到数字平台的提醒后，再启动巡视检修，从过去的"人找任务"变成了"任务找人"。

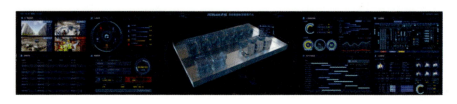

图10-8 老板电器九天中枢数字平台大屏

目前，工厂里的所有设备都能基于数据和算法自行运转，生产效率提高了45%，生产成本降低了21%，良品率提升至99%。作为厨电行业的领头羊，老板电器打造的行业内首个无人工厂已成为制造行业的标杆，2020年12月，无人工厂被浙江省经济和信息化厅评为首批12家"未来工厂"之一，老板电器也成为唯一一家入选的家电企业。

4．数据运营提升精细化程度

数智化转型是一项系统工程，需要覆盖到企业的商流、物流、资金流、信息流等各个方面。因此，具体实施过程需要充分考量、分步推进。

在数智化转型过程中，对于经营决策者来说，数据能够提供丰富的信息和一定的价值。此前，老板电器的各电商数据都散落在各个平台，没有形成统一的数据平台，各业务数据不仅割裂，并且数据标准不一致、不共享，对于经营过程的数据整合和运营决策都带来了难度。

老板电器联合阿里巴巴打造了大数据分析平台，平台以消费者需求为驱动，通过全域大数据平台接入各电商平台数据，解决销售、消费者、库存、服务各个主题数据完整性、准确性、及时性等问题。老板电器通过大数据分析平台，确保整个电商业务的数据是标准的、一致的、层次结构清晰的，所有的数据可共享，使老板电器得以精确、高效地响应消费者需求。

在营销侧，以阿里云数据中台为基础，老板电器电商全业务数据分析体系被重新构建，用来实现电商业务数据化运营。数据通过统一的数据中台经过分析、处理后，电商业务数据标准、结构清晰。这些与业务相关的数据经过沉淀后，在运营平台发挥效用，用来支持营销活动、内容运营的实时监控与分析，也可以支持流量运营、电商运营的绩效分析，改进营销策略，提升运营精细化程度。

在与产业链上下游经销商的合作过程中，老板电器的智能运营平台可将产业链数据与经销商共享，不仅提升双方沟通协作的效率，还可以优化渠道库存结构，加快滞销品的周转。全渠道运营平台整体提升了供销流转效率，例如，通过共享品牌商与供应链的业务数据，打造全渠道运营平台后，滞销品减少了24%，物流运输费用降低了23%，新品、新活动下达市场的时间从1个月缩短至不到7天。

从生产到销售整套的解决方案，让老板电器零距离触达消费者。以九天中枢数字平台的决策指导产品规划、开发、精准营销、精准服务和精准制造，实现市场与用户零距离、研发与用户零距离、制造与用户零距离。

5．数据打通驱动供需双轮平衡

以无人工厂为代表的"零点制造"模式，不仅能够精准地进行产品规划、研发、生产等流程，还能够最大限度降低生产制造过程中的能源消耗，达到绿色生产、资源配置最优、成本最优等目的。

过去，企业的经营与排产需要进行大量线下非定期的调研，采集比较有限的数据，数据背后的画像与分析不太完整，基本靠经验来决策生产。而通过数字化智能化升级，无人工厂中大屏展示的实时数据，包括每日发货开票的回款、市场端的份额、生产端的功效、产能等数据都可以实时获取，直接映射数字孪生三维场景与动态数据的变化，可以更准确地为经营决策助力。现在，企业可以依据数据信息反哺产品的研发，指导产品规划、产品开发及销售预测等动作，让产品生产越来越聪明，越来越适配消费者的个性化需求，为消费者带来更加便捷、优质的产品和服务。

10.1.3 智造进阶赋能行业未来

老板电器在建设"未来工厂"的过程中，基于厨电行业自身的特点，打造了以九天中枢数字平台及"零点制造"为特征的数字制造体系。老板电器九天中枢数字平台体系的建立，是其数智化制造与众不同的一个重要特征。

数智化转型需要整体规划，分步实施。老板电器联合阿里巴巴打造的以九天中枢智能平台为核心大脑的工业互联网平台，以消费者需求为驱动，打通了市场端、研发端、供应链端等，实现以数据为纽带，智能化驱动业务的全价值链管理。

九天中枢数字平台的每重"天"都代表着老板电器数智化的组成模块，包括一重天的基础建设、二重天的业务标准建设、三重天的数据标准建设、四重天的管理数字化建设、五重天的制造数字化建设、六重天的研发数字化建设、七重天的营销数字化建设，以及八重天的数字智能化建设，最后，九重天代表了老板电器智能制造的愿景。对于老板电器来说，其智造的进阶变化既是消费市场变化与企业自身发展进化的协同，也在无形中与国家的工业化发展走在相同的方向上。

老板电器的数智化进阶，在迈入未来工厂这个厨电领域内"无人区"的道路上，对"人、货、场"进行全面重构，实现了消费者对美好厨房生活的向往。同时，在数智化道路的革新上为消费者带来厨电产品品质与效率的提升，为消费者带来中式厨房的烹饪数字化体验改善，其在行业内敢于尝鲜将为更多踏上厨电行业转型道路的企业提供"焕新"思路。这也是老板电器向其实现"成为引领烹饪生活变革的世界级百年企业"的愿景迈出最为坚实的一大步。

（特别致谢本案例主要作者老板电器副总裁葛皓）

10.2　九阳股份：数智化构建未来厨房解决方案

1994年，九阳发明了世界上第一台豆浆机，这是中国人自主发明的家用电器。借助这台小小的豆浆机，九阳从一个细分领域的创始者成长为当今小家电领域的领导品牌，如图10-9所示。

图10-9 九阳已经成长为小家电品牌领导者

根据九阳公布的2020年年报，在疫情背景下，公司实现营业收入112.24亿元，同比增长20.02%；净利润为9.4亿元，同比增长14.07%。作为国民家喻户晓的小家电品牌，九阳专注于健康饮食电器的研发、生产和销售，从豆浆机开始走进千家万户，到如今其他品类如破壁料理机、电饭煲、电压力煲、电炖锅、电水壶、面条机等数十种小家电全品的覆盖，从1延伸到N，并连续11年荣获中国家用电器研究院颁发的"最具影响力小家电品牌"的行业称号。

九阳紧紧把握市场变化，准确抓住消费者需求，在产品的创新上引领并带给消费者极致、便捷的生活体验方式。例如，面向"90后"和"Z世代"人群，大力创新产品设计，九阳推出了一系列高颜值、萌宠、可爱的小家电。联合一众年轻人喜爱的IP元素如布朗熊、可妮兔、莎莉鸡LINEFRIENDS小伙伴、哆啦A梦、HELLOKITTY等，化身三明治机、果汁杯、豆浆机、烤箱、面条机、电火锅等IP萌潮小家电，这些新潮的小家电点燃了年轻消费者的热情，九阳回应了年轻人对精品与颜值的呼唤，受到疯狂追捧。

九阳敏锐的市场洞察力和执行力得益于九阳的核心基因——创新。九阳从单品类起家，通过一路披荆斩棘，不断超越自己走到小家电领先地位，刻在骨子里的信念就是不断地革新与迭代，这是九阳得以生存和发展的利刃。

10.2.1 小家电行业的变化与挑战

小家电行业最主要的变化是在营销方面。消费者有了新的购买触点和触媒习惯，这对传统售卖渠道的分流有较大影响。小家电行业的市场发展其实并没有那么顺利，甚至可以说行业一直在变化，竞争也一直很激烈。

第一是新玩法百花齐放，以小熊和摩飞为代表的互联网新锐品牌在产品设计和内容上快速向年轻用户靠拢，如何在年轻化的营销变革中获取优势，各品牌都在创新尝试。

第二是销售渠道革新，伴随着内容电商、兴趣电商和社交电商的兴起，线上风头日盛。传统渠道的消费者有了新的购买触点，这对传统售卖渠道的分流有较大影响。据奥维云网发布的数据，2020年上半年，国内小家电市场销量线上占比已高达83%。虽然有疫情的原因，但从中不难看出，如何应对线上对线下的巨大冲击，是传统品牌商面临的第二个问题。

第三是用户的变化，包括年轻化和圈层化，"90后"和"Z世代"人群有着与之前消费者不同的审美、文化和生活习惯，多种因素叠加在一起产生了新的产品需求。因此，传统小家电品牌也在逐步年轻化，都希望能够获取更多的年轻用户，如何准确洞察年轻消费者的需求成为品牌商的关键竞争力。

这些挑战给九阳带来的思考就是数智化转型，面对年轻消费人群需要快速了解他们对产品的需求和痛点，以及他们对产品设计的独特喜好；同时，针对年轻消费者广泛使用的新型内容渠道，如哔哩哔哩、抖音等需要进行品牌营销覆盖，并且在营销渠道上不断扩大更多的线上渠道，以及新型社区团购渠道。在线下，九阳是首家规模进驻年轻人生活方式为代表的MALL店。在九阳来看，数智化是业务发展的必然趋势，通过数智化手段不但可以降低成本、控制风险，还可以大幅优化业务运营和经营管理的效率。

10.2.2 数字化创新成为经营管理思维

九阳对创新非常关注，敢于尝试、勇于试错和创新是九阳的核心基因，因此对于数智化的引进和变革，九阳意识和行动都很早，管理层的快速响应和执行与CEO战略思维有关。出于对数智化转型的重视，九阳很快在内部达成了共识，董事长、总裁等重要决策层都参与到数字化项目当中，自上而下推动公司变革。九阳每年的总裁寄语中，有三分之一的篇幅都与数智化的动作和规划有关，并将相关的考核纳入到内部员工的KPI指标中。在"一把手工程"的积极推动下，管理层执行起来非常迅捷。正是内部数智化思维的统一，以及公司全员高度重视、高度一致的组织行动，从根本上保证了数智化转型的切实落地。

转型从什么地方入手？整体的规划如何？九阳股份有限公司数字运营部总经理陈波介绍了九阳对数智化转型的"一点两面三端四化"战略规划。"一点"是以用户运营为中心点，涉及需求与供应两方面，在"人、货、场"三端，实现用户群体的社交化、裂变化、会员化和私域化。九阳整体数智化的转型分为三个阶段：第一阶段是消费者数据的数智化，解决用户洞察和用户运营能力；第二阶段是智能企划和供应链智能补货协同系统；第三阶段是实现智能化决策，通过数字化能力推动智能化决策的能力。

10.2.3 稳定与安全的云端选择

由于九阳敢于创新，因此在云计算还处于发展早期的时候就开始尝试使用它，并取得了收益，而上云的原因也是基于传统IT设备的一些明显弊端。传统的IDC（互联网数据中心）机房没有快速的弹性扩展能力，各种硬件设备维护成本也比较高，安全性较弱。在数智化时代，不解决基础设施的云化，就难以支撑起大容量的业务，增长与发展更无从谈起。云计算已经成为九阳整体技术的数字底座。

上云并不是一件简单的事情，需要将原有的系统重构解决兼容性问题，系统之间的接口要重新联调和部署，应用防火墙的规则也要调整。目前，九阳的研发、设计、生产、制造、物流、供应等大量的业务流程都放到了以阿里云为主的云端。九阳数据运营部总经理陈波表示，相比传统线下的IDC机房，云化最明显的优势是云计算使得整个系统的扩展性能更好，更加安全，企业将服务器和数据库放到云端，云上系统具有很大的弹性和灵活性。比如，九阳在"双11""618"电商节日大促期间，可以迅速将云端服务器和数据库进行扩容，以获得高并发的计算和存储能力，等到节日结束后，业务量恢复正常则可以释放容量，降低成本，同时基础设施云化后还可以减少运维成本，提高系统的稳定性和安全性。

在九阳来看，上云是必然选择，基础设施云化符合企业降本增效的需求，云化带来的不仅仅是效率与成本的变化，更带来了业务灵活创新的可能性。

10.2.4 触达感知用户，协同精准营销

就零售业务而言，九阳的触点类型主要包含线上的电商触点，如天猫商城等，线下的触点如门店、柜台，商业触点如营销广告，社交触点如小红书、抖音、微信等平台。这些触点组合形成多面多角度的触点网络，构建了企业、渠道和消费者之间的桥梁。

同时，九阳线上和线下都有各种活跃的会员运营活动，通过门店和自营线上社交裂变活动、直播平台品牌广告投放工具等触点，引流到店，通过门店会员中台及各种数字化工具，完成消费者在店内的

消费转化，同时，信息会回流至会员状态更新，这样进一步完善消费者的标签画像，从而为推动"人货"匹配形成精准的营销闭环打下基础。

此外，在数智化的新零售时代，电商的形态在近二十年的发展中有一个重要的变化，就是万物皆可直播，尤其是在2020年，疫情加速了这个形态的转变，直播变得更加常态化。九阳敏锐地感知到疫情背景下危中有机的"宅经济"，这个阶段新的生活方式将直接影响用户的购买行为。在触达用户的方式中，直播是九阳比较早的尝试，在疫情期间，九阳不仅针对品类做了调整，发动头部达人直播，还动员全店全导购员直播及店铺自播。九阳的这场自救活动带来了意想不到的收获。这是一种类似于压强式的测试，也是数智化的催化剂，更是一个构建未来能力的机遇，数智化的进程不可逆，疫情加速了这个变化，也丰富了企业的营销能力。

10.2.5 业务协同升级，全渠道会员一盘棋

任何数智化转型的目的都是解决运营"人、货、场"的协同和管理协同的问题。对于零售企业来说，必须要知道货卖给谁，需要了解深挖用户的需求，而在品类上用户能够选择的产品太多。用户到底买谁的，价格怎么定，供应和需求侧的对接如何有效地联动，从而进一步减少库存等都是很值得关注的问题。最重要的是，如何将线上和线下分离的业务状态打通，提高业务整体管理协同的效率。业务中台的建立主要就是为了解决这些问题。

对于九阳来说，经过多年的发展，沉淀的会员数据非常庞杂，这些会员信息的价值并没有被充分挖掘。在流量红利收紧的当下，如何盘活这些有价值的会员信息，是九阳最需要优先考虑和解决的问题。

九阳此前的会员信息沉淀在各个渠道中，彼此分散割裂，缺乏有

效的工具深度挖掘会员的价值，致使原有的会员系统对业务的支撑效果不理想。会员信息对于九阳来说是重要的核心资产之一，这也是所有零售企业的共识。会员也不再是过去的概念，新零售时代会员是一个更加泛化的概念，不仅包含忠诚用户，也包含兴趣人群、购买人群等。九阳上线的业务中台会员中心实现了对这些全渠道会员信息的打通，此外，也统一了之前分散的积分规则和等级设定，会员权益也得到了联通。通过业务中台对会员的运营管理与需求洞察，九阳发现会员购买单价平均是非会员的2倍；在高价值单品方面，会员的购买单价是非会员的3倍；在购物频次方面，会员是非会员的1.8倍，这些会员买得更多、更贵，具有更高的价值。

对留存的会员如何维护，以及如何设定维护的周期？九阳通过数据发现，会员的品牌复购周期大概在1～3个月，基于此，九阳发起了会员促销行动，在会员复购周期内对用户多次触达，以差异化的服务提升这些会员对品牌的黏性。除了会员中台的建设，在订单数字化方面，九阳也开始了数智化构想。

正在计划构建的订单中台，主要考虑升级渠道系统的效率。未来，九阳想要实现电商订单和线下订单统一到订单中心中并与库存打通，实现订单的全渠道履约发货。举例来说，消费者在天猫的订单给到经销商仓库，货品所处的仓库和消费者的收货地址不一定是最优匹配，比如，消费者在杭州买货，经销商在河南，如果由河南仓库发货，而没有选择杭州仓库，周转效率就会较低。订单中心可以自动盘点库存与周转率，最终实现与消费者就近经销商的仓储衔接、与人货的最优匹配，从而提升消费者的全流程购物体验。

10.2.6　基于数据的用户洞察与精准营销

数据中台的建设通常是企业管理层最重视的项目之一，用户数据中蕴含着丰富的价值，这个共识在流量化时代日益凸显，市场竞争已经从增量用户争夺转化为对存量用户的精细化运营，而关于用户数据方面，企业会关心用户的数据都有哪些维度？存量用户有多少？忠诚用户有多少？他们的复购率如何？他们倾向于哪些品类的购买？

对于九阳来说，20多年的发展不仅仅是技术和品牌效应的积累，还存储了大量宝贵的用户数据，只是之前这些原始数据分散且碎片化，消费者的主体数据未整合，标签画像的系统体系也未完善。数据通过人工处理的方式低效、费时，对于促进品牌的业务增量具有一定的局限性。如何有效地挖掘出数据的价值，并加以合理使用、促进销量增长，是企业面临的最大难题。

如图10-10所示，盘活这些沉睡的数据资产，挖掘出数据中蕴含的"富矿"，数据中台成为企业把控数据、实现数据化运营的选择。阿里云为九阳打造的数据中台，融合了九阳线上线下的全域消费者数据，通过ONEID技术统一识别和整合，构建了消费者数据的标准和规范。九阳目前已经构建了丰富的消费者数据标签，完成了全域消费者数据的整合，沉淀了几千万条有效数据，而基于这些有效的数据，九阳能够运用标签工厂快速灵活地进行标签画像与用户洞察分析，使得精准营销成为可能。陈波表示，通过阿里云数据中台洞察到的消费者人群，比九阳原先自己洞察的人群投放回报率更高。在数据中台上线不久后，九阳就迎来了"618"年中促销活动的大考，借助阿里云数据中台，基于数据中台共创IP人群运营，在某IP联名新品优选放大人群ROI（投资回报率）提升了3倍，"双11"单品销售预测准确率也大幅提升。

此外，九阳通过数据中台的核心产品之一QuickAudience，对品牌近两年自有信息进行分析、运营和管理，同时根据类目活跃度、消费行为特征等筛选逻辑，描绘出更为精准的消费人群，从而使整个营销链路、数据闭环更加完整。九阳结合人群渠道和消费属性，为全域消费者定制了差异化的策略，比如，针对"A人群"（认知人群）高频触达，"I人群"（兴趣人群）中对于折扣敏感型、高价值人群，推出不同的营销策略，让其转化为"P人群"（购买人群），从而在减少营销成本的同时实现成交转化率的提升，如图10-11所示。

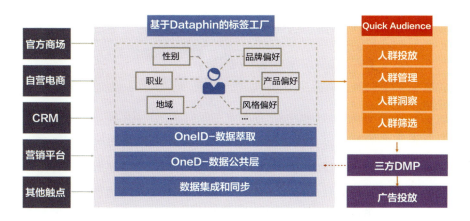

图10-10　九阳利用数据中台完善用户标签与洞察分析

图10-11　九阳为全域消费者制定不同营销策略

有了策略与数据的支撑，抓住年轻的消费人群也就变得容易起来，九阳开始在新品研发方面贴近年轻人的追求喜好，打造出一些经典IP的联名款，如哆啦A梦早餐机、果汁杯等产品，获得年轻人的追捧，如图10-12所示。

图10-12　九阳基于消费者洞察推出经典IP联名款

基于数据中台提升营销触达效率，九阳沿着消费者的体验旅程和关键场景，精心设计出运营策略，最终提升了营销精准率。而在未来也可以基于数据中台的能力，建立标签与营销效果的动态迭代，依托数据中台灵活且高扩展性的标签组合能力，构建不同产品组合下的精准营销。营销提效只是数据中台能力的一部分，数据中台完成之后还将不断迭代，全链路的数智化可以从消费者需求贯穿到新品研发，再到供应链改造，不断为九阳提升差异化服务能力。

10.2.7　向数智化决策方向挺进

企业进行数智化的改造，想要获得的终极能力就是通过各类工具对业务与数据的分析，可以自动实现决策的智能化。能否借助数字化手段减少决策失误、提高决策成效是企业共同的愿望。数智化转型的目的就是让企业拥有一个数字大脑，基于复杂智能算法的推荐，预测决策等行为，让企业依靠技术决策采取相应的行动，并根据实时的数据反馈不断完善和补充，形成良性的闭环，最终帮助企业实现端到端全链路的高效决策。

在订单的交付方面，九阳开始构建优化订单的智能路由交付规则。九阳拥有上万家经销商，为了更好地与这些经销商进行订单履约业务的协同，未来需要加入各种策略和算法模型，在实际订单的匹配中，智能分配最近的仓库、承运商等，实现人货匹配、业务效率的提升，带给用户最佳体验。

对于零售业来说，提质增效是没有尽头的路途，数智化的改造赋能会不断进行下去。不论从"人、货、场"的哪个层面去展开，九阳都会选择靠近趋势潮流，在极致化、年轻化之路上奔跑。无论过去、现在还是将来，九阳始终坚持创新与健康的理念，在数智化能力的加持下为用户带来中式厨房的新想象，不管是产品的革新还是效率的改变，最终送到消费者面前的是全新餐饮烹饪的体验。

【小结】

九阳基于管理层对数智化经营的理念，用数据中台与业务中台会员中心提升了数据运营与营销触达的效率。九阳沿着消费者的体验旅程和关键场景，基于中台能力，建立运营与营销效果的动态迭代，依托平台灵活且高扩展性的标签组合能力和画像能力，构建不同产品组合下的精准营销。此外，中台还将不断迭代，全链路的数智化可以从消费者贯穿到新品研发，再到供应链改造，不断为九阳提升差异化的服务能力与竞争力。

九阳和阿里巴巴的合作模式及实施路径将深刻影响消费电子行业的转型方向，可以作为分析行业数智化未来转型路径的典型案例。

第11章
美妆日化：全网全渠道数智化营销

如今，线上直播、短视频App中涌现出越来越多的俊男靓女，并影响了更多的普通大众，让更多的人产生了提升自身"颜值"的想法，美妆护肤等需求井喷。同时，随着中国消费者可支配收入的不断提高，人们不再满足于吃饱穿暖的基本生存需求，愿意为美丽支付更高溢价。据《2020年中国本土及国际美妆护肤品牌及营销现状研究报告》显示，2016—2019年，中国化妆品市场高端品类呈现爆发式增长，并且基于美妆护肤日益增强的细分需求，护肤品和美妆品品类都呈现精细化发展趋势。

消费者的品牌偏好开始向本土品牌、多元化产品转移，由此催生了花西子、贝泰妮等一批本土企业。这些企业借助互联网新媒体等创新营销方式，收获了知名度，不断争夺全球美妆护肤市场份额，迅速跻身知名品牌行列。

时代红利赋予了这些新锐品牌火箭般的业务增长速度，也让扩张能力与业务规模不适配的问题变得日益严重。

对外需要优化"长板"。本土美妆日化品牌当前侧重于品牌营销，拥有建设好的会员体系，但缺乏有效的运营方式，因此以消费者为核心的全渠道运营体系、商品创新体系和精准营销体系亟待完善。

对内需要补充"短板"。企业高速发展期出现了IT、组织、供应链等环节追着业务跑的情况，核心供应链体系、内部管理模式、渠道体系需要尽快通过数智化手段实现能力升级。

夯实数字底座，通过"数据驱动+算力驱动+算法驱动"的三重动力，让业务保持高速增长，是新锐美妆日化企业下一步的努力方向。

徐志摩曾说过，"美是人间不死的光芒"。"颜值经济"的繁荣才刚刚开始，接下来，我们将一起踏上数智化的逐美之旅。通过花西子、贝泰妮等美妆日化企业的实践与探索，了解这些本土新锐品牌如何打造数智化能力，并走向企业的基业长青之路。

11.1　浓妆淡抹总相宜：花西子走向世界的数智化底座

提到代购，很多人的第一反应都是将洋品牌带回国内。作家吴晓波的一篇"去日本买电饭煲"文章，就曾掀起了国内外对中国制造的大讨论。而2021年3月，一场"反向代购"发生在中日航线上，一款以中国少数民族苗族的文化图腾作为设计思路的中国彩妆礼盒"苗族印象"，在上线日本亚马逊平台之后，很快引发了购买热潮，如图11-1所示。很多日本消费者希望从中国"反向"代购这款礼盒，价格也从900元人民币炒到了2000元人民币。这款礼盒的打造者正是近两年来飞速崛起的国货彩妆品牌花西子。

花西子成立于2017年3月8日，"花"即"以花养妆"，"西子"二字取自苏东坡的诗句"欲把西湖比西子，淡妆浓抹总相宜"，品牌英文名"Florasis"（Flora+Sis）意为"花神"。从品牌名称中不难看出，花西子的品牌定位是东方美与时尚的融合，以花卉草本精华作为主要成分，针对东方女性的肤质特点与妆容需求，主打产品包括底妆系列、唇妆系列、眼眉系列，以及定妆和卸妆系列等，打造面向全球大众消费者的中国彩妆品牌。

图11-1　花西子品牌在短短几年时间内快速崛起

　　将传统中国元素融入产品和品牌中，花西子先后打造出雕花口红、百鸟朝凤眼影盘、何首乌眉笔、苗家印象等爆款。比如，2021年推出的"苗族印象"系列，就以苗族银饰工艺为主，将寓意传承与希望的蝴蝶图腾融汇到整套彩妆产品包装中，也利用东方浮雕工艺将蝴蝶印刻于彩妆盘中，打造出内外兼修的"东方美"。

　　2020年，在天猫、京东、抖音、快手等平台上，花西子都位列彩妆类目成交金额排行榜第一，成为当之无愧的"国牌"代表。第六届天猫金妆奖也授予了花西子"国潮先锋品牌"的称号。

　　美是全人类共通的语言，花西子借助"东方美"，成功推开了海外市场的大门。2020年"双11"期间，花西子跻身天猫国货美妆出海销量榜第一。随着海外消费者口碑的不断积累，2021年，花西子的海外市场销量迎来了爆发式增长，同心锁口红、空气蜜粉等爆款先后进入亚马逊小时销售排行榜前10位，多款产品上线即被抢空，如图11-2所示。

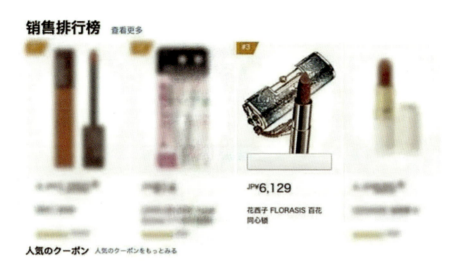

图11-2　花西子成为日本亚马逊畅销品

作为国货新消费品牌的标杆级成功案例，可以按照PEST战略外部环境分析法，大致窥探花西子成功的背景条件。

（1）P，政治（Politics）方面，随着中国实力的不断上升，文化软实力的地位和作用也越来越重要。国家提出到2035年建成文化强国的战略目标，并出台了多种配套政策，下大力气推进文化强国建设。国人的文化自信与中国传统文化的影响力前所未有地放大，也推动了"国牌""国潮"顺势崛起。在2021年的非遗美学展上，融入了苗银元素的花西子"苗族印象"系列产品就在央视新闻中作为展品出镜，彰显了民族美学与时尚的融合新生。

（2）E，经济（Economy）方面，随着消费水平及观念的不断提升，消费者对化妆品的需求日益增长。调研机构艾瑞咨询的数据显示，在"Z世代"的消费中，美妆护肤、潮流配饰和香水香氛是时尚消费的前三名，其中，美妆护肤以94%排名首位。图11-3所示为"Z世代"平均可支配收入分档图，"Z世代"的平均可支配收入达到4193元/月，高于全国人均可支配收入2682元/月的水平（2020年），这一庞大群体支撑着国货美妆的增长空间。

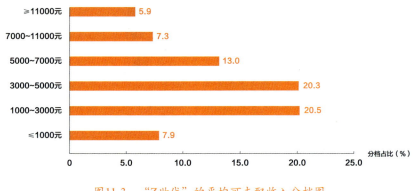

图11-3 "Z世代"的平均可支配收入分档图

（3）S，社会（Society）方面，整个社会不再盲目追逐洋品牌，尤其是在互联网时代下成长起来、具备多元视角的年轻群体，他们更注重自身感受和个性化选择。花西子得以快速成长的首要原因，就是用户需求发生了变化。"90后""00后"对国货品牌的认可度，以及他们更加关注于自身感受，消费的目的是让自己变得更加舒适，而不是为了某一个Logo。年轻群体的选择面伸展到更广泛的品牌，给国牌带来了机遇，图11-4所示也显示了近5年来国内外消费品牌关注度的变化。

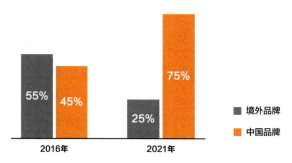

*2016年和2021年，中国品牌和境外品牌关注度占比

图11-4 国货关注度全面反超境外品牌

（4）T，技术（Technology）方面，花西子的增长伴随着中国数字经济的腾飞。开放的互联网平台与创新技术，让本土新消费品牌和传统国际大牌在销售渠道和品牌传播渠道上站到了同一起跑线，抓住了这一技术红利的花西子得以快速发展。创立之初，花西子就将电商平台作为销售主渠道，2017年8月就入驻了天猫，开设花西子旗舰店。目前，花西子已经入驻多个电商平台，九成销售额来自天猫。如图11-5所示，花西子也一直占据2021年上半年彩妆品牌天猫旗舰店排名榜首。

图11-5 2021年上半年彩妆品牌天猫旗舰店排名

2018年，花西子则进一步借助短视频、社交分享和电商直播等互联网平台的影响力，对年轻群体的消费场景与娱乐需求进行精准洞察和满足，在线上全方位触达"网生一代"，与淘宝直播的头部主播李佳琦紧密合作，在抖音平台发起"卸妆卸出脸谱妆"挑战赛，在哔哩哔哩网站上打造国风歌舞、华服展示等内容。2021年年底，还推出了同名虚拟代言人"花西子"，先人一步打造智能时代的品牌虚拟形象，充分利用新技术、新渠道，让花西子收获了可观的关注度与业绩增长。

时代成就了花西子，也给花西子及类似的中国新消费品牌提出了新的命题和挑战。

首先，新消费品牌往往依赖于规模化营销投放来占据用户心理，花西子的营销链路不断扩大，需要建立线上线下、站内站外的全方位、精益化营销体系。

其次，对于新消费品牌来说，研发、供应链、IT能力等都处于不断追赶业务的阶段，如果不升级，就会进一步掣肘公司未来的发展。以花西子为例，ODM模式下想要持续打造爆款，避免同质化竞争，必须对供应链进行流程化改造。此外，大量跨企业、跨部门的业务往来产生了散落于各处的数据，人工统计的效率十分低下，电商平台提供的标准化、数字化工具也难以支撑花西子庞大的业务体量……这些新问题需要一个统一的、定制化的数据基础平台来解决。

此外，随着"国潮"趋势愈加火热，新成立的彩妆品牌不断增多，化妆品领域的主流消费群体年轻人又热衷于追逐潮流和变化，行业竞争加剧。花西子的创始人吴成龙（花名花满天）在一次采访中表达过，希望"把花西子做成一个长红品牌，以百年品牌的标准来要求自己、审视自己"，而想要长期保持领先身位，就必须苦练内功，不断升级。

据业内人士判断，中国未来5～10年将是新国货的红利期。只有强大的数智化底座，才能支撑起花西子业务的长期发展，数智化升级也就成为花西子的必然选择。

11.1.1　浓妆淡抹总相宜，花西子的数智化战略蓝图

花西子的技术团队与业务需求，一直处于"一个跑一个追"的过程之中，基础相对薄弱，数智化建设在2021年刚刚启动。

"新消费品牌"的独特背景让花西子的数智化战略也变得"浓妆淡抹总相宜"。

浓烈在于，花西子对数智化技术的需求十分迫切。数智化战略在花西子内部的推行很顺利，由于没有机房、服务器等基础建设的"历史负担"，通过衡量数据中心运维成本及人员投入，基础设施云化给花西子带来的好处是非常清晰的，几乎没有争议就落地实施。除财务数据相对敏感，仍然留在本地外，其他所有业务数据只用了一个月的时间，就跟随数据中台项目一起搬迁上云。阿里云作为数据中台的合作方，为花西子提供了可靠、弹性、低成本的数字基础设施。

轻淡在于，花西子的业务正处于高速发展期，有不少变化因素，如果初期投入太大或变革很彻底，后续可能要推倒重来，这是新消费品牌的"不可承受之重"，因此十分看重快速开发和轻量级部署。

之所以选择阿里云作为数智化升级的合作伙伴，原因之一就是它具备轻量级、全栈开发优势，阿里云将企业需要的应用做了封装，分解成一个个小的单元模块，花西子的技术人员不需要考虑各个端口的兼容问题，只需要低代码开发就可以快速把需要的功能搭建好，大大减少了开发时间与人员成本。

在上述背景下，花西子确定了"补短板"的数智化战略，由大数据部门负责，先将最紧迫的几大业务，包括供应链体系、营销运营投体系，以及财务体系的数智化能力重点提升上去。

负责花西子项目的阿里云项目经理曾旭光记得很清楚，当时花西子希望阿里云能够为他们规划一整套业务系统，包括供应链、会员系统等。为了搞清楚花西子在数智化过程中的痛点与需求，阿里云团队从2021年3月9日到3月19日，一共组织了24场正式会议，调研过程覆盖10个一级部门，共访谈了45人，包括花西子的部门负责人与一线业务人员，形成了24份调研纪要。在做了大量基础工作之后，阿里云总结归纳了花西子的核心需求，围绕营销、会员、供应链、商品四个业务域，设计出了数据中台的建设蓝图，花西子的数智化战略由此启动。

11.1.2　业务在线化帮助花西子内外部高效协同

在建设数据中台之前，花西子的实践经验是，只有业务先行，通过业务在线化实现协作流程的标准化、高效率，才能让数智化战略取得较好的成果。

花西子一开始就将销售渠道统一放在线上，借助天猫这样的大电商平台，实现了几何级的流量增长。从这个角度看，花西子的零售业务是天然在线的，能够快速高效地连接消费者。

据公开消息，花西子的管理后台有一个叫VoC的"顾客之声"体系，专门用来收集消费者在电商平台的评论、社交平台的互动，以及用户体验官小程序后台大数据，持续追踪消费者在各个端口的意见与反馈，帮助花西子完善产品与服务。

另一个在线化业务是花西子的内部协作管理系统。在成长为10亿级品牌的过程中，花西子需要管理的供应商越来越多，跨部门协作也十分频繁，过去人工统计的弊端开始显现出来。有工作人员吐槽，

"内外口径不一，时间也不统一，今天你说的这件事情，明天其他人就改成了另一件事"。

此外，其中大量业务流程需要优化，信息需要沟通、沉淀、保存。花西子使用了钉钉，将管理、协作都放到线上来操作。

之所以选择钉钉，一方面，作为从阿里系生态中成长起来的品牌，钉钉具有天然的便捷优势，比如，跟天猫的小二在钉钉上沟通就很方便。另外，钉钉在协作层面的成熟度很高，点对点沟通非常及时、高效，能够满足花西子类似企业的需求。

通过数智化加持，花西子的内外部协作变得便捷、高效、可追溯，工作效率大幅提升。

11.1.3　"数据四化"构建数智化的生长土壤

组织协作的在线化是前提，花西子接下来需要解决的头号难题则是数据问题。

首先，各部门统计指标不同，数据分散且规范性不足，很多数据沉淀在各个"系统孤岛"内没有打通，无法进行统一管理，导致一些需要基于全场景、体系化数据进行分析的决策，比如，营销预算及投放，很难统筹全局。

其次，计算能力较低，使用的本地数据库或者Excel软件无法处理非常大的表单，有时候一个报表需要耗费几天时间，大大影响了业务决策和响应时间。

作为一个成长型企业，花西子也面临着数据标准体系不够完善、权限管理不够科学、数据安全无法充分保障等困难。

围绕花西子的业务数据现状，阿里云在合作搭建数据中台时，提出了"数据四化"的建设思路，通过数据标准化、数据服务化、数据资产化、数据智能化的逐步实现，支撑运营数据化和决策智能化的需要，其中最基础的工作就是打造出适合数智化生长的"数据土壤"。在数据中台的第一阶段，主要进行了以下三个方面的数据建设。

1. 数据标准化

针对数据不规范的问题，比如"脏"数据较多、空值率较高、相同字段不同口径、相同口径不同名称等，数据中台通过建立规范化的数据标准体系，从源头保证数据采集规范、统一。

据阿里云的工程师回忆，当时花西子的很多部门对同一个业务指标的理解都是不一样的，就连电商场景中常见的复购率指标，定义都不同，通过多次沟通，同时，进行了三次系统调研，最终帮助花西子统一了全渠道数据，将所有的数据归纳到数据中台，解决了花西子的数据割裂问题。

2. 数据资产化

能为业务所用的数据才有价值，这就要求数据中台能够对业务场景进行全方位洞察，进而建立相应的数据指标和分析策略，有计划地留存过程数据，沉淀为数据资产。

在这个过程中，阿里云分析了花西子的整个业务板块，包括策略制定、推广引流、成交、后链路跟踪。每一个板块又进一步拆分为数据动作，可以让品牌策划更具规划性和目标性。

目前，花西子的数据中台已经沉淀了85个营销域数据模型、15个会员域数据模型、33个商品域数据模型、15个供应链域数据模型、会员标签35个，能够支撑从营销到发货后链路的销售闭环洞察，更好地分析营销、商品、供应链、会员需求，提高花西子的整体运营效率。

3. 数据可视化

对于花西子这样的时尚企业来说，日常业务涉及的数据报表很多，数据可视化及友好度就十分必要了。

通过数据中台，阿里云帮助花西子建立了规范、统一的业务管理系统，包括商品管理平台、内容管理平台、营销活动管理平台、达人管理平台、消费者及订单管理等，对业务链条环节的数据监控并交叉分析后，进行建模及开发，使用者可以一目了然地感知数据变化，对市场快速做出反应。

数据中台给花西子带来了两个明显的改变：一是重复工作减少，一些高频次、常规数据的查询请求被固化下来，可以很轻松地查询，业务部门不再需要每天反复来要数据，工作负担减轻；二是维度更加丰富，有更多精力去分析和思考深度数据，比如数据交叉分析组合去看，会对业务创新带来帮助，再如以前就看看店铺内某款单品的访客量、转化率等数据，现在可以更进一步分析访客内不同年龄段的转化率分别是多少，后续可以采取更精准的营销策略。

花西子的数据中台在第一阶段建设中奠定了良好的数据土壤，让后续的数据洞察、智能决策等有了生长的可能性。

11.1.4　运营数据化助力花西子会员运营和精准营销

在数据中台的一期建设中，花西子搭建起了营销域和会员域两大业务的数据洞察体系。

在营销域，搭建了花西子营销体系下各个场景的主题分析报表，实现了数据可视化；在会员域，建立起会员标签体系。未来随着营销域和会员域的数据互通，可以不断延伸数据分析场景，让营销互动可以精准触达会员与潜在消费者。

基于会员体系与营销体系的数据化，花西子正在不断实现多种创新。

在营销方面，花西子一直很注重倾听用户的声音，在2017年8月入驻天猫后，当月就推出了"彩妆体验官招募令"，倾听用户的需求和评价，至今已有20多万名体验官。如图11-6所示，用户共创需要筛选大量体验官、寄送大量样品，同时跟进每一位用户的反馈……每一项都需要耗费大量人力、物力，有了数据中台之后，天猫店铺评价、小红书测评等数据都会自动回流到营销数据体系内，通过营销域业务洞察看板，花西子可以快速掌握市场动态，灵活调整营销策略。

图11-6 用体验官数据回流优化新品迭代研发

此外，数据中台的营销域还支持对KOL/KOC等达人进行数据化分析，包括成长方式、点击量、转化率、粉丝画像等。以前，哪个短视频能爆、哪个不能，只能靠业务人员的经验去判断，但品牌成长不能依赖运气，数据就成了花西子可以切实握在手中的内容利器，通过算法分析数据维度，帮助业务部门在内容建设上变得更加标准化。

在用户运营方面，针对不同的会员体系，可以基于数据采取不同的运营策略。目前，花西子的会员类别分别是赏花官、鉴花官、伴花官、护花官。对于赏花官来说，需要进行拉新和促首购；对于鉴花官来说，要促复购；伴花官及以上则需要提高消费频次与客单价。花西子的会员域业务洞察看板初步实现了会员分析体系可视化，有效地指导运营工作，针对每一个层级的会员制定不同的运营策略。此前，会员在生日月复购，会收到花西子赠送的生日礼——"青丝流云檀木梳"，这一方式广受好评。

11.4.5　基于数据的商品和供应链革新

如图11-7所示，大多数国货护肤品牌和花西子一样，商业模式都采用DTC（Direct-To-Customer）模式，生产以ODM模式为主，由代工厂进行产品生产和研发，品牌方再通过各种渠道直接面向消费者进行销售。这样做的好处是，减少了分销商、经销商等节点，缩短了供应链长度，直接面向消费者，在市场动作上更加灵活，库存周转天数也更短。不仅很多新消费品牌选用这种模式，而且很多国际大牌也采用这种模式，比如兰蔻、欧莱雅、YSL等品牌部分产品的代工厂。

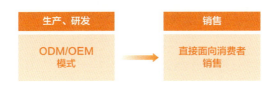

图11-7　护肤品牌的DTC模式

ODM模式的风险在于，如果品牌话语权或市场规模不足，缺乏核心技术，只能选择代工厂提供的公模或配方，这就会导致产品同质化，新品开发、生产排期不可控，长此以往，品牌口碑必然滑坡。

想要成为"长红"品牌，就必须在商品和供应链下功夫。因此，花西子的数据中台第一阶段，就将商品/供应链域放在了和会员/营销域一样重要的位置。

目前，花西子数据中台已经搭建起了从产品研发、订货、上新推广、存量运营等全周期、可视化的商品分析体系，通过对细分人群、爆款产品、销售结构等维度的数据分析，指导产品研发，提升研发效率。

在供应链业务场景中，业务洞察看板能够根据在仓库存与现有销售进度计算库存断货时间点，通过与采购排期表进行对比，帮助业务运作提效，及时做出追单操作；从SKU库存缺货率、店铺商品缺货率、店铺SKU销售缺货率等角度，分析SKU的缺货表现情况，及时通知工厂排产。

商品和供应链的标准化流程建立起来之后，正在让很多不可能变为可能。比如，在产品开发过程中，通过全域视角的数据洞察，花西子能够清晰地了解用户需求、自身的开发能力、供应商的能力，预判可能存在的问题，提升开发的成功率和效率，降低研发的金钱成本和时间成本。

有了更优质的产品和更高效的供应链保障，"第一国牌彩妆"才能更坚实地"走花路"。数据中台的逐步落地，让花西子对商品和供应链的把握更准确，洞察更深。

11.1.6　运营数据化和决策智能化的后续规划

花西子的数智化升级刚刚迈出了第一步。随着数据中台的持续建设，接下来还将进一步沉淀业务模型，让数据驱动业务，充分挖掘AI等新技术的红利，通过数据中台与业务系统深度结合，实现业务系统的智能化运营。

在花西子看来，业务自动化和决策智能化目前都有些超前，是一个美好的方向，但作为一个业务快速变化的品牌来说，其实未来具体的前进方向还不是特别清晰，更重要的是把数据基础框架搭建起来，把业务流程建立起来，再去看能产生哪些数据，如何应用这些数据。

"小步快跑，快速迭代"的互联网创业法则也烙印在这个新消费品牌的数智化进程中。

【小结】

作为中国化妆品产业发展史上的现象级品牌，很多人将花西子的快速成功归因于颜值高或者营销强大。快，也从侧面说明了化妆品市场是一个竞争极其激烈的领域。消费者需求的快速变化、商品趋势的快速更迭、渠道场景的快速迁移，决定了国际大牌也要时刻枕戈待旦，而握有核心竞争力的新生品牌始终都有机会。

在这一过程中，花西子既是新锐，也是被追赶的"前辈"。在高速发展中不断升级，难度不亚于给飞行中的飞机更换零件，也让花西子的数智化变革之路显得魄力非凡。花西子与阿里云的合作打通了业务数据，利用数据中台实现会员、营销、商品、供应链的数据化运营，用渐进式建设思路解决企业快速发展时面临的短期及中长期问题。同时，低代码开发、轻量级部署能够让企业低风险轻装前行，或许可以作为"新消费品牌"数智化升级的典型样本。

茨威格在《人类群星闪耀时》一书中这样写道：命运，掌管世间事物的另一个神，它强壮有力的双臂，只愿意高高举起勇敢者，将他们送上英雄的殿堂。有理由相信，花西子的增长故事还将不断书写下去，这或许就是时代给予"勇敢者"最好的嘉奖。

11.2 贝泰妮：数智化再续高增长

在2021年"双11"购物节，专注敏感肌肤的功效性护肤品牌薇诺娜销售额再创新高，荣登天猫美容护肤榜Top 6，成为2018—2021年唯一一个连续4年入围该榜单前十名的中国品牌。此外，薇诺娜全渠道表现也非常亮眼，位列京东官方店美妆榜单第二位、唯品会美妆榜单第六位、抖音美妆直播榜单第一位、快手美妆榜单第六位，用专业和科技构筑中国美妆最坚固的"后防线"。

贝泰妮集团于2010年成立，旗下核心品牌除了薇诺娜，还拥有WINONABaby、痘痘康、BeautyAnswers、资润等自主品牌。目前薇诺娜是贝泰妮最主要的品牌，如图11-8所示。

图11-8　薇诺娜是贝泰妮最主要的品牌

作为一个专注于敏感肌肤的功效性护肤品牌，薇诺娜在创立之初便以独到的见解与敏锐的洞察力瞄准了功效护肤细分赛道，专业的产品力、学术成果等，让薇诺娜在短短几年间，树立起"专业""专注敏感肌肤护理"的市场形象，成为消费者及行业媒体都认可的"功效性护肤品牌"。薇诺娜的成功也推动了贝泰妮登顶化妆品上市公司的市值第一位。2021年3月，贝泰妮正式在深交所敲钟上市，开盘当天市值超过700亿元，成为中国"功效性护肤品"第一股。

来自云南的薇诺娜将"植物王国"的优势发挥到极致，联合皮肤专家团队，从云南丰富的植物资源中甄选出了多种植物进行活性成分提取及功效研究，最终成功选出青刺果、马齿苋等具有活性的特色植物用于产品安全功效性研究。围绕这些特色植物提取物，薇诺娜对有效成分制备与敏感肌肤护理进行系统性研究与创新，并在产品研发完成后，在63家国内外顶级医院皮肤科进行临床验证及效果观察，确保产品的安全性及功效性。

在凭借植物科技及医学专业支撑起产品力的同时，薇诺娜在渠道布局上，也一直向专业靠拢。截至2021年年底，薇诺娜已经入驻了超过20000家OTC药房，并开设了超过500家专柜，同时入驻了全国超过4000家屈臣氏门店，以"广而不泛"的线下触点，与全国消费者建立起信任感。

如果说线下渠道为薇诺娜积累了一批忠实用户，线上渠道则是薇诺娜实现腾飞的关键。薇诺娜于2011年成立天猫官方旗舰店，之后大力发展线上渠道。与此同时，海外品牌却面临着对国内新渠道适应性差的问题，线上运营程度并不高。于是，到2019年，国内的功效性护肤市场份额由2011年的35亿元增长到135亿元，其中，在线下和线上渠道都抓住了年轻消费者们的薇诺娜，市场份额也大幅提升，位列功效护肤大类榜单第一位。

但是，随着获客成本不断攀高，增长新客和留存旧客越来越难，为了解决这一难题，贝泰妮开启了数智化升级来积极应对挑战。2019年年底，贝泰妮与阿里云开启了全面合作，来推动旗下全业务上云，并构建业务中台、数据中台等，实现对消费者的精准画像，从而推动精准营销，并提升供应链效率，为持续增长注入新动力。

11.2.1 数智化升级，"云"要先行

贝泰妮进行数智化战略升级的第一步，是将全部的业务都搬到"云"上。数智化升级是以数据来驱动运营管理，通过对消费者的数据洞察，来提升供应链、运营管理和销售的整体效率，甚至创造新

品，以消费来牵引生产。

而云服务商具有海量的存储、算力资源和灵活、弹性的特征，在流量大幅增长的时段，可以灵活分配资源。采用云服务可以省下线下添置服务器的费用，使企业IT服务更轻、更高效，成本也更低。于是，贝泰妮选择了阿里云作为合作伙伴，在2019年疫情暴发前实现了全业务上"云"。

11.2.2　业务在线化夯实数智化之基

近年来，贝泰妮坚持线下为基础、线上为主导的销售模式，结合互联网思维，实现了线下与线上的双渠道相互渗透，通过线下网点专业的美容顾问服务引流消费者到线上自主搭建的"薇诺娜专柜服务平台"，既满足了消费者的深度体验，又实现了线上与线下业务的充分连接，进一步提升了业务在线率。图11-9为薇诺娜专业线下门店之一。

图11-9　薇诺娜专业线下门店

贝泰妮的线上有天猫、京东、抖音、快手等多个渠道，还有专柜服务平台、小程序商城等多个渠道，数据量庞大。为便于整体数据分析和统筹发展，在阿里云的协助下，贝泰妮建设了业务中台，打通各个渠道，建立了统一的商品中心。贝泰妮的下一步是将商品中心与外部在线渠道打通，实现全域商品统一上下架，根据消费者使用习惯，来沉淀全域消费数据，为进一步进行消费者洞察提供依据。

11.2.3　数据资产化驱动运营数据化

贝泰妮很早就认识到数据对业务的价值。早在几年前，就构建完成数据仓库，成立了专门的数据分析部门，能够对基础会员体系和商品体系进行统计分析。

2019年，阿里云推出了全域数据中台产品，来针对业务体系中沉淀的数据进行整理、清洗、标准化，再进一步进行数据分析，通过数据来驱动业务体系降本提效。

贝泰妮是最早一批数据中台试用方。通过数据中台，贝泰妮在线下门店和天猫旗舰店会员体系中寻找"沉睡"会员，一部分是试用过产品但没有产生购买的会员，还有一部分是曾经有过消费行为，但已经长时间没有再消费的会员。贝泰妮通过数据分析找到这部分会员用户，再根据用户画像进行个性化精准营销，最终效果非常好，营销ROI远超行业拉新平均ROI水平。

2020年，贝泰妮正式接入阿里云全域数据中台。通过构建数据中台，实现数据的资产化，并驱动运营实现数智化。通过数据中台，从业务中台和外部渠道中获得数据源，并通过数据建模、标签管理，最终使业务产生的初始数据成为数据资产，对驱动运营产生价值。

如图11-10所示，数据中台依靠其核心产品QuickAudience在全链路消费者运营上的能力，将数据在全域精准营销场景中的作用进一步放大。QuickAudience是以消费者为核心，通过丰富的用户洞察模型和便捷的策略配置，完成消费者多维洞察分析和多渠道触达，帮助企业实现用户增长。

图11-10　消费者运营平台——QuickAudience

　　在消费者分析中，QuickAudience采用阿里巴巴三大营销模型AIPL模型进行分析，来支撑后续的精细化运营。AIPL模型可以将品牌人群进行定量化、链路化运营，即将品牌人群分为品牌认知人群、品牌兴趣人群、品牌购买人群、品牌忠诚人群，每个人群都有不同的定义，比如，品牌兴趣人群主要指有品牌点击广告、浏览品牌主页/店铺主页、参与品牌互动、浏览产品详细页、品牌词搜索、订阅/关注/入会、加购收藏的人群；品牌忠诚人群指有复购、评论、分享的人群。

　　通过全域消费者数据，根据AIPL模型分类，进行定向个性化营销，可以有效提高ROI和复购率。2021年，贝泰妮已经完成了二期数据中台建设，相比一期数据中台，可以实现跨渠道的数据分析和洞察消费者画像，从而进行全域营销。此外，二期数据中台的数据标签也更丰富，可以支撑全域分析更全面、精准。

2021年的"38女神节"，贝泰妮的数智化运营效果已经显现。通过全域数据中台多标签筛选与分析，识别"高潜"可挽回人群，并基于品类偏好标签进行精准素材投放。同时，贝泰妮还在和阿里云洽谈进驻钉钉。阿里云正在推进"云钉一体"战略，以便更好地赋能企业管理数智化。钉钉已服务超过1700万家企业。通过使用钉钉，企业可以实现移动办公和审批，提高业务流程效率，并使流程每个节点都留痕可追溯。企业最高决策层通过手机就可以全面掌控企业经营状况，实时查看任意门店运营的关键指标和数据，推动实现管理数智化，并为决策层优化决策提供支撑。

运营数据化的价值不仅在于前端的消费者洞察和精准营销，还在于进一步通过加强内部管理能力和产业链上下游的控制能力，来实现产供销、人财物的全链路数据化管理，从而实现业务上的前后台高效运营和管理上的内外部掌控，来降低成本，提高效率，并支撑前端的营销，以及最终进化到根据需求来牵引生产，大幅提升企业的竞争力。

贝泰妮的下一步目标是完成三期数据中台建设，通过接入更多的数据，进行更全面的数据分析，实现千人千面的个性化营销，从而进一步提高ROI，更高效地获取新客和留存，激活旧客。

另外，贝泰妮计划增加自建工厂，减少委托代工，通过构建自主掌控的供应链，匹配三期数据中台，进行更高效的供应链洞察分析，可以更好地通过预测需求来指导供应链生产，进一步提高供应链效率，降低成本，实现全链路的数字化运营。

11.2.4 从运营数据化到决策智能化

贝泰妮的数智化升级工作还在进行中，随着数据中台的持续建设，进一步沉淀业务模型，贝泰妮将从前端个性化营销、中端管理在线化到后端供应链的数字化，实现全链路的数字化运营。

数字化运营的下一步是充分利用人工智能等新技术，通过数据中台和业务系统深度结合，驱动业务系统从数字化运营到智能化运营。

随着从运营数据化到决策智能化的过程，贝泰妮的产品创新也将更具效率。从数字化反馈消费者需求实现对新品推出前景的判断，到对消费者需求的洞察推动后端单品创新，提高新品市场成功率。

对贝泰妮来说，目前要做的是打好数字化运营的坚实基础，从数字化运营中要效益，再根据效益进一步推动运营数据化和决策智能化，使贝泰妮的数智化升级战略和业绩表现相匹配、相促进。

【小结】

贝泰妮的数智化转型与其说是规划出来的，不如说是业务上的需求。通过数智化升级来实现更精准的营销、更高效的用户运营，从而持续保证高增长。

因此，贝泰妮的数智化转型以数据中台为抓手，其核心需求是数据中台带来的数字资产化实现数据驱动业务，推动实现更高效的营销，也是从建设数据中台的需求出发，贝泰妮推动全业务"上云"、业务中台的建设。

贝泰妮的数智化升级战略和业务发展密切相关，数据中台逐步搭建的过程中，贝泰妮的业绩有了明显提高，这也给贝泰妮持续推进数智化战略注入了强劲的动力。在整体行业增速放缓、竞争加剧的背景下，贝泰妮2021年实现的薇诺娜品牌影响力进一步增强、收入利润双高速增长的好成绩，其背后离不开数智化升级战略带来的助力。

下一步，贝泰妮将进一步打通线下与线上，贯通各渠道，实现全域数据的统筹管理和分析，并增大自主供应链，最终能做到全业务闭环和在线，实现精准营销和智慧运营，推动化妆品的研发、生产、销售与数字技术的深度融合。

随着贝泰妮数智化升级战略的持续推进，薇诺娜有望在持续保持"国产功效性护肤第一品牌"的基础上，进一步提升影响力，加速改变国产美妆品牌和国际美妆品牌的力量均衡，也推动贝泰妮业绩再上一个台阶。

第12章
美家家居：数智化引领供给侧变革

你装修过吗？你还记得上一次装修带给你什么样的体验吗？装修完后怎么选购家具？逛了多少次家具城？

对大多数人来说，美家家居毫无疑问都是非常重要的。一方面，对普通人来说，家装并不是一件经常发生的消费需求，往往是数年甚至十几年才进行一次；另一方面，家居又会在相当长一段时间中占据生活的重要体验。我们必须学习大量知识、技巧、窍门，才能顺利完成"美家家居大业"，给自己和家人打造一个温馨、舒适的环境。

由此可见，美家家居是高客单价、低频次零售消费中最具代表性的一种，并且期间充斥着复杂的渠道关系、产业盲区与消费不透明地带。从供需两端来看，家装家居领域都有亟待被数字化、智能化改造的必要性。

对消费者而言，家装的消费不透明、知识复杂，非常适合引入数字化、智能化技术来进行针对性服务，从而提升综合性消费体验，构筑简化、顺利的家装"新零售"模式。

对商家而言，美家家居行业需要迎合年轻化、互联网化、融合化等一系列消费趋势。想要在房地产行业增速放缓、家装审美全面升级的多重大背景下脱颖而出，就必须依靠数智化完成对消费者的深度洞察与高效运营。

带着这些需求，我们的旅行来到了美家家居产业这关键一站。通过居然之家、红星美凯龙、立邦、索菲亚、林氏木业这些著名品牌的数智化故事，我们将看到家居行业如何应对一个又一个挑战，迎来数智化的展翅翱翔。与此同时，需要注意这些企业的数智化经验，绝不仅仅停留在这个行业当中。他们对于泛家居行业，大型卖场、连锁商超等领域的新零售实践来说，都有十分强烈且真实的借鉴意义。

家是人类永恒的港湾。当今，装点这个"港湾"的不仅有涂料、地板和家具，还有数智化的"美丽星空"。

12.1　居然之家：家装家居"模范生"的数智化高速路

居然之家成立于1999年，在董事长汪林朋看来，"居然"，乃"居住安稳，生活悠然"之意，"居然之家"则指有了温馨、舒适的居家环境，人们的生活才能安然、悠然。居然之家以"大家居"为主业，逐步发展成为年营业额超过1000亿元的国内家居行业的龙头企业，中国商业流通领域最有影响力的品牌之一，业务范围涵盖室内设计和装修、家具建材销售、智慧物流、金融服务、现代百货、院线餐饮、体育健身、数码智能、居家养老等领域。

2019年12月26日，居然之家在A股上市，成为国内首家家居新零售概念股。历经二十载风雨兼程，居然之家这个"模范生"再度加快了奔跑速度。但这场加速跑的起点却赶上了百年难遇的疫情。社会秩序、消费心理、生活习惯等被急剧改变，让居然之家的发展之路既有远虑，又有近忧。

　　一方面，家居家装市场增速放缓，竞争加剧。从2000年开始，城乡居民不断改善生活条件与家居品质，带动了家居产品的需求暴发，动辄几万、十几万平方米的家居卖场不断拔地而起。时移事易，近十年来，外部环境发生了巨大改变。房地产商主打精装房，整装市场截留了一部分家具消费；电商平台、垂直渠道的不断出现，消费者和家具品牌商有了更多的选择；居住属性凸显，一、二线城市开始进入存量市场，商业竞争变得更加激烈。

　　另一方面，受疫情的持续影响，两年来，许多上游家具、建材、家装企业"命悬一线"，传统门店获客难、坪效低的问题更加严峻，直接影响到家具行业的经营。拥有400多家连锁店面的居然之家，用总裁王宁的话来说，相当于穿着房租和人力两只"铁鞋子"跳舞。加上人群结构的变化，随着"80后""90后"成为零售消费市场的主流人群，更加追求个性化产品与体验，消费习惯也从亲力亲为转变为愿意为全屋解决方案付费，这些都促使居然之家必须主动求新求变。

　　居然之家的加速奔跑是否顺利呢？根据2021年三季报财报数据显示，2021年前三季度，居然之家实现营业收入97.73亿元，同比增长56.41%，不仅延续了上半年的强势增长，甚至超越了疫情前2019年前三季度65.08亿元的水平。而截至2021年四季度末，居然之家门店网络遍布全国29个省（直辖市、自治区）的280个城市，开业的家居卖场达421家。

　　穿着"铁鞋子"的居然之家为什么奔跑得如此之快？答案是：他们走上了一条数智化的高速路。

　　在居然之家20周年暨A股上市答谢会上，对于"上市后将如何更进一步"，董事长汪林朋在致辞中坚定地提道：居然之家要进一步深化与阿里巴巴的战略合作，推进居然之家的数字化改造进程，成为数字化时代新零售的标杆。

通过阿里巴巴的全面赋能，居然之家从基础设施云化、家居建材售卖数字化升级、赋能合作品牌、融合多种新零售业态打造生活服务综合体，直到自身运营管理和决策能力的提升，探索出了一条领先于全行业的数智化之路。

汪林朋认为，人类正面临一场百年未有的大变局，而数智化转型成为居然之家在变局中转危为机的关键。同时，整个家装行业也渴望通过新的手段来改变，作为龙头企业，居然之家的数智化实践也成为传统家居卖场的风向标，对整个行业都具有参考意义。

12.1.1　战略先行，数智化转型的一号位工程

在居然之家，数智化转型是"一号位工程"。简单来说，就是企业管理的一把手要对数智化转型有非常清晰的认知。

首先，决策者自己要当仁不让，主动打破舒适区，把大梁挑起来。居然之家董事长汪林朋就多次放话：谁成为数智化这条路上的绊脚石，他立刻就"拿人"，不光"拿人"，连部门都可以端了。汪林朋还以身作则，他以前很少管理具体业务，转型期间他平均每天有5个小时都在线上办公。正是这种信念与魄力，让数智化战略能够在居然之家真正落实下去。据居然之家新零售管理总监李选选分享，因为上面有一个坚定的老板持续推动，给钱给人，在居然之家这样相对传统的企业里，数智化新零售所面临的困难就相对小很多。

其次，数智化转型是一项系统工程，需要顶层设计。居然之家成立了一个最高机构"数字化委员会"，由董事长和公司高管组成，对数智化战略进行研究、探讨，乃至最后定型，来决定企业转型的方向和节奏。在居然之家，为了实现高效沟通、高度协同，数字化部门的负责人甚至可以越级直接向董事长汇报工作。图12-1为居然之家董事

长汪林朋公开展示居然之家的数字化战略。

图12-1　居然之家董事长汪林朋展示数字化战略

　　此外，数智化转型要与企业特征相匹配，不能全部推倒重来。其实在2013年左右，居然之家就曾启动过数字化计划。当时，传统家居卖场受到了互联网的冲击，为了应对挑战，居然之家打造了一个"居然在线"商城。但由于将线上线下看作是两个不同的市场，造成了两个渠道的割裂，这次尝试最终失败。通过复盘，居然之家发现，互联网家装品牌发展到后面也要穿上人力和地租的"铁鞋子"，因为居然之家有线下作为主场，线下到线上的成本反而更低。2018年，居然之家遇到了高度认同自己商业模式和商业逻辑的企业阿里巴巴，后者提出的"新零售"概念强调的是线上线下一体化，充分肯定并发挥居然之家的主场优势，同时赋予了线上高速发展的新动能。于是，双方签署战略合作协议，居然之家由此开启了重构"人、货、场"的新零售之路，加速数智化转型。

最后，在组织架构上敢于打破常规，适配数智化变革的需求。董事长汪林朋很早就提出，企业组织结构的设计必须以数字化部门为中心，数字化部门必须获得人才和资源的优先分配权。比如，2018年天猫"618"后，总裁王宁发现，新零售管理部与北京八店协同成本高，很多创造性的业务想法无法及时落地。这主要因为他们归传统营销部管理，于是王宁干脆把二者合并，由新零售管理部总监统一负责。现在，新零售管理中心由二级部门升至一级部门，专门推进数字化建设工作。

把数智化转型作为企业"一号位工程"，是转型成功的根本前提。这种全面、坚定、积极拥抱数智化的战略思维，是居然之家在二十年风雨兼程的实践中淬炼出来的宝贵财富。

12.1.2　全面上云解开基础设施的枷锁

作为一家经营了二十年，拥有四百多家门店的传统企业，为了支撑业务的快速发展，居然之家从未停止建设IT系统的步伐，早在2012年就开始了信息化建设。不过，随着新零售平台的搭建，传统的IDC基础设施越来越力不从心。

一方面，线上线下融合，居然之家开始大力拥抱电商。随着用户体量的不断增大，尤其是海外用户的快速增长，在面对"双11""618"大促、关键节假日时，应对暴涨的流量洪峰，经常出现需要临时增加服务器的情况。

另一方面，居然之家打造了一些面向消费者、设计师的平台，这些设计工具与设计平台需要在线上完成大量渲染、制图工作，给IT设施带来了很大的压力，高峰时段设计师往往要等待几十分钟甚至几小时才能渲染出图，大大影响了用户体验。如果为此增加服务器，在流量低谷又会出现资源浪费。

随着居然之家新零售战略的持续推进，数据中台、业务中台渐次落地，内部体系全面数智化，产生的数据和计算需求大幅度提升，需要进一步挖掘数据价值，传统的IT基础设施在各方面都跟不上了。

这种局面下，全面上云势在必行，居然之家开始分步骤分阶段实施基础设施云化。2020年6月，第一阶段上云项目完成验收，据居然之家新零售集团副总裁李选选回忆，通过弹性化的云方式实现信息化和产品开发，近期上线小程序，从谈判到最后上线前后只用了一周时间，这在以前是不可能在这么短时间内搞定的。

通过上云，夯实灵活度高、扩展性强、兼容性优的IaaS设施，让居然之家的业务系统和应用创新不再受到传统IT基础设施的束缚，可以大步奔跑在新零售之路上。

12.1.3　业务在线化全面释放组织活力

居然之家的数智化战略是"一号位工程"，但绝不是管理者的"一言堂"。董事长汪林朋高度认识到，数智化战略必须依靠员工的主动创造和彼此的协作，不仅仅是领导的决策和指挥。而居然之家作为平台型企业，员工每天要花费大量的时间处理繁多的工作报告，工作效率低不说，还搞得大家都很疲惫。

因此，汪林朋提出，组织能不能成功转型，是数智化转型成功的决定性因素。

为了推进组织变革，居然之家大力推进组织结构的扁平化，以往的金字塔组织一步步转向数字管理平台，尽量减少中间组织的结构和环节。从传统自上而下的五级管理机构压缩到三级架构，组织结构更为精简。

业务系统不断变革，内部协同系统也要适配。针对内部沟通不便、信息上传下达链路过长等问题，居然之家在2017年年底引入在线办公系统钉钉。通过阿里巴巴SaaS的"宜搭"软件，将居然之家的行政办公财务、人事、行政、ERP、巡店系统全面打通，以钉钉为入口实现在线办公，提升了企业管理协同效率。

无论是一号位、高管还是中层乃至基层，都可以在钉钉平台上及时交流，减少了中间的沟通环节，让员工的自我驱动性更强。疫情期间，居然之间通过钉钉的成熟运用，实现了万人团队沟通自如、协同作战，可以随时随地开音视频会议，培训时全国直播。

行业变革期，企业内部业务需要随机而动，居然之家希望通过业务共享、业务协同，将产业链上下游伙伴连接起来，降低整个行业的内耗，提升效率。

以往，居然之家的各个业务系统都是各自为战的，往往新建一个卖场，就需要搭建一套同样的系统。这时候，迫切需要一个统一的平台来支持多个系统的业务管理要求，所以，居然之家采用了数据中台和业务中台同步建设的策略，与阿里云合作规划了业务中台的建设，希望将会员、物业招商、连锁系统等搭建起来，支撑上层业务的发展。

12.1.4 触点数字化让潜规则变透明

长期以来，家装家居行业存在不少"潜规则"，从一开始的设计到施工，再到家居建材的采买，后续的定制、安装、物流配送、到家服务，整个流程信息不透明，导致消费者体验很差。

在董事长汪林朋看来，数字化时代，一切变得透明，家居行业迎来千载难逢的发展机遇。而透明的前提是对家装家居纷繁庞杂的环节都了如指掌，这就需要触点数字化且无处不在。

为了在全链路保持连接和数据获取能力，感知并满足消费者的各种需求，居然之家开始构建全域流量平台。

1. 线上线下一体化的同城站

针对家居行业强体验、周期长的属性，实体店客户流量小、消费频次低的痛点，居然之家联合阿里巴巴摸索出了同城站模式。以城市为运营单元，以经销商或代理商作为运营中心，使商品交易、支付、送装等一系列业务环节数字化，提供消费者和本地货品的精准匹配、线上线下统一价、24小时线上逛居然之家等服务，让线下卖场能够在线上链接淘系7亿用户。

在2019年天猫"618"活动前夕，居然之家同城站上线。总裁王宁透露："最初有很多经销商抵触，大家看到了同城站带来的流量之后，都积极参与了进来。目前同城站有两万多名经销商，超过全国经销商总量的三分之一，这个数据还在增加。"截至2021年6月底，天猫同城站覆盖130个城市，日均访客同比上升33%，同城站引导成交额达47.5亿元，同比增长53%。

2. 拓展六大自营IP业务

以每平每屋设计家、数字化智能家装服务平台、丽屋辅材+装修基材辅料销售平台、智慧物流服务平台、尚屋智慧家智能家居平台和居然管家后家装服务平台作为六大自营赛道，全链路提升线性服务能力，实现多维度的消费者感知、员工感知、产品感知、合作伙伴感知等。居然之家六大赛道全链路数字化如图12-2所示。

以每平每屋设计家为例，设计师可以免费获取效果图、施工图、预算一体化的3D家装设计工具；消费者可以发布装修需求；家居材料生产商可以将数字化的产品库与家居材料采购平台无缝对接；家居建材经销商可以获得免费的线上销售平台；施工队可以凭借信誉口碑获取派单；物流配送服务可以缩减配送次数，并实现后家装服务的智能化管理，实现对设计师、工厂、经销商、卖场、施工队、消费者六方的数字化触达。居然之家每平每屋设计家平台如图12-3所示。

图12-2　居然之家六大赛道全链路数字化

图12-3　居然之家每平每屋设计家平台

3. 智慧门店的升级改造

实体门店对连锁卖场极为重要。以居然之家来说，在2020年"双11"活动中，全国门店实现销售额达238.3亿元，同比增长14.1%；数字化卖场成交金额达128.7亿元，同比增长31.8%。因此，建立门店的数字化触点，对于后续的运营数据化与决策智能化非常关键。

从2018年开始，居然之家展开了线下门店的智慧门店改造升级，将卖场的商品服务、会员服务乃至营销、金融全部打通融合。在店里，顾客不仅能够触摸和体验家居产品，还可以使用"装修试衣间"的服务，搜索自己小区和单元号，从户型库中找到自家的户型，然后再从装修案例库中选择自己喜欢的装修风格，系统会自动将户型和风格进行匹配，将所选风格迁移到消费者的户型中，并在30秒内成功渲染出3D装修效果。设计图中出现的所有家居和建材产品都能在居然之家卖场或线上买到，真正做到了"所见即所得"，可以让顾客很快做出购买决定。付款时也不必再跑去收银台排队交款，直接扫描导购手中Pad上的二维码付款，在家坐等送货上门就可以了。在居然之家订购的产品从生产下线到送货入户，每个节点的信息都可以通过用户的手机端查询获知。截至2021年6月，居然之家新零售智慧门店已经达到365家。图12-4所示为居然之家大卖场智慧大屏。

图12-4　居然之家大卖场智慧大屏

4. 新型触点的积极拥抱

新技术、新应用的不断涌现，成为企业触达消费者的全新机遇，居然之家也抓住了这些数字化技术，积极布局。比如，利用VR技术打造全息空间方案，能够远程观看、旋转、看细节、看材料，甚至看生产过程，满足消费者线上浏览的需求。电商直播也是触达消费者的新型手段之一。疫情期间，以卖场为单位实现了规模化直播。借助淘宝直播等渠道，2020年，全国门店共开展直播6万余场，通过线上集客线下转化，引导成交额为16.4亿元，找到了新的销售增长点。线上与线下、"人、货、场"的全触点，成为居然之家与消费者之间连接的桥梁，建立起一个透明的数字化网络。

12.1.5 运营数据化成为精耕细作时代的关键

消费者的渠道、画像、需求在不断变化，这就要求家居家装企业改变原本靠天吃饭、粗放耕种的模式，开始精耕细作，其中，最重要的就是充分挖掘并用好数据资产。

在总裁王宁看来，居然之家之前在数据方面有以下三个问题难以解决。

（1）看不清。以前，居然之家没有全域数据中台，数据营销没有跟天猫等平台打通，无法为管理者的决策提供准确、实时的数据。

（2）管不住。起初，居然之家的信息化系统种类繁多，内部有33个系统，互不连通，没有统一的标准，数据存储的离散度非常高，最后形成一个个"数据孤岛"。

（3）用不了。许多数据没有被充分使用，比如，有很多会员注册后就与居然之家失去了联系，失去了精准营销的机会。

为了解决这一系列问题，居然之家跟阿里云合作，开始了数据中台的建设。

第一步，打通数据系统。为管理层提供从招商运营到物业的管理、营销，乃至最后的经营看板、决策分析的全链路服务。比如，居然之家的数字研发中心负责数字化转型战略的具体研究制定，运营体系、客户体系的搭建，如果需要研究或开发应用，通过数据中台可以将数据全面抓取过来，进而分析应该分发什么权益、开发什么工具。

第二步，精准绘制人群画像。居然之家与天猫等平台的会员系统打通，人群画像更加精准、清晰，可以识别当前用户的生命周期，实现精准区分与触达。以线上线下一体化的同城站为例，基于数据洞察帮助线下分店和商户实现商品运营和在线化营销，建立私域流量，带来销量转化。

第三步，引导产业升级。数据中台还支撑着居然之家的生态链伙伴，通过对卖场、品牌方、厂方等提供数据支持，告诉他们哪些产品可以卖得更好，帮助行业整体提质增效。

当然，运营数据化并不是一蹴而就的。在向数据驱动型的平台转型的过程中，居然之家的员工也面临着从靠经验管理到靠数据管理的习惯变迁，需要一线业务人员去适应。

数据中台就像一条高速履带，让营销、研发、生产、仓储、终端管理等各个环节飞驰在坚实的数据基座上。

12.1.6 决策智能化体会复杂而又简单的快乐

如今，各行各业都在通过引入数字智能技术，减少重复枯燥的劳作，解放人的创造力和生产力。对于居然之家来说，让复杂、难度大的家装家居消费变得快乐简单，离不开"数智大脑"的支撑。

其中，招商运营管理、连锁管理、物业管理、营销管理等业务成为率先实现决策智能化的部分。比如，定位一站式后家装智能服务平台的"居然管家"，作为居然未来业务的新增长点，成立第一天就坚持"智能化"模式，平台85%以上的工单都实现了智能化派单，交付流程也实现了全程可视。随着平台单量的不断增长，这种智能化系统在效率上的优势将越来越明显。

家居大件的物流运输是控制经营成本的重点和难点。2020年12月19日，在居然之家新零售成果暨数字化战略发布会上，居然之家斥巨资打造的首个智慧物流项目——天津宝坻智慧物流园区亮相。

以AI、物联网、大数据等新技术为依托，天津宝坻智慧物流园区建设了智能仓储和智慧配送系统，实现从报价、操作、反馈等每个环节数据的及时抓取，全过程可视化、标准化、智能化，为京津冀地区家居建材厂家、商户提供一体化供应链解决方案。这条智能的"腿"解决了家居大件物流"最后一公里"服务的痛点，让居然之家家装大生态落地奔跑。

【小结】

居然之家用实践证明，无论环境变化多么剧烈，只要消费者需求仍在，家居行业始终都有广阔的发展空间，而机会留给那些拥抱变化、勇于突破的企业。

居然之家的数智化转型是彻底的。对"人、货、场"关系进行重新梳理，打造了基于云原生技术架构的新零售双中台，提升全链路的数智化运营能力。

居然之家的数智化转型是轻盈的。在整个家居家装行业都没有成功案例的时候，避免一开始没做好准备、没有经验的时候就自己做工具，这样成本很高，相当于在转型中穿上新的"铁鞋子"。与阿里巴巴这样的伙伴合作，找到一个具体的着眼点（比如，同城站）快速切入、延展、试错、迭代。

居然之家的数智化转型也是长期的。如同汪林朋所言，长期价值企业的理想，终究不在一朝一夕、一城一池，而在于不断引领和超越。居然之家的数智化转型也不是一蹴而就的，从上云，到搭建数据平台、业务平台、产业平台，是一个交叉迭代的过程。比如，在建设两个中台过程中，发现很多原有信息化建设中的问题，又加大了基础设施云化的力度。

通过在数智化转型方面的提前布局，居然之家取得了新零售方面的先发优势，这位"模范生"在数智化时代又一次交出了让人惊艳的答卷；同时，"摸着石头过河"也为家居家装行业探索出了一个数智化转型升级的典型样本。

"让家装家居快乐简单"是居然之家的起点，也是一场没有终点的远行。接下来，居然之家将在数智化之路上加速奔跑，带着我们抵达一个又一个美好的站点。

12.2 红星美凯龙：智家，致家——红星美凯龙用"一体两翼"探索未来

自1986年创立至今，红星美凯龙已深耕家居行业36年时间。在中国的各线城市生活，装修前或买家具建材、高端电器之前要去本地的红星美凯龙商场逛逛，已经成为中国人的一种生活习惯。

2020年，在疫情暴发背景下，红星美凯龙也迎来了战略层面的整体性变化。在这一年，红星美凯龙首度提出了轻资产、重运营、降杠杆的全新战略，将产业的发展驱向了全新阶段。

所谓轻资产，是指在调整资本开支的同时实现规模的快速扩张。当前，红星美凯龙轻资产业务主要通过快速扩大委管商场、战略合作

经营商场和特许经营商场展开。这一战略发展方式同时极大地降低了财务杠杆。

重运营则相对复杂。提升运营能力，打造以运营为核心的消费者体验升级，既是红星美凯龙整体新战略的落地重心，也是家装家居行业的时代需求。在过去二十年时间里，中国人的家居观念与房屋设计审美发生了翻天覆地的变化。从过去的"楼上楼下，电灯电话"，到如今每个家庭都有了"设计""装饰""家装风格"的概念，对家装产品品质与环保水准的要求也日益提升。这些要求的提升与中国传统文化"安土重迁""共享天伦"的文明基因融合，就让广大消费者对家装、家居产业既有极高的水准要求，又呈现出多样化的消费特色。

从大的产业背景来看，家装行业再也不能仅仅提供产品和渠道，而是必须将服务、审美、知识渗透到面向消费者的方方面面，达成更高质量、高水准的消费体验。这就是红星美凯龙提出必须"重运营"的战略依据。

在"重运营"的战略驱动下，红星美凯龙展开了一系列新零售与消费升级探索。比如，打造九大品类主题馆，根据不同消费需求对商场进行分级，推出1号店、至尊Mall、标杆商场这三大家居行业新物种，给消费者带来家具建材高端电器"一站式"购齐的体验与服务。又如，强调购买环境的审美体验与设计力，让消费者在购物初期就感受到家居审美的契合。总体而言，家装家居产业目前的发展方向是既要提供高质量的产品，又要提供高品质的服务。而为了实现"重运营"的目标，切实保障消费者体验，做到服务细节到位，还需要一个最关键的战略落地点——红星美凯龙发现数智化是解决问题的关键"钥匙"。

让我们进入红星美凯龙的数智化故事，看看家居家装巨头如何通过"一体两翼"战略拥抱"轻资产、重运营"的未来。

12.2.1 应时而动，红星美凯龙的产业升级史

如果说每家企业都有自己的文化基因与发展准则，那么红星美凯龙的基因就是能够读懂时代的变化，每次都能精准做到应时而动、因需而供，打造灵活多变、勇于自我革新的产业发展路径。

1986年，红星美凯龙创始人车建新用600元启动资金，创办了一家家具作坊。当时，主要业务是生产家具，并且进行寄售代销业务的红星美凯龙逐渐发现流通渠道消耗了不少利润。这既增加了消费者负担，又让市场主动权掌握在了销售商手中。于是，1988年，红星美凯龙开始了第一次大规模的产业升级转型，走向产销一体化模式，以前店后厂的形式经营家具产品。1991年，红星美凯龙开始租赁厂房经营家居卖场，这在当时的中国是一个创举。由于商品种类丰富，销售形式灵活，在改革开放初期深受消费者的青睐。

随后，这种租赁厂房经营卖场的模式也暴露出了问题。比如，租赁的厂房往往环境较差，格局不适合家具销售，并且租赁成本很高，租约难以保证稳定。与此同时，这种市场模式的管理也是一个重要问题。随后，红星美凯龙开始了第二次大的产业转型，通过自己拿地自建商场的模式，将卖场主动权完全掌握在自己手中。这种模式让红星美凯龙和入驻商家可以充分发挥各自所长，并且厘清责权边界，提供高质量、高水准的服务，同时也降低了中间环节成本与房屋租赁成本，实现了红星美凯龙走向国民品牌的第一步。

在二十世纪八九十年代的家居卖场中，各类品牌并存，良莠不齐，鱼龙混杂，同时代理渠道混乱不堪。为了解决这些问题，1996年，红星美凯龙首创了"市场化经营、商场化管理"的平台模式，并且在扬州率先实施"品牌捆绑式"经营。当时红星美凯龙提出了一句

口号：像炼油一样，不断把好的提炼出来，把差的淘汰出去。通过这种高标准严要求的管理模式，红星美凯龙在复杂混乱的家居市场中以高品质、高信誉树立起了品牌形象，继而推动了整个行业的升级发展，实现了良币驱逐劣币的产业正向循环。接下来，红星美凯龙借鉴了连锁商超模式，率先开启了家居家装产业的连锁品牌市场模式。通过更少的投入，实现了更高效的扩张。通过连锁运营模式，红星美凯龙品牌迅速走向全国，成为国民级的家居商场。

与此同时，红星美凯龙始终没有忘记消费体验升级这个大势。2000年，红星美凯龙在全国率先推出"所有售出商品由红星美凯龙负全责"的服务，从场地租赁的后台直接来到了服务顾客的前台，并践行"无理由退换货、先行赔付、绿色环保"等服务承诺。在21世纪到来时，率先打出了家装市场重服务、重质量、重环保的大旗。随后这也形成了全产业链的发展趋势。2003年，红星美凯龙建设了全新的绿色生态家居商场，探索融商业经营、休闲观光等于一体的家居购物中心。这也是当时中国市场上唯一被建材市场流通委员会授牌的"中国绿色生态家居示范商场"的商场。随后，围绕"绿色革命"的主题，红星美凯龙引领了新一轮的产业升级，家装行业正式向绿色、环保与业态升级迈进。

2015年，红星美凯龙在香港联交所上市，2018年在上海交易所上市，成为中国家居零售行业第一家同时在A股和H股上市的公司。回顾整个红星美凯龙的发展历程，我们可以看到不断拓展新店、不断拓宽经营品类是它的发展主旋律。而就在产业版图进程的不断拉伸中，红星美凯龙也势必面临整个家装行业都必须面临的挑战：家装家居是一个决策门槛高、客单价高、复购率低、购买周期长且低频消费的产业。每个客户对商场来说都是非常宝贵的。如何在重度投入、极大成本打造的线下商场中更高效、优质地匹配消费需求，提升消费体验，提升消费效率，是家装行业在发展到一定阶段后必然面临的下一个挑战。

从三十多年的发展历程中，我们或许可以发现红星美凯龙永远都是能够听懂时代风向与消费者心声的那家企业。它从来不等待变化发生，而是率先拥抱变化，引领行业。在这个产业发展的全新周期，"数智化新增长"就是红星美凯龙看到的必经之路。

12.2.2　家之重，数之能，家装行业的数智化转型需求

当时间来到21世纪20年代初，家装行业，尤其是线下商超的整体局面其实并不理想。首先要看到的是，家装行业的经济走向必然与房地产的周期性发展呈现出紧密的正相关。当房地产发展放缓，购房需求遇冷时，随之而来的就是家装家居行业的消费水平下降。

在这种大的行业压力下，行业同时还面临用户革新与消费升级的另一重发展趋势。目前，买房装修的主力军已经是"90后"，整个行业的消费者年轻化趋势非常明显。根据相关统计，线下家居卖场有45%左右的消费者是年轻人，并且这一比例还将逐年扩大。而无论是整体装修需求的放缓，还是消费者年轻化，都意味着家居家装行业无法逃离目前中国市场的消费升级主基调。年轻消费者更加青睐且习惯线上了解信息和线上消费，并且消费者对家装的品质、审美、个性化都提出了愈发新颖的需求。

举个例子，早些年，家庭装修对阳台的要求不高，阳台的基本需求就是铺砖、包顶，然后用来存放家庭杂物。但如今，年轻消费者非常重视阳台的审美与品味，市场上已经出现了专门做阳台的品牌。阳台的隔音、隔热、环保、设计等需求全面升级。如果家装产业不能读懂新的需求与趋势，那么势必被时代所淘汰。

在这种趋势下，消费人群对家装产业也提出了新的消费需求，比

如，专属的宠物空间、电竞游戏房的家装、入户榻榻米等，越来越多个性化的需求涌现在供需关系中，这就必然导致对应的服务、设计、产品能力有针对性提升。

可以看到的是，早年间自己联系包工队，自己跑建材市场，事必躬亲的装修模式正在为"次世代"消费者所抛弃。年轻消费者有着自己的时间管理理念与生活价值导向，不愿意在家装家居上花费大量时间成本；相反，更愿意多付出金钱，从而节省自身的学习成本、沟通成本与管理成本。这就要求商家不能仅仅提供简单的产品或者单一服务，而是需要把控整体需求与个性化需求，实现消费者拎包入住、整体设计，以及配套服务齐全等全新的家装家居体验。

这些需求的客观存在，让家装行业产生了非常旺盛且直接的数字化、智能化需求。中国家居家装行业有超过4万亿元的产业规模，但整体来看还是一个非常传统、偏重线下与渠道、以中小型服务团队为主的产业业态。这其中有太多环节亟待数智化改造，比如，在销售环节，大量家装家居品牌都依赖于导购与消费者的沟通，而导购的个体服务能力与服务意愿是非常难以把控的，这让大量商机流失在了沟通不顺畅的第一次接触中。如果可以进行数字化的用户画像，通过数据整体洞察消费者需要什么，关注的重点是什么，对哪些服务与产品不满意，就可以极大概率地提升后续的衔接流畅度，从而提升销售效率。

对于家居卖场来说，很多用户是第一次逛卖场，也可能是多年中唯一一次。在这种情况下，消费者来到卖场之后可能是完全茫然的，就连一些基本的分区与品类都没有搞清楚。针对这种情况，数字化的导购与问询也许可以解决这个问题，即使是一个如此细微的环节，都对整个家装家居行业有着重大的效率提升价值。

从流程体系上梳理家居家装行业的数字化需求，可以发现以下几个关键节点是数智化改造的必经之路：首先，在消费者获取信息的过程中，如何通过数字手段消弭信息差，将商品与服务信息准确、快速地推送给消费者。其次，在用户画像端，家居家装的消费者往往不会只购买一件产品或服务，而是需要一整套的关联消费，这种情况下，卖场需要尽量洞察消费者需求，把握住消费者接下来大概率发生的连锁消费，同时也带给消费者更顺畅、便捷的用户体验。再次，就是线上的触达机会，很多消费者对家居家装行业并不了解，获取信息渠道也较少。如何打通线上线下的界限，建立更广泛的数智化触点，也是产业必须解决的问题。

作为家居家装行业的领头羊，红星美凯龙已经洞察到了数智化转型是必选题，不是可选题。更多的家居行业品牌必然也会更准确地认识到这一点：对于消费者来说，家装家居是无比重要的消费。只有尽快完成数智化转型，才能适应如今"新零售"时代消费者的多变需求。

12.2.3 线上线下一体，红星美凯龙走上数字变革之路

向来擅长"春江水暖鸭先知"的红星美凯龙很早就走上了数字化的变革之路。到了2019年，红星美凯龙数智化转型进入关键期，这时的红星美凯龙需要找到可以立体化合作，真正懂零售、懂消费、懂线上线下融合的合作伙伴。

2019年5月，红星美凯龙与阿里巴巴签署了战略合作协议，将阿里巴巴在新零售领域先进的经营理念与技术支持引入线上线下一体化平台，打通线上线下销售渠道，增强传统主业的核心竞争力。截至2021年12月，红星美凯龙与阿里巴巴融合的同城站业务已累计在33个城市上线，覆盖78个商场和1.5万家商户。

事实上，在此之前，红星美凯龙已经进行了长时间的线上探索。当意识到消费者年轻化与消费升级的大趋势后，红星美凯龙推动了线上商城的建设，引导消费者用碎片化时间完成购买，提升用户的购买效率。

车建新看到，未来线上化经营是主流趋势，线上流量也是未来的主流市场所在。大量定制服务一定会在线上线下结合的过程中不断产生。最终，积极探索线上经营模式与互联网转型的红星美凯龙与阿里巴巴达成了深度合作，基于天猫同城站等合作模式进行了线上深度结合。对于双方的合作逻辑而言，阿里巴巴具有基于全行业的云计算基础设施能力及"新零售"经验；而红星美凯龙在家装、建材领域有自己的能力与经验。双方共同达成的同城模式快速被证明是非常有效的。从双方合作基础上看，红星美凯龙有自己的商业管理系统，随着与阿里云合作的数据中台等项目投入使用，整体数智化能力愈发完善，尤其在整体数智化水平相对薄弱的家居家装行业中，大量商家、品牌商并不了解"新零售"的实施办法。在这种情况下，红星美凯龙的数智化基础设施与数智化经验就成为行业依托。很多商家坚定地与红星美凯龙一起拥抱数智化，提升"新零售"的实践水平。

总体而言，红星美凯龙的数智化探索可以分为两个阶段：第一阶段通过自己建立线上商城来实现，建立运营体系，再将商场与线上运营打通；2019年之后就开始全面的第二阶段数智化改造，将阿里巴巴的技术赋能引入自身体系中，与阿里巴巴达成了共同创新，培养生态的合作模式。这一阶段，红星美凯龙有两大变化：一是引入了全域数据中台，实现了消费者ID拉通和全域营销投放；二是基于天猫同城站打造了系列管理系统与数智化能力，极大地激活了红星美凯龙的线上引流能力与产业触达范畴。

接下来，我们来看看这两大变革给红星美凯龙带来了哪些价值生长。

12.2.4 数据中台的底蕴，探索全域营销的无尽可能

在全域营销领域，阿里云为红星美凯龙量身打造了全域数据中台。由于中台化的效果非常突出，这一案例很快成为IT产业与IT培训中反复提及、讨论，甚至登上教材的中台样本。

在使用阿里云提供的全域数据中台之前，红星美凯龙的数据化运营其实已经非常领先，整体数字化能力在行业中非常突出。于是，双方经历了长时间的探讨与共创，一起寻找数据运营的突破点与创新机会。双方首先一起厘清了哪些是业界没有且有价值的能力，哪些数字化能力可以帮助红星美凯龙保持领先优势。经历了这样的共同创新，阿里云提供的数据中台在家装生命周期标签等项目中完全基于红星美凯龙业务进行定制，从而极大地提升了营销的精准度与广告投放的准确性。阿里云方面的负责人在回忆这个案例时感慨，红星美凯龙只要最领先的东西，而全域数据中台恰好就是如此。

数据中台的落地过程，同时也是红星美凯龙与阿里巴巴建立信任关系、消除对中台化数据安全担忧的过程。或许很多企业对大数据有一种天然的担忧与畏惧，对数据上云等转型进程比较谨慎。这种担忧当然非常合理，但也要看到，数据的打通与集成是企业数智化转型的必经之路。以家居行业为例，一条有效的客户线索往往意味着很高的客单价达成。但如果客户数据离散地存放在不同的业务端口，各条数据不能完整形成统一的客户画像，就会导致品牌方无法有效地进行服务及有针对性地进行营销，最终错过客户需求的达成机会，也会降低客户服务质量。在谨慎地选取核查数据，搭建自主化的数据中台，并且进行立体化安全防护之后，无论是品牌方还是消费者，对自身的数据安全都可以放心，不必担心数据上云带来其他问题。图12-5为红星

美凯龙全域数据中台示意图。

图12-5　红星美凯龙全域数据中台

在全域数据中台的帮助下，红星美凯龙实现了更高效地获取消费线索，进行针对性营销资源投放。比如，基于会员消费者的行为，进行统一的会员运营与精准广告投放，可以将这些家居咨询、销售线索有效地进行数字化集成，实现统一管理，高速触达。比如，买过地板的客户基本都有持续的装修需求，很可能接下来还需要购买橱柜等产品，这对品牌方来说都是非常有价值的营销线索。过往这些线索基本留存在导购手中，有着太强的不确定性与个体差异，既不利于用户体验，也不利于品牌方的效率提升。

通过拉通1200万个独立用户ID，继而通过算法优化，全域营销数据中台接通了红星美凯龙小程序、公众号和门店会员等数据端口，最终将红星美凯龙去重后的用户数据量提升到2700万条，为数据洞察与数据业务化提供了基础。

除了与阿里巴巴合作数据中台，红星美凯龙还在微信端进行了私域流量的数据营销。通过公域与私域的数据整合，红星美凯龙实现了"人、货、场"的全面数字化，能够持续赋能入驻商家和经营活动。让商家更准确地找到消费者，让消费者更便捷地找到所需商品，让交易行为更容易达成。基于数据中台，红星美凯龙正在探索无尽可能。

12.2.5　天猫同城站，1亿流量的数智支点

家居家装行业的另一个痛点是如何在时间有限、空间有限的条件下，与用户尽可能地触达与沟通。家装是一个高决策成本、高沟通成本的项目，线下商城触达条件有限，并且容易受制于外部环境。比如，在疫情的影响下，消费者可能更加倾向于不去或者少去线下商城。这种情况下的最佳选择就是将线下商城复刻到线上，形成线上线下一体化的"新零售"模式。

对于线下商域来说，天猫同城站模式是一种非常高效的数智化改造方案，它可以将线下门店进行线上复刻，并且在同城范围内准确触达用户流量，实现线上消费、线下服务的一体化，并且依托天猫的用户流量，品牌方可以以最低的获客成本实现"新零售"价值。

红星美凯龙与天猫同城站的合作，可以说是家居行业数智化升级中的优秀案例。基于这个模式，红星美凯龙的各地商场纷纷进行了线上线下一体化打通，解决了用户线上消费场景的问题，形成了交易与流量的闭环。用户无论在线上还是线下进行消费，都可以准确进入统一的系统中获得更优质的服务体验。

从2019年开始与天猫同城站合作，到2020年全面上线，红星美凯龙的这段数智化升级之旅恰好也与疫情到来的时间段重合。于是可以看到，天猫同城站成为红星美凯龙对抗疫情影响的有效方式，成为逆势发展的数智支点。

在2021年的"双11"期间，红星美凯龙的线上线下数字化卖场整体成交金额达到172亿元，天猫同城站线上访客同比增长62.1%，引导成交金额同比增长43.5%，各项指标均取得稳健增长。在流量成本高企的现阶段，这个数据可以说是非常优秀的成绩。同时，与天猫同城站的合作也给红星美凯龙带来了多方面的数智化能力提升。比如，认证了1500位数字化店长，获得了赋能更多商家的能力，并且在2021年全年进行了3.3万场直播，涉及100万件在线商品和1.5万户商家。

在线上线下一体化的数智支点加持下，红星美凯龙的业务经营持续向好，在财报中可以看到红星美凯龙展现了极强的复苏活力，继而证明了其轻资产、重运营的战略成功。

12.2.6　一体两翼的发展战略，飞向未来数字时代

面向数智化、服务化，重度运营的家装家居行业未来，红星美凯龙深刻意识到行业的特征导致了线上资源转化力及数据技术加持，是提升消费者体验和商业效率的关键。面向这一确定性未来，红星美凯龙将自身的战略发展总结成为"一体两翼"："一体"是指线下商场，不断优化线下体验，抢占消费者心智；"两翼"一方面是指"家居家装一体化"为消费者提供一揽子服务，扩大流量入口，另一方面是指"线上线下一体化"，进行线上和线下的互动导购交易，提高转化效率与价值挖掘。

从这里可以看到，线上线下一体化的数智化升级被红星美凯龙认定为"两翼"之一，承担着红星美凯龙探索未来、飞得更高的重任。同时，数智化升级也能够赋能到家装服务，提升"另一翼"的服务能力与营销、洞察能力。再者，数智化升级也可以给商场带来全方位的改变，数字导购、智能停车等服务可以为线下商场带来多元化的体验升级。

这样来看，数智化不仅是红星美凯龙的战略一翼，同时也为其他战略重心提供着支撑与升级。这就是数智化新增长的战略价值。

从组织架构方面看，数智化提升了红星美凯龙企划部门与门店、导购之间协同效率，在钉钉的帮助下，不同部门可以在同一平台上看到同一个数据，这让协同文化有了极大变化。从集团层面到门店层面，再到导购，都可以利用钉钉互通数据并实现扁平化管理。可以说，数智化"五部曲"在红星美凯龙这里有着完整的体现，而每一步都充满了商机与未来发展价值。

【小结】

为了整体推进数智化进程，红星美凯龙很早就成立了新零售部门，同城零售也有专门的业务组织进行管理。红星美凯龙将数智化看作一次非常有价值的战略性改造。面向未来，红星美凯龙希望能够从数智化中持续找到增长点与增长空间，坚持赋能入驻商家与合作伙伴，围绕重运营的公司战略展开更广阔的数智化图景。

从家居家装行业上看，红星美凯龙不仅是行业领军者，还是数据、技术、场景的集成者。它的数智化探索可以成为行业风向标，为产业提供新的机会与可行性数智化方案。

用"一体两翼"飞向未来，红星美凯龙用数智化的潜力与价值为更多消费者带来充满美好的家，以及充满欣喜的家装体验。

12.3　索菲亚：数智化引领变革，向衣柜整家定制全面进击

"定制"一词起源于英国伦敦的一条闻名世界的街道——萨维尔街，它有着两百多年的定制历史，以手工定制男装而享誉世界。顶尖的裁缝，高级的布料，使最终的服饰成为时尚与品质的代名词，带给

顾客妥帖与华美的终极体验。当"定制"延伸到家居品类的衣柜这个细分行业时，也为消费者打开了新世界的大门。

索菲亚源于1981年法国SOGAL，品牌历史已经走过了40个年头。从2001年与法国SOGAL合作，将壁柜移门技术引入中国，它的中国之行的历史也有20年；2003年在广州增城生产基地正式投产，成为索菲亚华南地区生产中心，也是索菲亚制造中心总部。2008年，索菲亚首家旗舰店在广州正佳广场店正式开业，随后索菲亚进入高速发展阶段，截至202年5月全国有1800个城市、4000多家专卖店、七大生产基地遍布东西南北中各区域，在环保、设计、智能制造等方面引领整个行业的发展。

2011年，索菲亚在深交所上市，是行业内首家A股上市公司，目前已建立起覆盖全市场的完善品牌矩阵，旗下品牌包括索菲亚衣柜整家定制、司米定制家居、米兰纳定制家居、华鹤定制家居，服务线上线下零售、整装、工程等全渠道客户。

同年，索菲亚在天猫平台开设第一家官方旗舰店。经过三年的积累和探索后，2014年，索菲亚首次参与天猫"双11"，以1.8亿元销售额的好成绩成功挺进天猫住宅家具类目销量榜第七的位置，带领"全屋定制"这一"新物种"在天猫"双11"崭露头角，为行业内各品牌的"双11"开路。2016年，索菲亚在天猫"双11"成功夺得全屋定制品类销售冠军，此后的2018年至今，索菲亚连续四年蝉联天猫"双11"销售冠军，2021年的"双11"获得了天猫与京东"双11"全屋定制类目销售额第一名，在天猫平台上，活动期间累计访客量高达500万人次。

从2011年上市以来，索菲亚的净利润增长8倍，总营收年均增长率达26%，2020年营业收入总额为83.53亿元，净利润为11.92亿元。

在耀眼的成绩背后，家居定制行业的扩张与发展并不是一件顺利的事情，索菲亚也遇到不少挑战。

我们知道，家居定制行业面临着以房产为核心的增量时代衰变，正在进入以用户为中心的新增量时代。家居产业整体消费链路的变化与电商平台对线下门店的冲击，消费者消费观念产生了变化，多样化的市场选择与体验重塑的诉求，都让家居行业开始变得焦虑。

对于消费者来说，在前端需要的是个性化的设计，包括风格、花色、款式、功能布局、收纳需求等，但是对企业来说，又必须要规模化地去交付。个性化需求与规模化生产的矛盾似乎难以平衡。

家居定制行业的产业链冗长且复杂，因为是涉及定制装修的行业，消费者一般是10～15年才会考虑二次装修，低频次、高单价，因此决策的周期长，消费的周期也长，中间涉及的业务链条与角色丰富，统筹与协同难度较大。这些难题得不到解决，定制家居将很难普及到全国各级市场。

如图12-6所示，对索菲亚来说，其身份包含零售业+制造业+服务业多重角色。索菲亚在全国有4000多家专卖店，同时布局了七大制造基地。在制造端，如何进行柔性制造，用客户需求、生产数据去驱动制造，而不是凭经验的判断。在号称要"横扫"实体家居品牌的互联网家居品牌同质化的竞争中，差异化输出创新丰富的品类，所有零售与制造行业面临的压力和挑战，索菲亚都需要去面对。

需求与业务的变化让索菲亚开始了升级与改造。为了满足前端个性化、后端规模化、智能制造与服务的标准化，需要引进数字化的经营、制造与管理手段。在智能化浪潮中延续过去高速增长的势态，索菲亚率先进入生产模式和产业形态的变革，提出了数智化转型战略。

图12-6 索菲亚包含零售业+制造业+服务业多重角色

12.3.1 数智化占据战略高地展开实施

对于数智化战略，索菲亚是在战略高度去实施的。索菲亚家居总裁王兵表示，如果只是把数智化简单地定义成"要上一套系统，做一个工具，或者是IT部门的事情，那一定搞不成，所以必须要把它定义成战略的高度"。

对于索菲亚的数智化转型，王兵总结有五个关键要素，而核心要素是战略。第一，战略上必须要重视；第二，在组织上要有保障；第三个要素是流程，所有的数字化、信息化、智能化都是基于流程的；第四是技术能力，可以借助外部的技术，但是自身的能力也得强；第五是投入，在这么多年数字化的进程中，索菲亚不断优化完善，投入了不少资源与精力，所以如何以最优的投入获得最大的产出也是一项能力。

战略定位确定后，就需要组织资源开始"攻城略地"。从2014年以来，公司成立的（IDC）信息与数字化中心、宁基智能和极点三维，作为信息化和数字化的"三驾马车"，稳步推进与实施数智化战略。

在公司的发展过程中，索菲亚认为其数字化业务要想高速增长，必须自建从消费端到设备端整个产品生命周期的管理，以及订单流和信息流的传递。索菲亚在发展的转折阶段，果断地切入了信息化、数字化、智能化三轨道并行的转型之路，从企业的"大脑"入手，组建了由信息与数字化中心、宁基智能和极点三维组成的发展新引擎，信息化、数字化、智能化"三驾马车"共同发力，推动索菲亚步入新的阶段。这一敢为行业先的举措，掀起了行业数字化转型升级的浪潮，定制家居信息化管理、智能生产的阶段由此开始。

12.3.2　柔性生产与数智化"新制造"

索菲亚是定制家居行业内较早进行数字化转型的企业，自2014年以来，就搭建起信息化、数字化和智能化为一体的全流程数字化运营体系，以科技手段破解定制家居生产周期长、工作环节多等痛点。

在生产制造端，索菲亚在中国东南西北中打造七大制造基地，构成强大的生产网络。经历十多年的生产经验累积，索菲亚的生产模式从柔性生产转变为智能生产工业4.0阶段，真正做到柔性化、定制化、智能化，引领了行业技术创新。索菲亚工业4.0智能工厂如图12-7所示。

索菲亚的第一条柔性生产线早在2012年就率先投入使用。柔性生产线是把多台可以调整的机床联结起来，配以自动运送装置组成的生产线。它依靠计算机管理，并将多种生产模式结合，从而能够减少生产成本，做到物尽其用。索菲亚的柔性生产线已在全国各生产基地建设铺开。进入柔性生产车间，生产线一片忙碌且有条不紊，机器设备上下左右摇臂，自动调整，快速完成压贴、开料、封边等生产流程。

据了解，索菲亚定制衣柜柔性生产线生产能力达到2.8万件/天，相当于约700套衣柜/天，不仅工作效率高，而且细致、精准，如对角线偏差可以控制在0.5mm以内。目前，柔性化生产线形成了强大的生产支撑体系，为业内领先。

图12-7　索菲亚工业4.0智能工厂

在智能制造方面，索菲亚工业4.0智能车间通过自动化和信息化的深度融合，实现智慧智造，打造高效率、高品质、低运营成本的智慧工厂。索菲亚在湖北黄冈打造的先进智能工厂是旗下最大的智能制造示范基地，也是索菲亚智能科技成果在制造端的典型代表。工业4.0智能工厂集智能仓储、智能装备、智能物流设备及智能质量检测设备于一体，智能工厂高度自动化、智能化，将传统生产车间的制造孤岛连接为一条智能化生产线，已形成高质量的生产管理体系。从销售前端的设计画图、报价、下单，再到后端生产的计料、排单、开料、包装、库存等，完整覆盖整个生产销售流程。数据显示，在智能生产技术的支持下，索菲亚智能工厂的加工准确率达100%，板材利用率提高11%，排产时间缩短50%，车间流速提升62.7%，日产量是普通生产线的1.57倍，交货周期低至7～12天，大大降低了顾客等待时间，生产效率国际领先。

12.3.3 运营数据化的品控与精准营销

柔性智能生产线能够如此有条不紊地运作，背后离不开精密的信息与数字化系统。索菲亚全国七大生产基地每天约处理上万个订单，折算成板件数量约数十万块，而每个板件又有花色、纹路、尺寸等各类数据，也就是说，索菲亚每天要处理数百万组数据。这些数据需要输送到生产线上的每个设备中，确保生产线及时、准确地加工。

按照数据加工出来的品质才会有保障。假如数十万个板材按照传统的加工模式生产，出错率控制在百分之一，意味着数千块板材质量出现问题，分布到不同的订单中，对于品牌、口碑、消费者体验等造成很大的不良影响。因此，实时计算和大数据系统分析处理数据的能力，是索菲亚规模化生产与定制的核心能力，也是其高品质的保障。

大数据平台系统也让索菲亚柔性智能生产线有一条完整的追踪链条，如图12-8所示。从备料开始，板材上就已经贴上了专属二维码，这个二维码是这块板材的身份证，之后经过开料、封边、打孔、包装等环节，直到终端销售，都能随时追踪到原板材的所有信息，为售后的数据回溯提供了数据保证。索菲亚的智能化工厂从销售前端到后端，已经实现了生产流程全自动化，并通过全方位、垂直一体化的数字化运营平台，从门店至车间设备统一数据库，实现了前后端生产数据无缝对接。

除了产品生产制造过程的数据，用户的交易和行为数据也是大数据系统中指导业务与销售的关键"数据燃料"。索菲亚借助大数据更好地了解市场动态和消费者需求。阿里巴巴与索菲亚合作共同建立了索菲亚数据银行，基于用户画像进行数据的分析与洞察做精准营销，不仅降低获客成本，还能做到精准获客。

12-8　索菲亚智能分拣系统

12.3.4　业务在线化助力全链条数智化运营

索菲亚的信息化建设在2005年就开始启动。先是组建了IT部门，将生产流程和质量控制逐步电子化；随后，公司改造ERP系统，投产柔性生产线，进一步降低成本，缩短生产周期。同时，销售端也进行信息化建设，对经销门店实施大数据管理，完善客户画像，更贴近消费者，提供个性化服务。如今，索菲亚已经打造了全流程数字化运营体系，覆盖了定制家居的完整服务链条，从协同营销、实时设计、智能制造、仓储物流、客户服务等方面构建数字化生态系统，通过强大的中后台进行信息化管理，提高供应链效率、经销商运营效率和业务流程运作效率，更好地满足消费者需求。

具体来看，索菲亚开创了全流程数智化运营体系，组建了研发、营销、智能制造、服务四大平台，打造智能设计系统DIY Home、营销协同系统X-Plan、智能计料系统MCS、智能报价系统QPLF、企业资源管理系统ERP、制造执行系统MES、智能仓储系统WMS、智能物流系统TMS、客户服务系统CSP、产品生命周期管理系统PLM十大系统，用数字化技术破解运营痛点。

比如，智能设计系统DIYHome，该设计系统以客户体验为出发点，推出的3D实时设计软件，为客户呈现风格化的产品。企业可以实现从需求到设计的打通，通过简单的拖拉拽就可以操作，让客户亲自参与设计，在2019年开始向各经销门店推广。DIYhome具有智能绘制户型、一键软装设计、720°超炫全景视觉展示等功能，拥有海量的样板房方案、智能绘制户型，可以实现"一套软件，全屋定制"的目标，给消费者提供了极大的便捷和真实空间，消费者可以随心所欲地进行设计，打破了之前设计师与客户图纸沟通过程的中间环节，一键拆单，直接对接工厂生产，提升门店运营效率。其中，3D渲染引擎全部由索菲亚团队设计，软件与实际应用的过程衔接变得更平顺。

除了实体店中引入智能设计的升级改造，索菲亚也大力发展线上业务。2005年，处于摸索期的索菲亚更注重将信息技术和店面运营结合起来，以提升服务效率。在稳步实施推进数字化战略过程中，索菲亚在2011年开通了天猫官方旗舰店，同时也大力布局其他电商渠道。自2014年以来，除了官方自建商城，索菲亚也加强了与天猫、京东、齐家网、土巴兔等电商网站，以及第三方平台和互联网家装公司的合作。电商渠道模式为线上聚集客流，再由经销商执行订单，打造"线上引流+线下服务"的消费闭环，线上、线下利益一致，充分满足线上线下的市场消费需求。

线上线下的融合让索菲亚的经营模式发生了变化，线下促销和线上直播结合成为索菲亚创新的销售模式。

2020年，线上直播带货的潮流开始兴起，索菲亚也在线上全面发力。疫情突如其来，消费场所从线下变为线上，消费者在减少出门的情况下，也可以通过线上直播详尽了解柜类产品的品质和细节，实现云端逛门店。整个2020年，索菲亚共开展线上直播1000余次，头部明星直播20多次，截至2020年第三季度，索菲亚线上渠道客户占比达25%，一线城市超过45%。

在家居建材领域，环保与品质是消费者最关注的核心问题，定制衣柜的环保问题也一直颇受关注，这也是品牌打造差异化优势的竞争点之一。索菲亚通过自主研发的智能化数字系统——质量追溯系统，从选材源头开始，做到对产品质量与环保高要求，并进行数字化把控。数智化技术为索菲亚产品品质与环保性能提供了强有力的保障。

12.3.5 灵活的云端让基础架构与业务更具弹性

索菲亚的云化之路从2011年就开始了，起初，在网络存储与网络计算消耗量不大的情形下，自己做"云"，随着互联网技术的飞速发展，数据量剧增，使用自己的数据中心无法满足短期内高存储、高计算的需求。索菲亚在云化路上的选择开始考量业务对计算能力、网络能力、存储能力的需求。针对这些层面的考虑，高稳定性、高系统性和高性能成为索菲亚向云转型的必然选择。索菲亚于2015年开始与阿里云合作，部分应用开始上云，比如，社群的运营、产品相关渲染设计图片与视频等，云端更多地用在索菲亚的营销板块。

在"双11""618"等活动大促中，云端服务器和数据库具有很大的弹性，马上可以扩容，获得高并发的计算与存储能力；一旦业务量恢复正常，则可以弹性释放、降低成本。基础设施的云化还可以减少索菲亚运维的成本，提高云端系统的稳定性和安全性。

随着数智化转型进入深水区，数据和系统的运算能力大幅提升，索菲亚未来其他的业务系统与数据也会根据经营的情况和需求来调整上云的节奏，让云化的价值全面赋能数智化的基础架构。

全链路的数字化转型，为索菲亚带来了占据商业制高点的竞争力。对于整个数字化运营平台的效果，王兵把数字化改造提升带来的成效总结为：产品交付效率更高、产品品质更高、材料利用率更高、管理效率更高、成本更低。在推进数字化的过程中，公司不断地尝到转型带来的甜头，所以投入就会更加坚定，从而进入良性循环。

目前索菲亚处于高速发展的阶段，在品类、业务、渠道等都有广阔的发展空间，在信息化、数字化的能力应用上，公司未来会继续深耕并提升新零售时代的运营效率和零售效率。在"定制"的下半场竞争中，索菲亚将在夯实衣柜基本盘的同时，全面发力做整家定制，驱动索菲亚大家居生态融合和加速落地。这也是索菲亚需要持续努力与发展的重点。而在生产端，工业4.0的工厂仅仅是开始，索菲亚会在未来将其他的工厂进行同步改造与升级，进行智能化水平的提升，满足降本增效与柔性智能生产的需要。如图12-9所示，在企业质量控制命脉的改造中，也会持续运用数字能力对全产线从材料到生产过程，再到安装、服务的整个链条进行升级，这也是大数据平台系统深化的重要方向。

无论是数字化的创新变革，还是环保管理的升级突破，定制家居的每一次变革都离不开以索菲亚为代表的龙头企业作为先驱者的探索。未来在数智技术飞跃发展的格局变动下，索菲亚会继续积极拥抱变化，引领定制家居迈入整家定制的新时代，在新的历史节点保持稳占商业潮流的制高点，实现跨越式新增长。

图12-9　索菲亚宁基智能智慧智造数字大屏

【小结】

回溯十年前的定制家居时代，房地产行业山呼海啸，定制家居发展随之进入爆发期，行业一片欣欣向荣，但在房地产行业增速趋缓、渠道管理难度增长、消费者观念与需求的多变势态下，索菲亚开始进行数智化的新零售变革。

在数字化战略的指引下，索菲亚以数智化为引擎，建立起从消费端到设备端的整个产品全生命周期的管理，驱动着公司业务的发展。同步成立宁基智能加速智能制造水平，打造智能生产线、智能物流、智能工厂，使得加工准确率提升至100%，板材利用率提高11%，日产量是普通生产线的1.57倍，平均效率是德国生产线的1.25倍，排产时间缩短50%，车间流速提升62.7%，交货周期低至7～12天，大大降低了生产周期，生产效率国际领先。

索菲亚在发展的转折阶段，果断地切入了信息化、数字化、智能化三轨道并行的转型之路，从企业的"大脑"入手，组建了由信息与数字化中心、宁基智能和极点三维组成的发展新引擎，信息化、数字化、智能化"三驾马车"共同发力，推动索菲亚步入未来定制家具增长的新阶段。

12.4 林氏木业：用数智化为"精置"家居生活添砖加瓦

林氏木业创立于2007年，从最开始创始人林佐义作为一号电商客服开始，2014年，开设第一家线下体验馆，到2021年年底，林氏木业门店遍布全国近300个城市，累计开店数量近700家，与180多家大型供应商建立合作关系。经过14年的运营，林氏木业现已成为互联网上最大的家居新零售品牌之一，连续多年获得天猫"双11"住宅家具销量榜冠军。

如图12-10所示，林氏木业在家具行业是一个比较另类的存在。绝大部分家居家具品牌都是从线下实体店做起的，因为对于家居家具产品来说，线下的实体店是消费者体验非常重要的窗口，这也是品牌与消费者沟通建立联系的重要购买场景。而林氏木业的起家绕过了这一环节，直接从最轻量的线上开始。从刚开始代理销售到迅速创立品牌，在过去房地产行业黄金十年带动的居住升级、家具需求暴增和电商网络红利的背景下茁壮成长，而后又反向回到体验至上的线下，到如今成长为一家具有安装、配送并管控生产的大规模线上线下一体化协同的家具企业，林氏木业走了一条相对独特的发展路线。

2021年"双11"期间，林氏木业总成交额突破15.46亿元，稳居全网住宅家具行业销量第一，继续蝉联天猫"双11"住宅家具类目销售冠军。

图12-10　林氏木业是少有的从线上走到线下的家具品牌

在线上发展势头持续上升的情况下，林氏木业也逐渐把目光投向线下。在中国万亿级的家具零售市场中，电商渠道仅占其中一小部分，对于目标百亿级以上的家具品牌来说，线上线下两者的覆盖和统一是必选项。林氏木业从2014年尝试做了第一家O2O体验店，之后在2017年实现快速扩张，截止到2021年11月，林氏木业已经在全球多个城市开了692家实体店，结合线上服务为千万家庭带来一站式高性价比家居购物体验。与此同时，林氏木业更注重线下门店的服务品质，包括全品展示、无忧送装、安心售后等，以优质的产品和服务实现了线上和线下的"双响"。

12.4.1　消费演进带来的行业挑战

近年来，随着家居家具行业的迅猛发展，市场蛋糕不断扩大，一方面衍生出更多新兴的家具产业链，另一方面在市场优胜劣汰之下，家具企业间的竞争更为激烈。在同质化的商品竞争席卷下，无数小品牌在迅猛的市场价格战厮杀中倒下，剩下的家居品牌都不甘落后，奋勇向前。我们可以很明显感受到2018年以来家具行业终端门店经营日益艰难，甚至出现了经销商赚钱的"二八定律"，即只有20%的经销商赚钱，50%经销商不赚不亏，余下的则是亏损状态。

而在消费观念上，新时代下年轻消费者更加追求居住空间的个性化、现代感和舒适性。作为具有独立想法的群体，他们对家具产品设计、颜值、品质等方面有着较高的要求，这是消费演进带来的变化。如何在白热化的竞争态势中通过赢得消费者的喜爱杀出一条路，林氏木业也同样面临行业内的共性挑战。

（1）线下门店的数字化程度不高，获客后链路缺少数字化支撑，运营难度增加。

（2）对于年轻的消费者来说，他们的需求与口味日益"刁钻"，审美的品味和偏好越来越难洞察，市场的流行趋势变化难以把控。

（3）家居家具企业的供应链纵深较长，供应链体系复杂，容易出现交期不准确、品质不如预期等问题，供应链的动态调整与运营能力急需提升。

（4）业务与组织的协同效率在多变的趋势背景下需要快速响应和升级，同时需要引进新的数字化与分析工具革新老旧的信息系统基础架构。

12.4.2　林氏木业的关键破局

林氏木业作为最早在互联网上卖家具的品牌，既享受了时代的红利，也是家具电商化的推动者之一。自建摄影棚、"五包策略"（包物流货运、包送货上门、包搬货上楼、包专业安装、包专业售后）、中心大仓这些"林氏做法"已经成为家具电商的标准化经营路径，广泛被行业借鉴。

新零售时代，家居家具行业都在转型，无论是线下延展到线上，还是线上回归到线下，各个品牌商都在行动。即使是宜家也从完全线下到自建电商平台，再到天猫旗舰店，实现了一系列转变。除了传统品牌纷纷"上线"，家居卖场居然之家、红星美凯龙也全面拥抱新零售，再加上一些新锐设计师品牌，家具零售市场已是玩家如云。

面对消费演进带来的行业挑战，以及行业内激烈的市场竞争，林氏木业如何破局？林氏木业抓住了关键的两点：快速响应的数字化柔性供应链，以及线上线下一体化的新零售。

供应链是核心竞争力。家具细分行业的特点是工期久、材料多、工序多，而要满足消费者差异化和个性化的需求，新品新类就必须快速迭代。这对从设计到供应链的响应能力带来极大考验。林氏木业将自己定位为平台型企业，一端连接180多家优质供应商，另一端连接广大消费者，通过一整套由数据驱动的从设计到生产的柔性供应链管理体系，可以实现精准地洞察市场变化，快速反馈给设计师，再快速同步对接合适的供应商，并根据需求周期弹性伸缩产能，以较低的成本变得更快、更灵活。例如，"双11"期间需求暴涨，林氏木业可以根据数据与工厂做好产能预测与提前备货，避免了供需不平衡等风险。

正是基于数据的强大供应链能力，林氏木业全年在售SKU能达到13000多种，不仅如此，还保持着月均上新1000个以上SKU的魔鬼速度，这在家具行业是让对手无法超越的速度。

在新零售方面，家具线上网购更方便，但家具消费"重体验"的属性也是强需求，因此线下场景也不可替代，全渠道体验才是真正以消费者为中心的经营之道。林氏木业目前所有的门店都支持新零售"五同"策略，即线上线下同产品、同价格、同活动、同权益、同服务，为消费者提供无差别的购物服务保障权益，基于"五同"策略，林氏木业线上线下融为一体，实现了流量互通、数据互通、体验互通、服务互通。

2021年"双11"期间，林氏木业线下门店一共创造了7.1亿元销售额，同比增长33%，在整体营收占比已接近一半。

作为家具行业中的排头兵，林氏木业迅猛发展的底蕴是数智化能力的建设。具体来看，林氏木业在数智化方面有哪些应用及成果呢？

12.4.3 以"云"作为基础设施底座

在数智化时代，不解决基础设施的云化，底部的技术设施无法支撑起大容量的业务，企业的商业价值增长与未来长远的发展更无从谈起。基础设施的云化已经成为公司业务发展的技术基础。

云化最明显的优势是使得整个系统的扩展性能与连通性能更好，也更加安全。林氏木业正因为是从线上起家再延展到线下服务的，因此，较早时期就已经感受到业务弹性和灵活性的重要性，林氏木业将各类应用系统陆续放到云端，给业务带来巨大的弹性和灵活性。一旦业务量在短期内出现猛增，比如，在电商节日"双11""618"等大促期间，可以马上将云端服务器和数据库进行扩容，以获得高并发的计算和存储能力，等到促销结束后，业务量恢复正常则可以释放资源，降低成本。同时，基础设施云化还可以减少运维成本，提高系统稳定性和安全性。

12.4.4 用触点搭建体验桥梁

具有原生互联网基因的家具品牌林氏木业，触达消费者和供应商的触点主要包含线上的如天猫商城等主流电商渠道，线下的如数百家门店，商业触点如广告等，用户社交触点如小红书、抖音、快手、微博、微信等平台。

林氏木业无论是线上还是线下，都会有各种活跃的营销活动，通过门店和线上社交裂变活动，以及在线直播品牌推广等触点，结合消费者地理分布，引导消费者到店，完成消费者会员在店内的消费转化，再通过门店数据系统的收集，相关的数据信息会回流更新会员的信息状态，完善消费者的360°画像，从而形成精准的营销闭环。这些触点组合形成多面多角度的触点网络，构建了企业和消费者之间的桥梁。

数智化能力的加持是林氏木业增加消费者黏性的利器，其中加快新零售门店的数字化转型是林氏木业升级过程中的重要举措。2018年4月，林氏木业和天猫强强联手打造的全国首家家具智慧门店在佛山落地。林氏木业家具智慧门店由超千平方米的总店"升级改造"而成，这家智慧门店也成为阿里巴巴新零售模式与家具品牌结合的典型示范。

林氏木业的智慧门店主要拥有D场景漫游、AR投射、云货架等AI前沿技术，这些技术利器实现了林氏木业商品、服务、会员与交易的互通，全面提升了门店运营的效率。消费者从进店开始，林氏木业大数据后台就会迅速进行识别，通过消费者的会员信息及消费偏好数据等让导购对消费者的画像有明确的感知，从而为消费者提供个性化产品和服务体验。消费者离店后，也会在线及时收到新品信息和促销活动优惠券，形成触达循环，增加消费者复购率。林氏木业智慧门店通过数据能力打通门店和消费者链接，成为其重构新零售"人、货、场"的重要阵地，为企业抢占家具市场，完成新零售转型，占领先机，升级的数智化智慧门店也为消费者打造了全新的购物体验。

12.4.5 业务在线化升级产销效率

林氏木业连续多年稳居全网住宅家具销量前列，支撑其迅猛增长及稳固地位的背后，离不开供应链的强力支持。家居家具行业之间的竞争，归根结底是供应链的竞争，强大的供应链运营和管理能力可谓是家居企业不可或缺的核心竞争力和战略优势，它能够为企业建立起又宽又深的品牌"护城河"。

在线上业务的数字化改造方面，林氏木业搭建了SRM（供应商关系管理）和SCM（供应链管理）两套系统，如图12-11所示，打通了与供应商的沟通壁垒和信息壁垒，真正实现产供销协同一体化，实现产品、销售和供应链的信息共通共享。例如，在与原材料供应商协同方面，林氏木业通过线上的联络函，对每个月的签价、订单、材料商和加工厂的结算信息等，与材料商在协同平台上进行全流程的沟通、跟进，保证与供应商的及时沟通和协调。而SCM系统的运用，可以在线上实时掌握原材料供给全过程信息，与材料商随时随地进行沟通交流，打通了从开发到交付的全链路交易过程，既能提高效率，又能保质保量。另外，通过BI（商业智能）系统，林氏木业也可以对供应商的考核、数据、订单等情况进行相应的跟进及处理，通过数字化赋能，保证供应链正常运转。

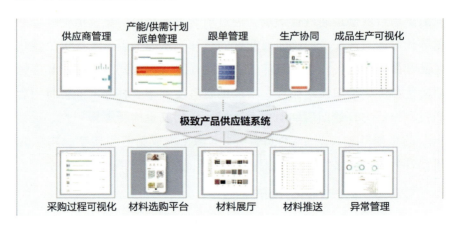

图12-11　林氏木业产品供应链系统SRM

林氏木业对供应商的价值体现在数字化赋能方面。林氏木业将供应商列为重要的业务单元之一，让供应商充分了解和参与以用户需求为主导的营销前端全流程，通过林氏木业的数智化能力，帮助供应商实现全流程控制，以及精准洞察用户市场。

在生产制造的流程方面，过去企业根据自己对市场的预判，给供应商下订单，供应商要完成的是储备原材料和生产加工，渠道商需要解决仓储、销售和面向用户提供优质服务。在传统模式中，供应商与渠道商彼此之间用商品作为连接点，但是由于彼此的利益与诉求不一致，通常不会共享数据、原材料和物流等资源。

林氏木业以互联网思维创造与供应商共赢的局面，通过销量数据、产品、订单等信息的实时共享，双方达成对品质、交期、单价、服务等情况的共识，依据林氏木业的数智化能力为供应商做出更加精准的产销排产与调配预测，保证产品质量与供货的稳定。

当商品的生产制造流程建立完毕后，在提升和管理用户体验方面，林氏木业根据自身的经验，自研了专属的DSR评分管理系统，解决线上线下一体化的关键问题。通过DSR系统，林氏木业可对线上线下门店进行可量化的指标考核。当消费者对服务满意度、售后等进行评价评分时，这些数据将回传至总部，总部数据中心将对其进行统计和考核评估，实现数字化管理，提升用户选购、交付、售后的体验满意度。林氏木业用数字化改造了与供应链的合作流程，拉近了与用户的距离，一切用标准、市场分析和数据说话。

在摸索打通了线上线下的新零售之路后，林氏木业对于自己的定位也更加清晰——做年轻人第一次购买家具的首选品牌。年轻人消费观念与消费需求一直在变，如何跟上消费者的步伐，打造年轻人心仪的"爆品"是企业面临的难题。

传统家具企业内部分工机制是设计、采购、生产、销售分别处于"流水线"的不同工序，每一道工序被"封装打包"后交给下一个部门，比如，设计部门将产品设计好，交给采购部门进行供应商询价和采购，生产完成后上样销售。产品设计与最终销售之间的链条和周期较长，它的优点是专业分工明确，但在互联网发展的模式下显然效率不足。

为了缩短产品从设计到销售的链条，也为了快速响应经过数据洞察的用户需求。2018年，林氏木业启动了新的组织变革，将产品研发部门与供应链部门实现了融合，合并成为一个事业部，形成了设计与供应链相互驱动的模式。一旦产品经理通过数据分析发现了新的市场热点与商业价值，就可以直接反馈给设计师，加快新产品的诞生。甚至在一天内可以提供方案，而采购、供应链都可以跟随流程进行询价、预订，从而快速锁定市场。2020年"双11"大促期间，林氏木业通过数据分析发现梳妆台细分领域的空白市场，并从中细分出简约现代风格，以及1500～2000元的价格区间，从而快速切入市场，获得了可观的销量。

林氏木业可以媲美零售行业的SKU能力与响应效率皆来源于此。供应链与生产设计等部门基于数据的有效协同，使得业务的飞轮快速旋转，实现商品与品牌的不断升级。

12.4.6 精准洞察为运营赋能

大数据分析是驱动林氏木业飞速发展的重要引擎。对于零售商来说，营销数据价值最大化离不开"以人为本"的核心理念，而这也是新零售转型中最主要的核心点。以人为本意味着要深度理解用户、精准营销用户、持续运营用户。对于家具行业来说，传统的营销方式效果差的原因就是，企业没有以数据智能为基础做出更好的精准引流，广撒网的投放方式没有做到精准运营，从而导致价值用户的流失。引入数智化的工具能够使得以人为核心的营销持续，可以突破传统营销"投入大却效果甚微"的瓶颈。

林氏木业携手阿里巴巴引入天攻智投的解决方案，如图12-12所示，这是阿里巴巴运用强大技术与多年累积的电商资源打造的智能营销平台，最早应用于阿里巴巴内部的零售体系。天攻智投具备的营销能力为林氏木业精准洞察与营销运营赋能。

图12-12 林氏木业基于数据回流及运营闭环实现精准营销

基于大数据能力，林氏木业运用天攻智投可以很好地实现每一家门店周边区域几千米内的群体洞察，发现新的商机和增长点，精准锁定目标人群。借助大数据的分析和数据洞察，林氏木业准确预判设计风格与家居趋势。在与合作商宜奥集团合作定制销售乳胶床垫的过程中，林氏木业基于多年海量的用户数据沉淀与大数据分析，根据对每个地区、每个用户进行营销数据的画像，以及用户对商品的评价、浏览时长、服务需求等，做出符合用户需求的商业分析。本来合作商宜奥集团认为预期月销售一两千张床垫封顶，但是基于大数据的洞察及投放等手段，合作的第一个月，销量约4万张。数据化营销的达成也让林氏木业能够追踪到消费者的全链路状态，"回流沉淀"品牌和消费者的每一次互动，并在阿里巴巴的生态体系内实现用户激活，帮助持续累积消费者资产，提高了转化效率，降低了获客成本。

在过去的家具生产模式中，用户的选择权不掌握在自己手里，而是在生产商手里，工厂生产什么，终端的经销商卖什么，用户最终才能买什么。林氏木业通过大数据打造了一条可控的数字化全链路。通过大数据赋予的精准洞察能力，分析海量会员用户的不同消费偏好，并且将洞察的市场分析与生产供应链及时共享给内部团队与外部合作伙伴。

林氏木业的研发设计团队通过用户分析，自主研发设计出对应需求的产品，并且快速匹配符合要求的生产商，生产商也能够在这些数据的基础上迅速做出原材料储备和产量排期等生产决策。线上全渠道与线下经销门店同步启动营销推广活动，一套高效完备的数字链路就快速地构建完毕。从发现产品需求到量产销售，最快30天时间完成从研发生产到渠道布局。林氏木业在大数据分析的能力下实现用户需要什么，供应商就生产什么，而不再是以往的工厂生产什么，用户就买什么的模式。

12.4.7　决策智能化正在生长

过去，消费者购买家具一般都是去建材家具市场，再到后面兴起的陈设精致的家居卖场和专卖店，这些门店由于空间所限，展示的产品数量有限，卖场产品更新的频次较低，很难满足消费者的体验需求。随着家居和家具的界限逐渐模糊，消费者可以在任何具有家居消费场景的地方购买家具，甚至是在VR场景中在线选择、布置新家。家居与家具的卖场也变得越来越便利和智能化。

我们看到，商家无论在商品的陈列还是生产制造方面，都在技术的赋能下不断升级。企业进行数智化转型的终极目标是拥有数智大脑，自动进行市场预测、商业决策等行为。我们知道，目前企业在做管理决策和业务决策时，虽然有市场数据和内部运营数据作为参考依据，但更多的时候决策依靠的是经验，这样的决策在科学性、合理性和有效性方面往往会大打折扣，甚至产生失误，从而影响企业的发展进程。能否借助技术手段让企业拥有一个"数字大脑"减少决策失误，提高决策成效是企业共同的愿望。

在"坚持永远比别人先走一步"的发展观引导下，林氏木业在决策智能化的方向上也有一些成果。在产品的自主研发方面，我们看到基于用户的精准洞察预测需求，实现了"货找人"的目标。店铺中的商品陈设也通过数智能力赋予的判断来进行智慧选品、智慧陈列。在订单研发的过程中，也会根据以往的数据来预估缺货的情形提前布局，并且基于洞察的数据做到提前追加哪些货物可以避免订单难以及时交付，以提升消费者的体验。

林氏木业已经取得了决策智能化的初步成效，并以此驱动产品创新，继而驱动在营销手法、空间美学等方面更加极致化的全方位发展。截至2021年6月，林氏木业已获得超1300万户家庭用户的喜爱，这个数据仍在不断增加。随着年轻消费群体的需求变化，林氏木业开始布局"成品+定制+家居用品"的融合新业态，以辐射更广泛的消费客群，为目标消费者带去一站式购齐的便捷家居生活方式。

融合新业态模式是林氏木业为吸引不断增加的年轻人，并升级消费体验的战略，将"用精置，活出兴致"的品牌理念及生活态度传递给消费者。这是林氏木业的品牌理念，同时也是创始人林佐义初心的回归，"消费者有权利以合理的价格，让生活更美好"。林氏木业也会基于行业的趋势与消费者的需求不断进行革新，继续书写家具行业的传奇故事，为消费者提供"精置"的家居生活。

【小结】

数字化能力的导入，让家居家具行业快速发展，大幅提升了运营效率。林氏木业起家于线上，经过十多年的迭代发展，到如今连续多年蝉联"双11"的销售冠军，其迅猛发展离不开数智化能力的建设。在业务的数字化改造方面，搭建了SRM（供应商关系管理）和SCM（供应链管理）两套系统，打通与供应商的沟通壁垒和信息壁垒，真正实现产供销协同一体化，实现产品、销售和供应链的信息共通共享。

此外，大数据分析与天攻智投的解决方案是驱动林氏木业飞速发展的重要引擎。通过大数据赋予的精准洞察能力，林氏木业可以分析海量用户数据，标签化各类用户的消费偏好，并且将洞察的市场分析与生产供应链及时共享给内部团队与外部合作伙伴。通过大数据打造了一条可控的数字化全链路，最终实现可以媲美零售行业的SKU生产能力。林氏木业智能化的革新之路，不仅驱动产品创新，也在营销手法、空间美学等赋予势能，向着更加极致化的方向发展。林氏木业借助数智化的利器，成为家具行业转型升级的风向标，为行业带来全新的变化。

12.5 立邦：刷出数智化的七彩天空

无论你是否有过装修体验，应该都了解过"立邦"这个品牌。如今，立邦似乎已经成为中国消费者身边关系紧密的朋友与伙伴，从都市到乡村无处不是立邦的身影。但立邦背后的品牌故事，以及一路完成的数智化转型进程与新零售探索，有待我们去揭开它的面纱。

立邦中国隶属于新加坡立时集团。1990年，中国与新加坡建立邦交，而几乎就在同时，目光敏锐的立时集团就开始筹划进入中国市场，将先进的涂料工艺与产品带给中国消费者。"立邦"这个名字的命名来自立时集团创办人吴清亮，这两个字正是由"建立邦交"的含义而来，寓意着中国与新加坡两国坚定的友谊，也意味着立邦在中国开启一段美好的旅程。

　　从1992年正式进入中国市场以来，立邦见证了中国涂料工业的蓬勃发展，以及中国改革开放以来经济社会的飞跃成长。以家居涂料为中心，立邦还以更广泛的业务范畴与技术革新服务中国市场，涉足建筑涂料、汽车涂料、一般工业涂料、卷材涂料、防护涂料、粉末涂料等领域。上海世博会场馆、北京奥运会重点场馆、广州亚运会场馆、中央电视台新台址等中国各地地标式建筑，都在立邦涂料的保护下展现出了夺目光彩。2021年11月，立邦携手中国色彩专家宋建明和他的北斗星色彩研究所发布了以"链接"为主题的"立邦2022中国流行色彩趋势"，如图12-13所示。

图12-13　立邦发布"立邦2022中国流行色彩趋势"

随着产业的发展与业务的增进，立邦也在数字化、智能化领域发现了大量需求与可增长空间。即使是涂料这种看似相对基础、稳定的产品市场，新零售也有着旺盛的生命力。

12.5.1　涂料行业的传统挑战

立邦见证了中国涂料工业的蓬勃发展，以及中国改革开放多年经济与社会的飞跃成长，茁壮成长为中国涂料行业的知名品牌。即便已经是涂料产业中的翘楚，立邦也面临着涂料产业的共同难题：面向消费者群体的拉新和复购。

与其他产业的商品不同，涂料购买的特点是低频次、高客单价。一般意义上的大众消费者，可能几年甚至十几年时间中仅仅需要购买一两次涂料，而更大、更稳定、更核心的涂料消费者群体是油漆工人、家装工程负责人等群体。如何实现对这类群体的精准营销与高效率拉新，就成为涂料厂商最为关注的问题。

在深入立邦的数智化新零售旅程前，我们可以首先了解一下涂料涂装行业所面临的数智化需求与挑战。通常而言，涂装行业由于难以直接触达有效的消费者，因此拉新普遍比较难。此外，涂料的供应链相对复杂，品牌厂商供应侧与营销侧、需求侧的协同有一定的挑战性，营销的精准度还有待提高；再加上涂料品牌的业务复杂、渠道分散，这就导致厂商需要统一的全渠道运营能力，需要统一管理商机，以用户为中心进行全生命周期运营和管理。

面对行业共性的挑战，立邦开展了一次数智化新零售实践之旅。

12.5.2　涂装的第一笔色彩，建立与客户的数字触点

对于涂装行业来说，如何与消费者、行业从业人员，以及大型企业客户建立精准且多维度的触点连接，是一场需要深刻探索的全新旅

程。从线上商城到线下门店、连锁店，再到各种各样的渠道分销，涂料与消费者之间的触点空间非常复杂。由于涂料本身是家装体系中的组成部分，因此它的消费决策因素受到家装整体计划与订单的左右。想要实现触点数字化，就需要突破一系列数字鸿沟，准确把握消费者与合作者的数字化特征，完成高精度的触点提炼。

前文说过，新零售的触点包括消费触点、商品触点、物流触点、生产触点等。触点数字化则主要通过各个触点的移动化、智能化，达到与消费者、员工、商品，以及合作企业之间的高效感知与有效配合。实现触点数字化效率与能力提升的最佳方案之一是对已经有的触点进行数字化改造。通过化繁为简、化冗为精的策略，实现触点的高效率打通。

在触点数字化方面，立邦首先进行了小程序的重构与升级。过往立邦希望能够依托App进行移动化升级与用户运营，但在实践中发现App的打开率较低，用户接触效率较差。于是在阿里云的帮助下，立邦将大量App的功能重构到了小程序中，实现了业务触点向用户高打开率的平台迁移。

与此同时，阿里云还与立邦合作，一同建立了更多的数字化触点来提升拉新效率与用户运营能力。比如，涂装销售的特点是决策周期长、对接次数多，这就需要构建可以与用户，尤其是油漆工、施工队负责人等角色长期沟通、反复讨论的数字化平台。因此，立邦通过加强社交互动建设，提升了对一线销售与用户情况的数字化洞察能力，为潜在用户提供更个性化的营销策略与长期服务。同时，阿里云还帮助立邦在天猫等平台进行用户洞察，提升自身的数字化触点应用效率。

面向企业级用户的长期需要，阿里云帮助立邦改造升级了相关的企业微信功能，提升了工长、设计师等客户的使用体验，可以随时查看货品、运输、项目等情况，提升了企业级客户的服务能力与长期运营能力。

在此之外，我们可以看到立邦还持续加码线下场景的新零售探索，增强线上线下的统一运营能力。2020年年底，立邦公布数据显示，其以小程序商城为核心的私域经营，全年成交量已经突破2万单。

在门店侧，立邦采取了数字化系统与门店协同，千家门店开展直播等业务方式，全方位升级经营链路，延伸产业中的数字化触点网络，以线上线下协同的方式，打造私域经营闭环，助推业绩增长。立邦数字化系统与门店的协同如图12-14所示。

图12-14　立邦数字化系统与门店的协同

在立邦看来，新零售的核心是从线上到线下的全链路打通，有很多种相关玩法可以有效建立起多场景协同的全新商机。比如，立邦推出了1元钱启动沟通，用户打个电话就可以上门设计方案等业务。通过这样的新零售触点，有效缩短了用户决策的时间，提升了企业的营销与运营效率。

12.5.3　涂装的数智底色，达成业务在线化

我们说过，触点数字化完成后，需要将触点连接到各个业务模块，构成有效的服务体系与价值循环系统。对于立邦来说，门店、分销商、代理商、电商平台、小程序等触点各有各的流量与触达方式。如何将这些平台上的业务与数据打通，构筑持续在线，能够沉淀和集成业务发展的统一系统，就成为数智化发展过程中的关键问题，尤其是如何打通线上业务与线下业务之间的界限，确保业务实时在线，弥补线下店覆盖能力与触达区间的不足，是如今家装行业共同的挑战。自疫情暴发以来，全球家装产业都受到了巨大冲击。对于这种长决策周期、低购买频率的产业来说，线下店的触发场景频率不够高，尤其出于疫情原因考虑，消费者与企业用户进行线下沟通、咨询、购买的意愿在持续降低。

为了解决这一问题，立邦在努力推进私域流量建设，加强线下店的数智化能力与数据管理智慧化的同时，也采取了更多的线上线下打通方案，实现公域获客拉新向私域流量转化的最短路径。比如，立邦采取了千店云直播的策略，通过打造直播生态体系加速线下店的流量获取效率，最终将线上流量导流到终端门店，从而奠定了立邦从公域引流到私域转化的短链路变现策略。

而在打通了线上线下各个业务端口，实现了数据与营销界限打通之后，下一步自然而然就将引出数据与其他业务模块的中台化。在中台化之路上，立邦紧密携手阿里云完成了家装企业的一系列价值突破。用数智化将七彩的数据涂抹成自己想要的家，这是立邦的企业信念，也是数智化转型带给立邦的全新价值。

12.5.4　五彩斑斓的"数据涂料"，运营能力全面升级

企业如果想进一步驱动数智化新增长，就不能仅仅满足于业务在

线，而是需要实现数据中台化，将企业级的运营行为与部门级的运营行为都以数据为核心来展开，所有问题精准到点，所有责权清晰到人。

在这个过程中，零售企业的行为将伴随着不间断的数据收集、分析、处理与反馈，最终形成正向循环。立邦与阿里云的合作正是搭建了这样一个正向循环。通过平台能力的建设，立邦搭建了能够快速迭代、准确升级、持续优化资源配置与企业管理方式的系统，从而形成了数据时代企业运营的核心。这一系列价值的落地集成，就是数据中台。数据打通与融合是新零售的关键所在，也是立邦探索更多数智化可能的重要支点。

在营销层面，立邦一直非常重视数据运营的重要性，尤其关注数据安全等核心问题。与其他零售行业不同的是，立邦需要深耕和关注的会员数据并不是一般消费者，而是家装行业的从业人员，如工长、油漆师傅、设计师等。他们的持续需求、关注点和厂商沟通渠道等数据在这个行业中是至关重要的，也是立邦走向新零售的主要服务对象。

为了实现数据资产的活化，立邦经历了3年多时间的产业实践，建设了ISmart数据平台。通过将企业微信沉淀的数据进行平台化集成，可以将原有无法呈现出的数据结果展现出来，从而实现所谓千人千面的数据灵活使用。

在此基础上，立邦结合具有充沛业务能力与数据价值的数据中台，可以实现用户数据的标签化，对用户进行深度洞察，并且搭建有效的会员体系，将从业者这个独特且高价值的会员体系运营起来，从而实现预测性的生产与可提前感知的销售，灵活进行生产排期等数智化能力升级。数据中台支持立邦内部的ISmart平台，实现业务数据的全打通。未来，立邦还将与阿里云合作，开展业务中台、订单中台、供应链中台的建设。

　　数据中台可以实现在小程序、公众号、小红书等不同平台进行用户画像的精准描绘，再针对这些从业者用户画像，进行精细化运营与精准营销。通过数据中台，可以看到广告与营销方案的真实效果与用户回馈，从而解决会员拉新难这个最主要的产业问题。与此同时，数据中台还可以有效地提升运营效率，进行广告营销等业务的运营分析，主动识别客户流失率、周转情况、用户画像变化等因素，从而为经营决策提供精准辅助。

　　基于数据中台，立邦的销售人员每天早上8点可在小程序中看到各种各样的业务数据、激励情况、订单跟踪等。其中，企业客户有13个节点的可视化环节，消费者方向也有基于时间提供的节点可视环节等。销售人员基于数据中台，可以准确把握每一个商机的推进情况与用户满意度，随时对订单、营销与服务情况了如指掌。立邦数据中台数据展示如图12-15所示。

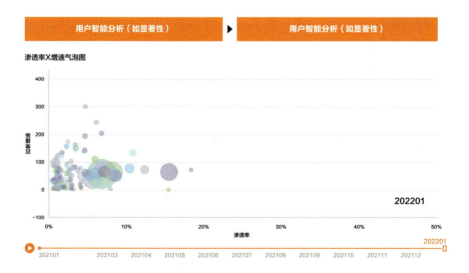

图12-15　立邦数据中台数据展示

这套数据中台打通了立邦原本5至6个系统，所有数据都沉淀到立邦自身的ISmart数据仓库中，实现数据的安全与可控。

回顾立邦与阿里云携手打造数据中台的过程，双方共同认为，进行业务数据的底层治理与清洗是最花精力且消耗时间的。由于企业业务部门不可能花费大量时间去梳理以往数据，阿里云派出了大量人手来帮助立邦清洗数据，提高数据质量。在这个过程中，立邦也展现出了积极配合、责权分明的专业态度。在双方共同推进下，能够解决大量问题的数据中台化很快得以实现。

面向未来，立邦还将持续加强数据融合与业务界限的打通。立邦认为，所有面向消费者的数据中台都应该保持打通状态，所有会员体系和门店体系都应该实现联通。目前，各个业务部门的数据依旧非常复杂，数据中台可以作为一个牵动节点，推动其他中台的快速形成与建立，构筑不同层面中台化的有利开局，为运营数据化打下良好的基础。

12.5.5 七彩化智心，决策智能时代到来

从基础设施云化、触点数字化的新零售基础形态，走向业务在线化、运营数据化的高级新零售阶段，立邦就像所有的新零售实践者和探索者一样，也将数智化"五部曲"深深地刻入战略洞察与决策方案中。企业数智化发展的最高水准就是企业战略发展从传统的业务驱动走向全新的数据驱动阶段。清晰且直接的数据中台、流畅的业务数字化运行，推动立邦建立了全新的数字化决策体系，不断提升企业向数智化转型质变的全新阶段——决策智能化前进。

决策智能化的开启，是企业将数智化转型的价值、方案与长期发展方法论变为流程与决议体系的核心。不断认识数智化带来的加持，随时调整数智化的发展方向，将数智化视作与生产、供应链、营销同等重要的业务要素，可以说是新零售发展到决策智能化的显著表现。

立邦认为，数智化转型与数据资产管理，可以按照目标与实施分为短期、中期、长期等阶段。在长期的战略发展方向上，立邦深度接受了阿里云提出的数智化"五部曲"体系，并将之化用到了自身独特的业务发展与行业需求中，将数智化形成了企业发展的核心部分。2021年，立邦搭建了自身的数智化评价体系，对各种数智化业务进行战略审视与价值评审。其中，价值评判标准也是与数智化"五部曲"对齐，足见数智化"五部曲"在新零售实践者当中的认同度与接受度。

面对广阔的新零售战略机遇，立邦选择结合自身的业务发展进行深度的战略规划。立邦的整体数智化转型，由企业的数字化治理委员会全权负责，所有部门的总裁、副总裁都是委员会成员，可见其将数智化作为最高等级的战略选项，以及立邦推动数智化转型的决心与重视程度。此外，立邦面对复杂的数智化转型进程，还专门搭建了跨部门的合作机制，每个月进行一次数字化共识会，推动数智化转型在企业中快速、准确落地，避免出现部门之间业务不协同、认识不统一变成数智化发展障碍。

在立邦看来，数智化转型需要搭建良性循环体系，每一年逐步提升转型水平与发展阶段。为了准确评估数智化带来的变化和取得的效果，IT部门会定期进行满意度调研，从过往数据来看，立邦的数智化取得了连续的有序升级，数智化水平正不断提升。

回望立邦的数智化战略体系，有四大要素构成了立邦的数智化进程与新零售探索的核心：第一是移动化，搭建合作伙伴、经销商、导购体系走向移动化对接，提升数字化效率；第二是中台化，以数据中台等中台实现数据、业务的全打通，提升跨部门协同与数据运营能力；第三是生态化，通过触点不断激活，建立自身的经销商生态，赋予经销商伙伴更多的方法和工具，通过伙伴能力建设，提升生态繁荣度；第四是体系化，立邦根据对数智化成熟度的认识搭建了自身的体系，通过供应链的多方面建设，找到最合适的伙伴来共同完成数智化转型，推动自身能力不断增强。

从数智化"五部曲"到自身提出的"四大"战略方向，立邦将多彩的数智化转型化为了自身可用、能用、有用的科技要素，为企业的明天涂刷了一片精彩的数智化天空。

【小结】

从过往数据来看，立邦的数智化取得了连续的有序升级，数智化水平不断提升。从基础设施云化、触点数字化的新零售基础形态，走向业务在线化、运营数据化的高级新零售阶段，立邦就像所有的新零售实践者和探索者一样，将数智化"五部曲"深深地刻入了战略洞察与决策方案中。

立邦打造符合自身需求的移动化、中台化、生态化、体系化数智战略体系，以"五部曲"为转型路径，推动自身能力不断增强。立邦的数智化发展历程对行业而言值得借鉴，立邦的成功在某种程度上也代表着涂料产业利用数智化能力完全可以越过传统粗放的经营模式，在全渠道角度洞察用户需求，提升用户黏性，站上和家装装饰业务流程精细化咬合的新舞台。

结束语
你不是"新零售"的过客，
而是数智化的归人

　　看过这么多"新零售"的企业实践与行业发展后，相信你对如何推动数智化转型，如何在零售产业中完成自身探索有了属于自己的答案。最后，或许还有一些"小贴士"要送给你。在推动和发展自身的"新零售"实践时，很多人会陷入一些误区中。总体而言，最大的问题在于推进"新零售"与数智化转型时，抱有一种"过客心态"。

　　无论是零售行业从业者认为AI、大数据、云计算这些科技成果与自己无关，还是科技从业者认为库存、清货、促销、渠道这些零售价值与自己无关，他们都陷入了这种"过客思维"。即只认定自己是某一个领域，只有某一种责任与义务，只追寻某种固定的"常识"与"常态"。他们没有看到世界在变化，行业在变化，消费者在变化；没有看到数字化、智能化的浪潮滚滚而来，不可阻挡。"新零售"就像漫延上涨的海水，如果一个人死死守着一块礁石，那么站脚的地方就会越来越小，最后被潮水无情淹没。而如果一个人及时发现了海水的变化，率先打造船只，编制风帆，那么海水就是他远行的祝福，是新大陆的挥手，是时代红利的微笑。

不做"新零售"的过客，就要警惕以下几种思维在自身的战略架构与行业发展逻辑、从业选择判断之间涌现出来。

（1）短视思维：认为"新零售"是风口，数智化是泡沫，这些都转瞬即逝，只有自己坚守着的常识常态才是永恒的。产业车轮滚滚向前，最先淹没的往往是具有短视思维的人。

曾经，我们认为很多信息技术、互联网产业都仅仅是因为风口而存在的。但现在环顾四周，还有人认为互联网只是泡沫经济吗？还有人认为IT建设是风口概念，没有长期投资的必要吗？我们有可能回到没有手机、没有电脑的世界吗？我们可能忍受没有快递、没有移动支付、没有数字经济的时代吗？所以，千万不要有短视思维。用变化的眼光注视世界，世界才会重视你的变化；用长远的眼光看待数字化、智能化趋势，数智新增长才会带给你长远价值。

（2）浅尝思维：有一些人，他们确实能够理解和体会数智化的必要性，也认同自身应该推进这一领域的发展。但他们怕麻烦，怕花费成本和时间，怕失败，怕担责任，就这样把自己困在了浅尝辄止的价值空间里，无法深入数智化新增长的核心，还望洋兴叹为什么自己没有享受到时代红利。就像我们曾经了解过一家公司，他们积极推动智能化变革，说了一大堆天花乱坠的概念，最后却没有效果。一打听，原来他们只是在门岗设置了人脸识别打卡系统。这种程度的数智化"新零售"只能说是聊胜于无，不会给企业带来真正的长期价值。

我们应该还记得蒙牛的故事。面对数智化进程，蒙牛集团拉通了所有高管进行了重视程度极高的多轮创新会议。从最开始大家都认为数智化与己无关，甚至各说各话，到后来激烈争吵，艰难推进。但就是在困难和吵架里，蒙牛的数智化战略全面启航，公司在疫情影响下逆势高飞。数智化不是请客吃饭，不能点到为止，而是一场需要深入行业机理，深入企业灵魂的全面重构。

踏过千山万水，才能收获"新零售"实践的最美风景。

（3）魔法思维：一些人过分崇拜和夸大数智化与"新零售"的价值，认为一旦推动新零售，就意味着一定能获得成功，或者认为一旦建设数智化，就能得到非常强大的能力。必须看到的是，无论是数据中台建设，还是基础设施上云、钉钉系统搭建，都是一个逐渐完善、日积月累的过程。"三分技术、七分运营"，数智化不可能在一夜之间建立完成，价值巨大的释放也不可能在朝夕之间达成，需要长期的数智化运营和迭代功底。

"新零售"必须要有战略定力，认清数智化转型"五部曲""十一要素"的价值与增长点，选取自身有效的发展方案，建立符合行业规律与产业需求的发展逻辑。我们可以看到，各个行业的领军者都在很早的时候就开始了数智化建设，始终在强调企业IT与企业战略同频发展，并且积极探索基础设施向云上迁移，积极推动数据打通与中台化。每一步都比别人早一些、快一些、稳一些，加在一起就是行业巨头，就是"新零售"航母。

数智化不是魔法，"新零售"不是魔术。积极求变求新，同时聚少成多，踏实增长，从上云开始强化你的未来，掌握你的数智化能力，这才是"新零售"实践的真谛。

衷心希望完成了这场"新零售"之旅的你从此不再是"新零售"的过客，而是数智化的归人。

数智时代和"新零售"机遇就是你的家乡、你的机会、你的领域。在这场旅行中，我们可以找到那些大企业提供的方法和经验；能够找到阿里巴巴提供的产业逻辑与技术洞察；能够看到时代给予的宏观趋势与红利分析。零售行业渗透到千家万户，拥有最复杂的产业逻辑，同时也有着永远不变的行业红利。改革开放激活了中国零售的市场红利；互联网和移动互联网激活了零售业的人口红利；数智化和智能化将衍生出数据红利和智能红利。

读完这本书的此刻，你已经成为"新零售"实践探索的先驱者。你回归到了价值原点，面对产业蓝海，你就是智能中国的导游，是新零售的旅行达人，是时代红利的收获者。

后记

终于，在众多卓越伙伴们的共同努力下，在非常短的时间内，我们相对高质量地完成了数智化转型系列丛书的写作和出版，包括：

- 数字政府领域：《数智化：数字政府、数字经济与数字社会大融合》

- 金融领域：《数智金融与产业赋能》

- 新零售领域：《新零售之旅：数智化转型与行业实践》

- 组织领域：《数智化敏捷组织：云钉一体驱动组织转型》

- 产业互联网领域：《消费互联网和产业互联网：双轮驱动新增长》

- 乡村振兴领域：《数智驱动乡村振兴》

在对图书的研究和编写过程中，经常有人问我：为什么要写这一系列图书？为什么是跨度如此大的一系列图书？我又是如何在阿里云和阿里云研究院，如内外部培训分享会、内外部资源整合和业务拉通、各种会议的众多事务中，多任务并行，腾出时间和精力精研细厉、沉淀思考"著书立说"的？

这一切的缘起，可追溯到2021年5月，阿里巴巴集团董事局主席、CEO 张勇（花名：逍遥子）和阿里云智能总裁、阿里巴巴达摩院院长张建锋（花名：行癫）对我的工作岗位进行调整（阿里巴巴区别于其他组织的核心特色文化之一是"拥抱变化"，组织变动是经常的事，我们要不断拥抱变化、创造变化、引领变化，造风前行），从原来分管阿里云智能新零售行业到创建阿里云研究院，将原阿里云研究中心和阿里云 CIO 学院合并组建阿里云研究院，负责重新建立和传播阿里云智能的心智。

经过深入了解团队情况、业务现状调研和共创，我们迅速明确了自己的定位，即阿里云智能事业群（现调整为阿里云 & 科技事业群）数智化转型智库机构，使命为"著书立说布道场，数智驱动新增长"，汇聚来自数字科技头部企业、国际知名咨询机构和国家高端研究平台的资深专家，以"定义行业、洞察态势、拓展赛道、引领心智"为愿景，以"引领数智化转型新思想"为目标，致力于"用科技探索新商业边界"。

阿里云研究院的研究领域涵盖云计算、人工智能、大数据与产业互联网，以及数字政府、新零售、新制造、新金融、新能源等政企各行各业数智化转型路径和商业实践，关注前沿科技趋势、数字创新、数字治理、新基建等方向。依托指数分析、战略顶层设计、行业数智洞察、产业研判、案例透视等多种类型的研究产品，阿里云研究院联合国家科研机构、顶尖智库、头部高校、行业协会、咨询机构、合作伙伴和客户，拉通阿里巴巴集团各事业群，共建研究新生态，共拓数字新未来。

阿里云研究院与全球知名商学院共同开设数智创新学院，举办高端企业家和高管培训，培育面向未来的数智化创新领袖。同时，为推动企业创新与数智化升级，阿里云研究院打造"数智创新营"，针对各级政府和企业高管举办"十全"高质量培训及活动，构建一个走进阿里巴巴，了解阿里巴巴战略、文化与业务生态，学习最新科技趋势的平台。阿里云研究院开展的活动包括"CXO 班""业务共创会""企业专班""走进标杆企业""年会""行业沙龙""线上定制课程"等。

目前，阿里云研究院已组织线上线下活动超过 500 场，累计超过 240 万人次线上观看，线下深度链接 4500 多位 CXO，线上汇聚了 20 多万 CXO 和 IT 专业人士的钉钉群。

针对以上定位、愿景、目标与业务板块进行梳理后，我们确定了阿里云研究院近期的四个方向：行业应用研究，包括精品图书、专题深度白皮书和报告、典型案例和精品文章等；打造智库，与头部高校、协会、智库深入合作；开展重点客户和战略伙伴合作，促进价值共创；持续运营链接 CXO 群的数智创新营，持续为产业赋能。

秉承"著书立说布道场，数智驱动新增长"的使命，阿里云研究院近期最重要的任务之一就是要编写 6 本紧扣数字政府、金融、新零售、组织、产业互联网、乡村振兴等核心行业和主题的图书，呈现阿里云的实践思考和研究成果。这 6 本图书的主题、侧重点乃至书名，都是在阿里云研究院宏愿的基础上反复推敲、打磨、优化确定的。

一开始，同时编写 6 本书的决定几乎遭到了所有人的反对，他们都认为不可能，"难如上蜀道"。因为很多研究院的同学虽然有编写白皮书、案例和文章的经验，但没有写书的经验，编写图书尤其是编写精品图书的难度不是一般的大。不少人认为，在这么短的时间内，集中所有人的精力编写一本相对高质量的图书已属不易，但我还是坚持要同时编写这 6 本书，挑战"不可能完成的任务"。为什么？又如何做？总结来说主要有以下 7 点。

1. 客户第一，满足客户对数智化转型的迫切需求

时代在发生巨变，消费者获取信息的方式和消费习惯在快速变化，在加速在线化和数字化，倒逼政企必须加速在线化、数字化和智能化，以快速反应并且满足消费者的需求。而云计算、大数据、物联网、移动互联网、人工智能、区块链、智能机器人等各种新兴科技在快速成长和成熟，并且加速和政企、各行各业、各种场景的深度融合，大量政企类客户都有强烈的需求，想了解为什么要数智化转型、如何进行数智化转型、数智化转型先行者到底进展如何、有哪些经验教训可借鉴。

阿里云之前的主要客户是互联网客户，他们对自己的业务和技术都非常了解，只需要了解并运用好阿里云基础设施（Infrastructure as a Service，IaaS）的相关产品和技术即可。阿里云已经组织编写并出版了《弹性计算》《大数据之路：阿里巴巴大数据实践》《机器学习在线：解析阿里云机器学习平台》《尽在"双 11"——阿里巴巴技术演进与超越》《逆流而上：阿里巴巴技术成长之路》《阿里云数字新基建系列：混合云架构》《阿里云数字新基建系列：云原生操作系统Kubernetes》《阿里云数字新基建系列：云数据库架构》《企业迁云实战》《阿里云运维架构实践秘籍》《云原生应用管理：原理与实践》《阿里云云原生架构实践》《企业级云原生架构：技术、服务与实践》等一系列与技术相关的丛书，可以比较快速、高效地满足他们的需求。

数字政府、金融、新零售是阿里云客户需求最大的三大领域，客户存在大量迥然不同的需求，他们不只关心技术本身，更关心行业未来发展趋势，政企实际存在的各种"痛点、断点、堵点、卡点、弱点、痒点"，如何通过数智化的方法手段解决，以及先行者都有哪些

方面的实践和探索。同时，组织到底如何数智化转型，是所有政企行业最关心、最"头痛"的问题。云钉一体是阿里云 2.0 的核心战略之一，我们需要深入研究如何落地，如何更好地帮助客户解决这些疑惑。消费互联网与产业互联网双轮驱动是阿里巴巴集团最关心且接下来要持续攻坚解决的课题之一，我们需要深入研究其中的机理，需要更多的实践和案例验证。乡村振兴是国家最重要的战略之一，数智如何驱动乡村振兴是一个新的时代命题。简而言之，这6本书选题的根本原因是有大量真实的客户需求，这 6 本书将覆盖阿里云服务的 19 大行业的主要客户，当然每个细分行业还需要持续深入研究。我们期待通过这6本书，把阿里云在数智化转型的实践探索做一个阶段性的总结，为行业提供一些理论探索、经验教训和案例，展望数智化的未来前景，为同路人提供一些借鉴和参考。

2. 坚持做难而正确、有价值、有意义的事

困难肯定是有的，没有困难是假的，而且是大困难、大挑战！但正如阿里巴巴土话所说，"不难，要我们干吗？！""此时此刻，非我莫属！""If not me，who？If not now，when？"我们存在的意义和价值就是变不可能为可能！用 1～2年把本来需要 5～10 年才能干好的事情干好！我非常认同《苏世民：我的经验与教训》一书中的一些观点："做大事和做小事的难易程度是一样的，所以要选择一个值得追求的宏伟目标，让回报和你的努力相匹配。""一个人的信念必须超越自我和个人需求，它可以是自己的公司、祖国或服役义务。任何因信念和核心价值观的激励而选择的挑战都是值得的，无论最终的结果是成功还是失败。""处于困境中的人往往只关注自己的问题，而解决问题的途径通常在于你如何解决别人的问题。"要解决社会的、整个集团的、阿里云的、客户的问题，可干的事很多，我们要干就干个大的！"别小芝麻捡了一堆，却错过了本应我们去拿下的大西瓜！"

书途维艰添胆色，无限风光在险峰！实战过程中也可以倒逼整个团队的快速成长，有困难，我们陪团队一起克服、一起学习、一起成长，一起经历、一起打胜仗才是最好的团建！

我已发表过 100 多篇文章，出版过 5 本图书，有一定的写作经验；同时，我带领云智能新零售团队帮助数百家各行各业的头部企业实现全链路数智化转型升级，有较为丰富的数智化转型实战经验。2021 年4 月出版的《数智驱动新增长》一书，一经面市迅速成为淘宝、天猫、京东、当当等各大电商平台排名第一的畅销书，短时间内多次加印，说明客户需求确实非常旺盛。以《数智驱动新增长》这本书为基本，再加上给配套写作团队进行有针对性的系统培训和视频讲解等，我有愿力、有信心、有能力快速基本拉齐整个写作团队的认知。理论和实践紧密结合是我的强项，过去我一直在理论和实践之间来回穿梭，实践一段时间然后升华到理论，理论总结后再到更多实践场景去检验优化，"知行合一"是我的信念和价值主张，"立德立功立言"是我持续的追求。我坚信："没有理论指导的实践是蛮干，没有实践支撑的理论是空想"。阿里云过去多年对政企各行各业已经有了丰富的实践探索，有对各行各业相对完整的产品和解决方案，我想通过理论与实践合一的一套数智化丛书，把之前的积累进一步提炼总结出来，帮助更多客户少走弯路，少掉进各种"坑"，帮助客户持续开源、节流、提效、创新。

3. 找到同路人一起精心设计，快速推进

强强联合，迅速精准找到相关领域内顶级的专家团队一起来研讨，取长补短。同时，我明确了以下 10 条写作目标、规范和要求。

- 写书要开门见山、开宗明义，前面一定要破题，不破不立、先破后立，澄清一些似是而非的概念和观念；提炼总结要立得

住、立得稳，直指本质；明确定义对象、问题、目标，讲清楚WHY 的重要性，不要无"病"呻吟，为赋新词强说愁；不要自觉非常厉害、功能强大，讲得慷慨激昂、唾沫横飞，可读者和听众却说与我无关；望闻问切，讲清楚"痛点、堵点、卡点、断点、弱点、痒点"，有问题、有需求才有读下去的兴趣和动力；先讲清楚业务和业务价值，再谈背后的体系和技术支撑，不要为了讲技术而讲技术，另外只讲和这部分业务相关度较高的技术，无关的内容大胆舍弃。

- "对症下药，药到病除"，前面理论阐述过程中可以穿插一些应景的小案例进行快速闭环验证，增强可读性，后面再通过一系列的大案例完整地验证理论框架和体系。后面的解决方案和实践案例，要前后呼应。管理学大师彼得·德鲁克说："管理是一种实践，其本质不在于'知'而在于'行'；其验证不在于逻辑而在于成果；其唯一权威就是成就！"我们可以看看案例前后业务的流程变化、组织变化、系统变化和效果变化，"药方""疗效"和"病症"一定要形成闭环，无关的、药方解决不了的病症要去掉！尽可能量化对比、研究说明疗效，让事实和数据更有说服力！

- 明确主要受众并精心准备，想清楚他们关心哪些问题和内容，要让他们有收获，不能浪费别人的时间。

- 提纲挈领：先明确目录结构、核心大图、各章节小图、核心观点，写作过程中持续反复打磨、优化和迭代，持续精进（满分10 分的情况下一定是 1 分、2 分、2.5 分……8 分、9 分，持续提升）。既见森林，更见树木；既要有骨架，也要有血有肉。做学问、做事情最怕"认真"二字，PM 每周对焦，确保在轨道上，拉通进展和计划。时间是挤出来的，不断通晒，比学赶超！

- 主题聚焦，详略得当，行文风格统一，简明畅快，可读性强，直指本质的图文并茂、多一些对比表，反复打磨，精雕细琢，多轮自查＋交叉修改＋最后统稿统一文风，阿里云研究院出品必属精品；重点的大幅笔墨讲透、讲明白，多一些隐喻、类比、小故事、小案例，多讲场景、讲"痛点"、讲效果、做闭环；幽默表达；有关的留下并且再次编辑加工，我们定位不是入门级的学术科普，关系不大或无关的内容要大胆舍弃！

- 前提是大量阅读，大量占有素材，如数家珍，下笔如有神，旁征博引，信手拈来，行业大咖，懂得鉴别，正正反反反复研讨，理不辩不明；签署好保密协议并强调责任落实，材料及时共享研讨；懂得取舍，慧眼识珠；非"我注六经"，而是"六经注我""六经皆着我之色彩！"

- "高度＋宽度＋深度＋角度"，目标框架决定了从哪个独特的角度切入，决定了我们的调研提纲，补充现有素材不够的部分，一定要接地气，案例提前学习消化素材，内部的多部门提前对齐以提高效率，多去不同类型的实际案例现场，不同层级、不同部门、不同人多轮沟通交流，有足够的时间才可能有更好的体感，去之前一定要对好调研提纲（回来之后可再次优化，要及时复盘总结），要能不断超越和抽离，抽象总结、提炼能力才更具有普适性，才能真正成为行业专家！

- 时间轴拉长：透过现象看本质，直击本质，回溯行业本质！时空拉宽到古今中外，展望未来至少引领 10～20 年不过时、不出现大偏差，观点一定要经得起时间检验：大胆假设小心求证，不要闹低级笑话，正向反向都要经得起推敲；敢立潮头、善于创新，不要因为别人没有提过这个概念就不敢提，但一定要能自圆其说、逻辑自洽，能自证梦想！

- 始终记得拉回自己的主战场，和我们的优势及可复制的产品和解决方案紧密结合，善于学习借鉴，不要人云亦云，要敢于差异化、敢于剑走偏锋、敢于标新立异、敢于和而不同，经得起时间检验的、差异化的独特价值才可能被记住，才可能成为经典！

- 目标确保每本书都有自己的独特价值、独特观点、独特视角、知行合一，理论和实践紧密结合，文字要简练，适当幽默轻松，别含混、晦涩，要有适度科普的写法，不要让人看不下去或不愿意往下看，可读性一定要强，读者或听众愿意主动分享和推荐才算成功，才是被广泛传阅传颂的精品！

我对以上写作目标、规范和要求反复强调，写作过程中发现有不符合情况的行为迅速拉通写作团队举一反三、持续学习、消化和理解，边干边学，边学边干，干中学，学中干！一起持续精进！

4. 精彩和精品是精心设计出来的

图书立项后，我花了近两个月的时间亲自和研究院团队一起对每本书的大图、目录结构和核心观点反复打磨，提纲挈领、纲举目张，同时一起拉通阿里巴巴内部各相关 BG（事业群）、BU（事业部）的架构师（SA）和客户成功经理（CBM）、产品和技术部等相关同学，快速了解、学习相关产品和解决方案、客户案例和实践。

5. 多轮对焦做好过程管理持续优化

对写作过程中存在的不合适的观点及时提出并进行修正，对材料和案例不足的情况进行及时补充，很多客户案例到现场调研访谈、沟通、确认；在案例和视角等不足的时候给所有写作团队进行"跳出盒马看盒马""跳进盒马看盒马""科技与商业""消费互联网和产业互联网双轮驱动"等主题的分享和研讨，以开阔视野；过程中各种自查、交叉检查，及时修正和完善；团队碰到困难和挑战士气下降时给团队多打气。

6. 倾听多领域专家反馈持续精进

为了确保精益求精，打造精品，在稿件内部评审通过的情况下，对每本书专门组织外部相关不同领域的专家进行评审，根据专家反馈的很多不同视角的宝贵修改意见进一步完善。

7. 流程前置，任务切小，多任务并行抢占时间

合作的出版社也非常重视，多个编辑前置，前期就同步介入，参与各种校稿、审稿、优化等，大量工作并行以节省时间。

"打大仗、打硬仗、打胜仗"必须有目标、有方法、有过程、有团队。

"著书立说布道场，数智驱动新增长"是阿里云研究院的使命，那我们就逢山开路，遇水架桥，使命必达！经过这场大的"战役"，回首凝望，有收获、有体会——打磨了一套快速编写高质量图书的方法论体系，也在实战中产出了数智化转型的系列丛书，部分填补了数智化转型的理论和实践空白；有欣喜、有骄傲——锻炼了一支能"打硬仗"的团队，阿里云研究院出品必属精品，借事修人，因人成事，因事成人，关爱人成就事；有前途、有未来——数智化转型是生机勃勃的大事业，"凡属过往，皆为序章"，中国和全球数智化未来可期，数智经济时代的大幕才刚刚开始，精彩才刚刚开始！

针对《新零售之旅：数智化转型与行业实践》一书我想最后再

做一个简要的回顾与总结。这本书主要围绕与消费者相关的"衣食住行"等生活场景展开泛零售细分行业的企业数智化转型研究，一方面结合政策导向、行业变化、消费者变化，以及技术变革带来的影响，回答为什么零售行业的数智化转型是未来企业可持续发展的标配；另一方面用阿里巴巴持续沉淀的新零售理论和实践经验，正本清源，给出数智化转型"五部曲"方法论和实践路径。另外，通过8个细分领域共20余个标杆实践案例，让读者清晰地看到这些行业先锋如何结合自身的业务特性和需求，通过数智化转型"五部曲"方法论，帮助业务实现升级的过程和效果。由于部分案例涉及一些较敏感的转型效果数据、转型架构图，做了删减和脱敏处理，相关转型细节和量化效果需要走进企业调研才能感受到。

我们帮助数千家企业进行数智化转型，限于篇幅，书中只列举了部分合作企业。这本书中的深度案例比较多，目的是希望通过与消费者相关的生活场景展开数智化转型研究，既让其他企业能够吸取成功经验，也希望大家在实践中少走弯路，少交学费。同时，也欢迎相关企业能一起研讨，相互走访，共同提高。

数智化转型升级最关键的是认知和理念的升级。数智化转型不是简单的系统平台工具建设，而是从战略、业务、组织、技术、运营等多方面进行整体的优化和重构。因此，数智化转型绝不仅仅是IT部门、信息化部门或者电商部门的职责，更是企业最高层的"一把手"工程。老板的重视和坚持是第一生产力，企业的数智化转型需要公司核心最高层亲自参与和推动，是全公司所有部门共同参与的变革。

此外，在转型实施落地过程中，随着数据打通和数据价值的释放，不可避免地会对原有的业务流程和部分岗位的分工产生变化，甚至会对组织架构和部门管理边界产生影响，这个磨合和阵痛过程是转型带来的常态反应。因此，企业决策层务必要有足够的认知和战略定力，这也是为什么需要最高层支持的原因。不破不立，历史上但凡变革必定会引起阵痛，长痛不如短痛，这是凤凰涅槃必须经历的一个过程。

除认知和理念以外，运营和保障也是转型的关键要素，三分靠技术，七分靠运营。在基于中台打通所有系统和业务流程，数据充分循环释放业务价值的同时，数据治理和数据创新需要足够的组织保障和运营投入，数智化运营人才、数据分析人才、业务技术复合型人才都需要持续补充。

此外，新零售数智化转型的建设过程还需要找到对的"同路人"，需要对全链路数智化转型有足够理解和实践的相对成熟的伙伴来支持。

没有理论指导的实践是蛮干，没有实践支撑的理论是空想。更高境界在于知行合一，不断超越自我，遇见更好的自己，让世界更美好，正是我们写这本书的初衷。

由于这本书的写作涉及大量的案例调研和客户访谈工作，因此耗时耗力，有幸整个过程获得了阿里云业务团队，尤其是新零售团队的大力支持，也特别感谢本书的项目经理肖剑，以及主要委托方互联网自媒体"脑极体"的王凌风、何森、马丽，感谢他们在图书撰写和案例调研过程中的付出，更要感谢零售行业中这些坚持相信、勇于探索、积极尝试的企业家们，正是你们的努力和实践，让我们"因为相信，所以看见"！

感谢阿里巴巴集团董事局主席、CEO张勇（逍遥子）先生的多次感召和支持，让我有机会参与到阿里巴巴集团新零售、云智能新零售、阿里云研究院的相关工作，有机会接触不同行业、不同发展阶段的更多政府和企业，并探索数智化转型升级之路。他对阿里巴巴商业操作系统（ABOS）的深刻理解和洞察让我受益良多。

感谢阿里云智能总裁、阿里巴巴达摩院院长张建锋（行癫）先生的理解和支持，他对云相关技术的前瞻性理解、洞察，对产品的专注，对数据智能应用的睿智，对阿里巴巴一路创新突破和文化的深刻理解都让我受益良多。

感谢李津、许诗军、刘伟光、袁千、刘湘雯、任庚、朋新宇、蒋小伟、周明、蒋雁翔、李飞飞、贾扬清、叶军、方晓敏、高世芳、司为、公和、张启、安筱鹏、荆慧、宋宏伟、宣晓玲、列文、吴煜、戴涛、王海钢、杨霄凡、陈杰、赵晓鹏、吴竹峰、肖骁、李小强、王辅壮、杨波、李琳琳、楼颖、周运、王阳、百泽、杨玄、王威等，还有新零售全体小伙伴的理解和支持。一起拼，一起赢，为与阿里云众多新零售小伙伴的一路同行深感骄傲！

特别感谢肖剑、孟晔、任妍、谢婷敏、陈雪琴、刘建强、余婧、张宇泽、崔维云、张靓、王佩杰、杨煜东、胡臣杰、杨博威、林剑、左延鹊、陈翌翊、周长远、沈小波等阿里云研究院小伙伴及众多外包伙伴的高质量支持！一起打造精品，一起打造心智和影响力！

感谢雅戈尔（李如成董事长、李寒穷、徐鹏、章凯栋等）、特步（丁水波董事长）、波司登（高德康董事长、梅冬、芮劲松等）、红蜻蜓（钱金波董事长、钱帆等）、飞鹤（冷友斌董事长、冯海龙等）、蒙牛（卢敏放总裁、高飞、张决等）、恒安（许连捷董事长、许清池等）、伽蓝（郑春影董事长）、立白（陈泽滨总裁等）、居然之家（汪林朋董事长、王宁、李选选等）、老板电器（葛皓副总裁、卜天骄）、立邦、绫致、李宁、斯凯奇、安踏、百丽、森马、海底捞、西贝、懒熊火锅、老乡鸡、新希望、百胜、老乡鸡、良品铺子、周黑鸭、三只松鼠、太古可乐（周哲）、双汇、珠江啤酒、光明乳业、小罐茶、TCL、九阳、花西子、贝泰妮、亿利、如新、雅士利、君乐宝、欧莱雅、雅诗兰黛、香奈儿、红星美凯龙、索菲亚、欧派、林氏木业、尚品宅配、大润发、盒马、银泰百货、家家悦、联华、名创优品、屈臣氏、新华书店、中赫、良渚、西溪湿地等数千家各行各业数智化转型先锋和探索者。

感谢在出版过程中，出版社编辑张彦红、李淑丽老师对本书进行反复耐心的修改。

要感谢的客户、伙伴和同事特别特别多，就不再一一列举，一并深深谢过！一起探索、实践、提炼升华的经历非常难忘。

学习和工作上犹如"拼命三郎"的我，特别感恩父母、岳父母、兄弟姐妹、爱人和小朋友们的理解、包容和无条件支持！让我可以心无旁骛专注一路向前冲！追求卓越，享受过程！

本书虽然经过了众多专家和同行深入的讨论与建议，以及多轮修改，但由于涉及的领域宽、范围广、时间紧，同时各行各业的数智化转型实践迭代很快，依然存在局限与不足，也期待广大读者多多批评指正。

希望本书能让更多人在数智化转型的路上有所思考并获益，成为数智化升级大时代的弄潮儿，也与我们一起成为数智大陆迁徙之旅的同路人。阿里云愿与大家一起携手并肩，联合创新，造风前行，为打造各行各业全链路数智化转型升级典范而共同奋斗！

肖利华

阿里巴巴集团副总裁、阿里云研究院院长